고귀한 야만

문화
학술
총서

버펄로 빌 코디의 서부활극을 통해 본 미국의 폭력, 계급 그리고 인종

고귀한 야만

양홍석 지음

동국대학교출판부

| 머리말 |

　버펄로 빌 코디의 서부활극에 관심을 갖게 된 계기는 실로 우연이었다. 필자는 몇 년 전에 책을 한 권 번역하게 되었다. 미국 외교사가 로젠버그의 저서(Emily S. Rosenberg, *Spreading the American Dream*)였는데, 거기에서 코디의 서부활극이 19세기 말 미국 문화 대외 팽창의 한 부분으로 간략하게 서술되었다. 당시에는 번역을 빨리 마쳐야 한다는 마음에서 거기에 큰 의미를 두지는 않았지만 꽤 관심이 끌리는 주제였다.
　그 후 코디의 서부활극에 관심을 다시 한 번 불러일으킨 것도 책 한 권이었다. 이번에는 미국 주류 역사가들과의 대담집(Roger Mudd, *American Great Minds*)이었는데, 그 책 3장에서 현재 서부사가로 주목받고 있는 스탠포드대학 화이트(Richard White) 교수에게 서부 역사에 대한 중요한 학술적 질문들이 이어졌다. 질문에 대한 답변에서 화이트는 미국 서부를 대중들에게 재현, 서사, 신화화하는 데 가장 중요한 역할을 한 것 하나를 선택한다면 단연코 코디의 서부활극이라고 하였다.
　계속해서 화이트는 코디의 서부극에는 사실과 허구의 세계를 혼동하게 하는 드라마틱한 극의 내용과 독특한 출연진이 있다고 강조하면서 주인공 코디와 함께 출연하는 인디언들은 역사적인 전투에 실제로 참여하였던 사람들이라고 하였다. 또한 주인공 코디는 관중들에게 서부극을 보여주는 와중에도 무대에서 사용하던 복장 그대로 서부로 달려가 인디언의 머리가죽을 벗겨와 그 현장감을 생생하게 재현할 정도로 가공할 만큼 사실성에 집착하였음을 지적하였다. 저명한 역사가의 이러한 언급에서 코디에 대한 필자의 관심은 더 한층 깊어졌다. 그때부터 코디와 서부활극에 관련된 자료를 모으기 시작하였다. 그리고 작년에 코디와 서부활극이라는 제목으로 한국미국사학회에서 발표할 기회가 있었다. 나만의 생각인지 모르지만 당시 국내 미국사 전공자들의 반응은 상당히 좋았다. 원래 역사를 공부하는 재능은 없지만 눈치는 빠른지라 아! 이것이다 싶었다. 그 후 발표문을 정리하여 「대영제국과 버팔로 빌 쇼」라는 논문을 『미국사연구』에 실을 수 있었다. 이쯤 되자 기왕의 자료를 이용하여 책으로 내고 싶은 또 다른 욕심이 생겼다. 그때부터 전체적인 자료들을 주제에 맞게 다시 분류하고 정리하였다. 그 과정에서 코디와 서부활극 공부가 미국 서부 역사를 이해하는 데 결정적이라는 역사가 화이트의 주장에 한층 동감하게 되었다.

저서로서 출판을 목표로 하는 '방자하고 무모한 욕심'을 갖게 된 데에는 또 다른 자극이 있었다. 당시 저서를 출판하면 비용을 지원하는 제도가 있었다. 그래서 이 주제를 가지고 신청을 하였는데 운 좋게 당선이 되었다. 이리하여 전혀 정도의 길이라고는 할 수 없는 방식을 통하여 시작한 공부에서 그럭저럭 태어나지 말아야 할 이런 결과물이 나오게 되었다.

막상 작업을 마치고 이제 다시 스스로의 저술을 평가해보니 저명한 외국 역사학자들의 생각을 정리하고 편집한 수준에 불과하다는 느낌이 든다. 필자는 '문기' 없는 자신을 자책해야 할 것이다. 그러나 부끄러움을 잘 모르는 것이 필자의 '탁월한' 성격이라 출판을 주저하지는 않는다. 부족하고 잘못된 점은 다음 기회에 수정한다는 얄팍한 변명으로 우선 세상으로 보낸다. 물론 비판과 질책에 대해서는 보다 발전적인 학문 도약을 위한 값지고 고마운 염려라고 생각하고 기꺼이 받아들일 것이다.

2008년 8월

양홍석

| **차례** |

머리말 • 5

제1부 버펄로 빌과 서부활극 —— 11

제1장 서 장 —— 13

제2장 버펄로 빌 코디의 성장과 서부활극의 발전 —— 23
  1. 버펄로 빌 코디의 탄생과 성장 • 23
  2. 저드슨과의 만남 • 36
  3. 와일드 웨스트 쇼의 탄생과 발전 • 48
  4. 서부활극의 세계화 • 65
  5. 컬럼비아박람회 • 74
  6. 버펄로 빌 코디의 유산 • 78

제2부 버펄로 빌의 서부활극과 폭력 · 계급 · 인종 —— 91

제1장 프런티어의 추억: 프레더릭 잭슨 터너와 버펄로 빌 코디 —— 93
  1. 프런티어의 추억 • 93
  2. 컬럼비아박람회와 프런티어 신화의 탄생 • 94
  3. 프런티어 기억의 재생: 터너와 코디 • 98
  4. 프런티어 신화의 완성 • 118

제2장 대영제국과 버펄로 빌 쇼: 미국 서부활극의 세계화와 인디언 이미지 형성 —— 121
  1. 서부활극 「문명의 전진」의 탄생 • 124
  2. 대영제국과 버펄로 빌 쇼 • 130

    3. 영국과 인디언 • 135
    4. 영국 공연의 유산 • 146

제3장 버펄로 빌 코디의 서부활극과 계급 ——————— 149
    1. 버펄로 빌의 서부활극 와일드 웨스트의 성장 배경 • 151
    2. 미국 국민 끌어안기 • 161
    3. 와일드 빌 히콕의 방출 • 168
    4. 동부 중산계급 끌어안기 – 인디언 살육 이미지 제거 • 176
    5. 옐로헤어냐 옐로핸드냐 • 186
    6. 대중의 인기 • 200
    7. 버펄로 빌 코디와 계급 • 205

제4장 서부와 인디언에 대한 미국 역사가들의 시각 ——————— 207
    1. 인종주의적인 역사 서술의 배경 • 209
    2. 미국 역사가들의 관점 • 222
    3. 터너와 프런티어와 인종주의 • 237
    4. 인종주의역사학의 유산 • 240

주 • 243
참고 문헌 • 276
찾아보기 • 287

제1부
버펄로 빌과 서부활극

제1장

서장

미국의 서부와 서부 역사를 인식하고 이해하는 방식은 매우 다양하다. 기록을 통해 접근하는 경우도 있고 드라마나 영화를 통해 인식하는 경우도 있을 것이다. 보통 사람들은 이러한 자료를 통해 상상의 지리학으로 서부를 인식한다. 다양한 방식으로 미국 서부를 이해하는 노력 가운데 역사가 프레데릭 잭슨 터너에게서 보듯 미국적 민주주의의 토양으로 보는 경우도 있고, 이른바 서부영화에서처럼 낭만적이며 폭력적인 무대로 보는 경우도 있다.

후자의 견해가 형성되는 데 결정적 기여를 한 인물을 뽑는다면 단연코 버펄로 빌 코디를 지목할 수 있을 것이다. 그의 와일드 웨스트 쇼는 일반 미국인들뿐만 아니라 외국인들까지 미국 서부를 이해하는 데 결정적인 역할을 했고, 그의 시각과 기술 방식들은 무성·유성 영화에 적지 않은 영향을 미쳤다. 서부 문화의 한 부분으로 자리매김된 로데오 경기 역시 바로 버펄로 빌 쇼의 영향으로 발전했다.

이러한 긍정적인 측면과는 대조적으로 버펄로 빌 코디가 만들어 낸 서부에는 총과 인디언, 스카우트, 버펄로 등으로 대표되는 것도 있다. 와일드 웨스트 쇼 같은 서부활극은 이런 소재를 중심으로 구성되어, 정의와 불굴의 의지로 대변되는 백인과 잔인하고 야만적인 인디언의 갈등으로 문제를 풀어가는 서술 구조를 지닌다. 버펄로 빌 쇼의 가장 드라마틱한 테마 중에 하나인 1876년 리틀빅혼 전투를 소재로 한 「커스터 최후의 저항」이 그 대표적인 경우이다. 일반 대중은 이러한 극을 통해 이 사건을 인디언의 잔혹성으로 이해한다. 버펄로 빌 쇼에서는 인디언의 잔혹성을 철저히 무력으로 응징함으로써 백인의 응어리진 스트레스를 완벽하게 풀어준다. 그런 의미에서 코디의 서부활극은 터너의 프런티어 이론에 비해 훨씬 센세이션하고 대중적인 호소력을 지니고 있다. 나아가 버펄로 빌 코디는 자신의 쇼가 가상의 드라마가 아니라 서부의 역사를 있는 그대로, 가장 사실적으로 재현하고 있다고 보았다.

지금까지 역사학계가 그려낸 서부는 주로 터너테제에서 그 출발점을 찾았다. 그러나 터너의 프런티어사관은 이제 리처드 화이트를 위시로 하는 신서부사가들의 해석에 의해 도전받고 있다. 이들 역사가들은 다양한 관점에서 서부를 그려내고 있으며, 거의 교조적으로 학습해왔던 터너의 프런티어 신화만으로는 진정한 서부를 이해하는 데 한계가 있다고 생각한다.

그런 전제하에서 역사가들은 서부의 이미지화에 결정적인 영향을 미친 버펄로 빌 코디에 대한 연구에 관심을 갖게 되었다. 버펄로 빌 코디의 극은 결코 픽션의 세계로만 한정시켜 볼 수 없는, 다양한 서부를 규명하고 이해하는 실마리를 제공한다고 보기 때문이다. 그러므로 역사가들은 버펄로 빌 쇼에 픽션 이상의 어떤 사실이 존재한다고 간주하고, 그것을 역사가의 고려 대상의 범주로 포함시켜야 한다고 생각한다. 그들은 버펄로 빌 쇼를 통해 서부를 특정 관념으로 이해시키려는 의도 또한 분명하게 나타내고 있다. 버펄로 빌 코디 쇼는 서부란 총에 의해서 움직이며 총을 통해 잔인한 야만인(인디언)을 통제하여 문명의 세계로 인도할 수 있다는 '총의 역사'를 재현하고 있다.

이러한 전제하에 본 저서에서는 버펄로 빌 쇼에 주목하여 그 쇼의 발전 과정과 내용상의 특징을 확인하고, 지금까지 이 분야 역사가들이 정의했던 버펄로 빌의 와일드 웨스트 쇼의 성격을 정리할 것이다. 이어 버펄로 빌 쇼가 만들어낸 서부 이미지의 형성과 그 조작을 밝혀 보고자 한다. 끝으로 버펄로 빌 쇼에서 보이는 선(백인)과 악(인디언)의 싸움으로 연결하는 극의 특징과 구조에 대한 이해를 시도할 것이다.

그런 목적에서 이 책을 다음과 같이 정리했다. 우선 크게 1부와 2부로 나누었다. 1부에서는 이 책의 주인공 버펄로 빌 코디의 일생을 개관하고 소개하는 데 중점을 두어 객관적으로 서술했다. 그러므로 1부에서는 역사적인 논쟁보다는 연대기적 사실에 충실했다. 이러한 정리의 필요성은 분명하다. 국내에 버펄로 빌 코디와 서부활극에 대한 기본적인 이해 자체가 거의 존재하지 않기 때문이다. 따라서 기본적인 이해를 돕기 위해 될 수 있으면 상세하게 서술하려고 노력했다. 미국의 경우에는 버펄로 빌 코디에 대한 기본적인 저서들이 어마어마하게 많다. 그 많은 관계 서적들을 분류하고 정리하는 일은 결코 만만한 것이 아니었다. 그럼에도 최소한의 기본적인 이해를 도모하기 위한 정보 제공이 필요하다고 생각하여 학술서적에 어울리지 않을 개인의 전기적인 경로를 추적하는 작업에 집중할 수밖에 없었다.

반면에 2부에서는 버펄로 빌 코디에 대한 지금까지의 연구에 비판적으로 접근하여 역사 논쟁을 시도했다. 여기에서는 버펄로 빌 코디의 극과 그 특성을 필자의 입장에서 구체적으로 분석했다. 지금까지의 사학사적인 연구를 종합하고 여기에 더해 필자만의 새로운 시선으로 버펄로 빌 코디의 극의 관점들을 훑어보았다. 그런 목적으로 제2부는 필자의 관점에서 몇

개의 장으로 분류하여 해당 분야 역사가들의 관점을 정리하고, 나아가 비판적 접근을 시도했다. 그 첫 번째인 제1장은 미국인들을 비롯한 전 세계인들에게 미국 서부라고 할 때 연상되는 서부의 모습은 무엇이며 그러한 모습을 형성하는 데 영향을 준 원인들을 규명해보려고 했다. 특히 그러한 연상에 결정적인 역할을 담당했던 두 인물을 선정하여 그들의 서부관과 특징을 확인하고 그러한 서부가 어떻게 우리 머리 속에 '상상의 지리학'으로 자리 잡게 되었는지 확인 추적했다.

구체적으로는, '문자 세계'에서 서부를 정의하고 서사하는 데 결정적인 역할을 한 역사가 프레더릭 잭슨 터너와 그의 프런티어테제를 선정하여 서부에 대한 그의 서사가 우리 머리 속에 서부 신화를 만들어내는 데 끼친 영향을 확인해 보았다. 그리고 '시각 세계'에서 서부를 재창조했던 버펄로 빌 코디의 와일드 웨스트 쇼를 비교 좌표로 선택했다. 그 결과 이들 두 사람이 만들어낸 '상상의 지리학'으로서의 서부들은 우리가 서부를 인식하는 데 결정적으로 영향을 미쳤다고 확인할 수 있었다. 터너가 만든 서부와 프런티어는 역사가들의 기본적인 지식으로 인용되었으며, 이후 발전되어 왔다. 버펄로 빌 코디의 서부 역시 대중의 이미지에 깊은 영향을 주었고 서부활극이나 할리우드 영화를 통해 영상 이미지로 자리 잡았다.

이들에 대한 비교를 통해 각각의 서부 상을 알아보면 서부를 통일적인 시각으로 정의하기가 얼마나 어려운지 확인할 수 있을 것이다. 그들이 그려낸 서부가 서로 완전히 다르게 '재현'될 때 우리는 서부가 결코 있는 그대로 확인되거나 서술되지 않았음을 알게 될 것이며, 나아가 과거의 역사가와 흥행가가 작위적으로 구성하려 했던 신화가 어떻게 우리에게 구체화되었는지 되돌아보는 계기가 될 것이다.

제2부 제2장 '대영제국과 버펄로 빌 쇼: 미국 서부활극의 세계화와 인디언 이미지 형성'에서는 버펄로 빌 코디와 그의 서부활극의 전 세계적인 인기를 확인해보는 작업의 일환으로 영국을 선택하여 추적하여 보았다.

그러나 단지 유럽에서의 인기에만 한정해서 문제에 접근하려는 것이 이 장의 목적이라고는 할 수 없다. 버펄로 빌 쇼를 인기 있게 만들었던 중요한 극의 콘셉트를 찾아보고자 한 것이다.

버펄로 빌 코디는 자신의 독특한 형식과 플롯을 가미한 서부활극을 통해 서부의 다양한 성격과 이미지를 제공했다. 그러한 노력으로 해서 그의 극은 신대륙을 뛰어넘어 그 문화의 탄생지 유럽에서도 선풍적인 인기를 구가했다. 특히 1887년에서 시작하여 1892년까지 계속된 유럽 공연은 미국의 독특한 문화를 대표하는 것으로 되어 유럽인들을 열광케 하였다. 그의 유럽 순회공연은 영국에서 시작하여 프랑스, 이탈리아, 오스트리아, 독일, 네덜란드에 이르는 대장정이었으며, 이 순회공연으로 코디는 미국 문화를 외국에 소개하는 데 기여한 인물로 고국에서 더 한층 명성을 얻었다.

미국과 영국, 유럽에서 선풍적인 인기를 얻은 버펄로 빌 쇼의 주제는 유럽 국가들이 제국주의적인 영토 확장을 실천하는 시기에 어울리는 명분 즉 '명백한 문명의 전진'이었다. 특히 19세기 서유럽의 백인들은 그들의 팽창 정책을 긍정적으로 이해하여 야만의 세계를 백인의 깃발로 물들이고 문명을 주입시키는 위대한 작업에 전력을 다했다. 이러한 숭고한 '백인의 이상'과 '백인의 짐'을 이해하지 못하는 야만의 세계는 그들 눈에 거친 야수의 세계로 비쳤고, 만약 야만의 세계가 문명의 세계를 거부한다면 그들은 '총과 칼'이라는 무력을 사용해서라도 문명의 우월성을 각인시켜야 한다고 생각했다. 그들에게 총은 문명의 전달자이자 거친 야만을 단죄하는 도구였다. 버펄로 빌 쇼는 이러한 그들의 문명관을 리얼하게 보여주었기에 그들을 도취시키고, 흥분시키는 오락거리인 동시에 교육의 장이었다. 그들은 미국 서부에서의 경험을 재현하는 이 극에서, 아프리카와 아시아에서 야만과의 전쟁을 통해 문명 전파를 수행하고 있는 자신들의 노력에 대한 대리 만족과 보상을 얻을 수 있었다.

한편 서부를 서사하는 데 버펄로 빌 쇼는 폭력의 신성성을 강조하면서 그 폭력으로 희생되는 야만의 세계, 즉 인디언의 삶과 죽음을 불가피한 과정으로 보았다. 나아가 영국 및 유럽인들은 버펄로 빌 쇼를 통해 아시아, 아프리카에서 벌어지는 전쟁의 합법성을 인정하고, 한편으로 그 폭력에서 느끼는 양심적인 문제를 치료할 수 있었다. 바꿔 말하면 버펄로 빌 코디와 그의 쇼는 대서양 양편의 백인들에게 심리적 위안과 치료를 제공했다. 그러나 이 비극적인 치료 속에 타자의 비극이 있었다. 그것은 바로 긍정적인 지기 입지와 해석의 어지를 유린당한 '고귀한 야만' 이다. 이들이 서부극에서 백인들의 의도에 맞게 타자화됨으로써 겪은 비애를 확인하는 것 또한 매우 의미 있는 시도라고 할 수 있을 것이다.

제2부 제3장에서는 서부활극을 구체화하면서 그 극의 중요한 계획자이면서 연출과 실제 극의 배우로서도 중요한 역할을 담당했던 인물 버펄로 빌 코디가 미국 대중에 어떻게 반응하고 대응했는지 확인해보고자 했다. 구체적으로 그는 자신의 극에 대한 다양한 평가에 민감하게 반응했다. 여기에서는 특히 그가 미국 무대의 경제적인 조건의 중요한 역할을 담당하고 있는 중산계급 이상의 마음을 사로잡기 위해 어떠한 계급 인식을 하고 있었는지 확인하고자 했다. 그러한 목적으로 이 장의 제목을 '버펄로 빌 코디의 서부활극과 계급'으로 정했다. 이 장의 목적은 버펄로 빌 코디가 당시의 문화 계급인 중산계급 이상을 끌어안기 위해 어떤 전략을 사용했는지 확인하는 것이다.

버펄로 빌 코디가 거둔 성과에서 결코 놓치지 말아야 할 것은, 당시 미국 내부의 중요한 측면이었던 계급 갈등을 잘 조절해서 극의 수정과 발전에 활용한 그의 적극성이다. 그는 문화 소비 계급에 맞추어 극을 수정하고 보완했으며, 결과적으로 수준 높은 서부극을 만들려고 했다. 그러한 엄청난 노력을 통해 중산층 이상의 소비자들에게서 호감을 얻었고, 문화의 방향을 결정하는 평론가들로부터 인정을 받았다. 그러나 그는 만족하지 않고 재차 문제점들을 찾아 전폭적인 개혁을 함으로써 오늘날의 야외 서부활극의 모습을 갖추는 혁명적인 전환을 시도했다. 그것이 소위 우리가 알고 있는 서부활극 와일드 웨스트 쇼의 탄생 배경이다. 다시 말해 그는 미국 사회계층의 동향에 대한 철저한 분석을 토대로 무대극에서 야외 서부활극으로 전환함으로써 초기 서부극에 대한 기성 문화 소비층의 반대를 극복했으며, 나아가 전체 계급을 아우르려는 혁명적인 시도를 함으로써 포용적인 야외 서부활극의 콘텐츠를 구성했다.

버펄로 빌 코디의 이러한 계급 포용적인 전략을 살펴보는 과정에서 당시 미국 연예 흥행 사회의 여러 전통적인 질서들뿐 아니라 산업화 속에서 새롭게 나타나는 흥행의 측면도 확인할 수 있다. 더불어 당시 문화를 지배하던 계급이 특정 예술을 허용하거나 허용하지 않았던 기호 또한 이해할 수 있다. 격변하는 동부 지역의 오락과 무대 시장에서 새로운 정체성을 확보함과 동시에 기존 소비층의 관심을 끌려고 했던 버펄로 빌 코디의 노력을 확인하는 것 자체가 매우 흥미로운 발견이 되는 셈이다. 버펄로 빌 코디는 초기 무대에서는 폭력과 인디언에 대한 무자비한 살육을 보여주어 당시 주요 문화 소비층인 신흥 중산계급과 상층계급, 또는 문화비평가들로부터 혹독한 평가를 받았다. 새로운 문화 소비자로 등장하던 대중들로부터는 열렬한 환영을 받았지만, 문화 기득권층의 멸시와 무시는 끈질기게 그를 괴롭혔다. 그는 문화 기득권층을 의식하지 않을 수 없었다. 그는 문화 기득권층을 무시하고 자신의 새로운 무대극을 전파하는 모험을 할 것인지, 아니면 그들의 흥미와 관심을 얻기 위해 극을 철저히 수정할 것인지 결정해야 했다. 그것은 서부활극 초기 시절에 그의 가장 큰 고민거리가 되었다. 그러한 흔적을 더듬는 것은 그 시대 문화 공간에서 이루어지던 계급 충돌과 변화를 확인해보는 흥미로운 작업이 될 것이며, 버펄로 빌 코디의 서부활극이 혁신적이지만 단순한 몇 가지 노력의 산물이었다는 기존의 해석을 수정하는 데 도움이 될 것이다.

제2부 제4장에서는 '서부와 인디언에 대한 미국 역사가들의 시각'에 초

점을 맞추었다. 지금까지 버펄로 빌 코디의 서부활극에서 다분히 확인되는 점은 바로 백인 대 인디언으로 정의된 '문명과 야만'의 2분법적인 대결이다. 즉 버펄로 빌 코디의 서부극과 그 후 발전된 형태로 나타났던 야외 서부활극은 백인을 문명인으로 간주하고 인디언을 야만의 상징으로 지목한다. 특히 초기 서부극에서는 이러한 대립 구도를 설정하여 서부의 역사를 서사한다. 물론 이후의 발전된 야외 서부활극에서는 인디언의 생활과 문화에 대해 상당히 우호적인 모습이 나타나지만, 그 본질에서는 이원론적 대립항을 설정하는 스토리 전개 방식을 결코 저버리지 못했다. 문명의 진보와 발전을 방해하는 인디언을 문명인으로서 백인이 나아갈 길에서 제거해야 한다는 것이 그 주제인 것이다. 또한 그 과정에서는 무력 사용도 정당화되는 것이었다. 그것이 버펄로 빌 코디의 극이 갖는 단면이라고 할 수 있다.

그러나 서부를 문명 대 야만의 대결이 벌어지는 장소로 그리는 작업을 한 사람이 버펄로 빌 코디 하나만은 아니었다. 19세기 말에서 20세기 초까지의 미국 역사가들의 글 속에도 서부에 대한 그런 시각, 인디언에 대한 인종주의적인 시각이 농도 짙게 나타나고 있었다. 그러므로 미국인들 즉 백인이라는 집단의 지도층에서 이러한 문명과 야만이라는 대립 구조의 해석학이 왜 필요했는지 파악할 필요가 있다. 즉 미국의 어떤 특수 사정이 서부를 인종주의적인 갈등의 장으로 정의하게 만들었는지 확인하는 작업은 궁극적으로 버펄로 빌 코디의 서부활극이 왜 그토록 미국인들의 인기를 끌었는지 설명하는 데에도 도움이 될 것이다. 궁극적으로 미국인들과 당시 미국 역사가들이 설정한 인종에 대한 정의와 경계가 얼마나 의도적이고 작위적이었는지 확인하여 인종이란 구분의 허구성을 살펴보는 것은 정말 의미 있는 작업이 될 것이다.

그럼에도 불구하고, 이러한 인종관과 '상상의 지리학'으로 서부를 설정하고 정리한 것을 가지고 국내외 정책을 추진했던 그 과감성은 실로 놀라운 것이었다. 그들이 설정한 백인과 야만의 잣대와 인종적인 기준이 시간과 장소에 따라 달라졌음을 확인할 때, 그리고 그런 기준을 가지고 정책과 외교를 집행하는 모습을 볼 때, 버펄로 빌 코디의 서부활극이 그렇게 인기를 끌었던 이유도 찾을 수 있을 것이다.

당시 미국이 경험하던 인종적인 갈등과 고통은 이후 연방 정치와 외교에도 영향을 주었다. 그 기원은 서부와 인디언에 대한 갈등이었다. 즉 백인들은 서부에서 인디언과 갈등을 겪으면서 문제의 해답을 인종적인 접근에서 구할 필요가 있음을 인식한 것이다. 다른 한편으로, 이 시대 미국의 역사 서술과 아시아·아프리카에 대한 미국의 인식과 대응에서도 이러한 인디언관에서 비롯된 정복의 정당화가 엿보인다. 즉 백인우월주의와 문명우월론의 측면에서 문명의 동화를 요구하는 것이다.

결론적으로 필자가 강조하고 싶은 것은 백인의 서부 정착과 인디언 정복 과정, 그리고 미국 동부 지역을 중심으로 나타난 여러 이민 세력 문제 및 노동과 자본 간의 충돌에서 발생하는 문제점을 인종 갈등 문제로 전이하여 정치가에서 역사학자까지 줄기차게 인종을 거론하였다는 점이다. 그런 측면에서 미국 사회 최초의 인종적인 문제는 서부에서 확인해야 한다. 백인들은 19세기 말부터 나타난 급격한 이민의 유입으로 발생한 인종 문제에 대해서도 서부의 경우와 비교하며 배척의 논리를 구사할 수 있었다. 즉 당시 미국 사회가 감당할 수 없는 문제들을 모두 백인 대 인디언의 인종적인 갈등 구조에 연결시킴으로써 불만을 해소하였던 것이다. 서부는 백인들의 히스테리를 해결해주는 '상상의 지리학'이었다. 또한 미국의 제반 영역에서 발생하는 문제와 갈등의 최초의 원인임과 동시에 그 해결을 위한 희생양으로 인디언과 서부가 이용되었다.

제2장

버펄로 빌 코디의 성장과 서부활극의 발전

1. 버펄로 빌 코디의 탄생과 성장

윌리엄 프레더릭 코디(William Frederick Cody, 별칭 Buffalo Bill, 1846~1917)는 1846년 2월 26일 지금의 아이오와 주 르클레어에서 아이작 · 메리 앤 코디(Isaac · Marry Ann Cody) 부부 사이에서 태어났다. 6살 무렵, 그는 형 새뮤얼(Samuel)이 말에서 떨어져 죽는 모습을 보았다. 형의 죽음은 어린 윌(Will: William의 애칭)에게 큰 상처로 각인되었다. 하물며 자식을 잃은 어머니의 슬픔은 말할 나위도 없었다. 윌리엄 프레더릭 코디(이하 코디로 표기)의 가족은 그 상처를 잊기 위해 캔자스 주 레븐워스 가까이에 있는 솔트크리크밸리의 농장으로 이사했다.[1]

당시 캔자스는 아직 독립 주로 승격되지 못한 준주로서 정식으로 연방에 가입하지 못한 상태였다. 이 지역 주민들은 장차 캔자스가 노예 소유를 인정할 것인지 여부를 두고 격렬한 논쟁에 빠져 있었다. 사실 이 지역 정서상 노예 소유 문제는 논쟁으로 끝날 문제가 아니었다. 노예제 문제는 극한 대립의 격렬한 논쟁으로 이어졌고, 급기야 유혈 상황으로 비화되었다. 노예제 문제로 야기된 쌍방의 충돌은 미국의 어느 지역과도 비교될 수 없을 정도로 첨예했다. 막 이주해 온 코디의 아버지도 이 논쟁에서 예외일 수 없었다. 이웃들은 아버지에게 분명한 입장 표명을 요구했다. 이 문제에 발을 담그지 않는 것이 상책이라고 생각하고 일정 거리를 유지하던 아버지는 이런 압박에서 양단간의 결정을 내릴 수밖에 없다고 직감했다. 결국 아버지는 캔자스 준주 지역에 노예제 도입을 반대한다는 정치적 입장(Free Soil politics)을 분명히 밝혔다. 그러나 아버지는 이 입장 표명 때문에 결국 생명을 잃고 말았다. 아버지는 노예제를 반대하는 연설 도중 청중 속에서 갑자기 돌진해온 한 남자의 칼을 맞고 심각한 상처를 입었다. 폐에까지 이른 칼의 상처는 일시적으로 아문 듯 보였으나 결국 회복하지 못하고 3년 후 아버지는 세상을 떠나고 말았다. 그때 코디의 나이는 겨우 11살이었다. 아버지를 잃은 코디의 앞날은 시련 그 자체였다. 그는 더 이상 학교를 다닐 수 없게 되었을 뿐만 아니라, 가정에 하나밖에 없는 남자로서 집안의 모든 부양책임을 져야 했다.[2]

코디가 가족의 생계를 책임지기 위해 최초로 선택한 직장은 러셀메이저스앤드워델회사(Russell, Majors, and Waddell Company)라는 운송 서비스 회사였다. 이 회사는 캔자스를 거점으로 하여 당시 미국 상황에서 보면 오지라고 할 수 있는 서부 깊숙한 지역 주민들을 대상으로 화물이나 우편을 취급하는 운송 사업을 하고 있었다. 코디는 이 회사에서 마차를 몰았다. 그는 이 회사가 소유하고 있는 코네스토가왜건(Conestoga Wagons: 미국 건국 초기 서부 지역의 중요한 이동 수단으로 사람과 짐을 운반하는 마차. 폭이 넓고 포장을 두른 대형 마차)을 몰고 마차 운반팀의 총책임자로서 황소와 노새를 끄는 중요한 역할을 담당했다.

이 회사에 근무하면서 코디는 처음으로 인디언과 만났다. 그는 이동 중에 밤이 되어 휴식을 취하기 위해 장소를 물색하는 도중 희미하게 다가오는 물체를 발견했다. 그 모습은 난생 처음 보는 장면이었다. 바로 무시무시한 인디언 전사가 그들을 공격하려던 찰나였던 것이다. 인디언은 코디의 동료를 겨냥하여 화살을 쏘려고 했다. 코디는 잽싸게 라이플 장총을 가져와서 장전을 하고, 침착하게 인디언을 향해 조준하고, 발사했다. 그가 처음으로 인디언과 맞닥뜨렸고, 그 속에서도 침착하게 동료를 구했다는 영웅담은 곧 인접 지역에까지 퍼졌다. 코디가 사는 레븐워스 인근 마을에서는 어린 청년의 영웅담이 결코 잊지 못할 전설이 되었다. 마을 사람들은 코디를 미국 서부의 대평원 지역에서 가장 용감한 사나이이자 특히 '가장 나이 어린 인디언 사냥꾼'으로 기억하게 된다.[3]

  1860년 코디가 근무하는 러셀메이저스앤드워델회사는 새로운 사업을 구상하는데 당시 상황에서 보면 그것은 상당히 위험한 모험적인 사업이었다. 미국 역사에서는 이 사업이 포니익스프레스(Pony Express)로 불리는데, 당시 미국 정부는 서부 지역 오지까지 원활하게 이루어지는 통신시스템 구축을 구상했다. 10년 전인 1849년, 미국 서부의 오지 가운데 하나였던 캘리포니아 지역에서 금이 발견되었다는 소문은 동부 지역 사람들뿐만 아니라 저 멀리 대서양 저편 유럽인들에게까지 퍼졌다. 당시 험난한 서부 지형을 볼 때 동부 지역과 서부 지역 사이에 서로 소식을 전하는 일은 상당히 위험했다. 그러므로 정부 차원에서 그 일을 구상하게 된 것이다. 당시까지만 해도 대륙을 연결하는 대륙횡단철도는 완성되지 않았기에 신속한 운송전달체제 구축은 국가와 서부 개척자들을 위해서도 필요한 사업이었다.

  그래서 구상된 것이 포니익스프레스 사업이었다. 이 구상에 따르면 우편물을 목적지까지 운반하기 위해서 10~15마일(16~24km)을 기준으로 정거장 하나씩이 건설된다. 이러한 정거장을 연속적으로 건설하여 출발 장소인 미주리 주 세인트조지프에서 목적지인 캘리포니아 주 새크라멘토까지 약 1800마일(2900km)을 연결하는 것이다. 당시로서는 어마어마한 교통 통신망 건설 사업이었다. 마수는 우편물을 가지고 말을 달려 무려 75마일(120km)을 주파한다. 이 경우에 마수인 사람도 지치겠지만 무엇보다도 심각한 문제는 바로 줄기차게 달려야 하는 말의 피로이다. 그리하여 정거장마다 말을 배치하여 우편물을 전달한다는 방침을 정했다. 한 마수가 75마일을 달려 다음 마수에게 우편 배낭을 연결하고 이러한 연결을 여러 번 반복하여 대서양 해안에서 서부 태평양 연안까지 통신망을 구축한다는 원대한 계획이었다. 이 계획은 단순하게 보이지만 그리 쉬운 일은 아니었다. 서부로 가는 길에는 여러 가지 험난한 자연환경이 놓여 있었다. 우선 예상치 못한 기후 변화가 있었다. 기후 변화는 그 자체로도 위험 요소였을 뿐만 아니라 지형을 급격하게 바꾸어 또 다른 위험 요소를 만들어냈다. 또한 동식물로 인한 위험도 있었다. 말이 달리다가 프레리도그라는 설치류 동물의 굴에 빠져 심각한 부상을 당하거나 경우에 따라서는 죽음에 이르기까지도 했다. 위험 요소는 이것만이 아니었다. 이 지역에서는 언제라도 무법자들이 출몰할 수 있었고, 더군다나 인디언들의 공격이나 그들과의 조우도 다반사였다.[4]

　어쨌든 3명이 공동 설립한 러셀메이저스워델회사는 정부와 포니익스프레스 건설 계획 계약서에 서명했다. 그리고 사업을 원활하게 수행하기 위해 신문에 마수 모집 광고를 냈다. 그 광고를 보면 마수의 채용 조건이 무엇인지, 그 일이 어느 정도 위험성을 내포하고 있었는지 잘 알 수 있다. 광고에서는 "젊고 몸이 깡마른"(young, skinny, wiry fellows) 사람을 특별히 요구했다. 이것은 말에게 가해지는 하중을 최대한 줄이려는 것이었다. 또한 연령을 제한하여 "18세 미만으로 말타기 고수"(not over 18, be expert riders)여야 한다고 정했다. 특별히 시선을 끄는 것은 "매일 온갖 생명의 위험을 기꺼이 감수할 수 있는"(willing to risk death daily) 사람을 원한다는 사실이었다. 결국 가족 없는 "고아를 우대"(Orphans Preferred)한다는 조건을 분명히 했다. 임금은 주당 25달러였는데, 이 금액을 지금 기준으로 보면 적어도 주당 550달러에 해당되는 거액이었다. 이 광고는 그 일이 얼마나 위험하고 스릴 있는 직종인지를 잘 보여준다.[5]

광고를 본 코디는 이러한 일이 줄 모험에 대해 호기심을 가지고 보았다. 특히 그를 매료시킨 것은 결코 뿌리칠 수 없는 주당 25달러라는 임금이었다. 그러나 그의 나이 이제 겨우 14살이었다. 그 회사의 마수는 한편으로 가장으로서 좋은 일자리였지만 또 다른 한편으로는 가장으로서 가장 중요한 가족의 생계를 최악의 조건으로 빠트릴지도 모를, 목숨을 담보로 하는 직업이었다. 코디는 결국 이 위험스러운 일을 시작하기로 했다. 그는 이 회사의 새로운 사업에 응모하였고 다행히도 허가를 받아 낼 수 있었다. 코디는 이 회사가 고용한 가장 어린 마수였다.

포니익스프레스는 대다수 시민들로부터 넓은 지지를 받았다. 미국인들은 외로운 황야를 달려 아름답고 소중한 가족의 안부를 전해주는 사람들을 낭만적인 시선으로 바라보았다. 다른 한편으로 미국인들은 위대하지만 위험한 그 일에 존경스런 눈길을 보냈다. 다시 말해서 미국인들은 외로운 황야에서 인디언의 위협을 무릅쓰고 새로운 문명을 개척하는, 자신의 처지와 비슷한 백인 정착민들에게 새로운 소식을 전해주는 이들 속달우편 배달부를 문명의 전달자로서 간주했다.

대중의 존경과 사랑에도 불구하고, 포니익스프레스는 사업으로는 실패작이었다. 그 사업은 결국 8개월(1861년 4월~1861년 11월) 만에 막을 내리고 말았다. 속달우편 배달 사업은 여러 여건상 수익을 내는 데는 무리가 있었다. 러셀과 메이저스, 워델은 결국 파산했다. 코디는 열심히 근무했으나 실직당하고 말았다. 그렇지만 그는 가족에게 어느 정도의 돈을 보낼 수 있었고, 장차 친구로서 오랫동안 우정을 나누게 될 인물을 포니익스프레스를 통해 사귀었다. 그의 이름은 와일드 빌 히콕(Wild Bill Hickok)으로 훗날 서부 시대의 대표적인 총잡이로 알려지는 인물이었다.

여기서 히콕을 간단하게 소개할 필요가 있다. 그는 나중에 버펄로 빌 코디의 서부극에 직접 참여하여 서부극 발전에 중요한 역할을 하기 때문이다. 그 또한 코디와 마찬가지로 '살아 있는 생생한' 서부 이야기를 동부의 관객에게 전달하는 영웅이었다. 히콕의 본명은 제임스 버틀러 히콕(James Butler Hickok)이다. 그는 1837년 일리노이 주 출생으로 1855년에 캔자스로 왔다. 그리고 1860년에 포니익스프레스 회사에 들어와 코디의 동료로 근무하게 되었다. 코니와 근무한 지 1년이 지났을 때 히콕은 돈 문제로 3명과 결투하게 되었다. 히콕은 그들을 사살하고 구속되었지만 정당방위라는 확인을 받고 풀려났다. 이 사건으로 총잡이로서 그의 명성은 하늘을 찌를 정도로 높아졌다. 이후 그는 와일드 빌 히콕이라고 불리게 되었다. 그는 연방군을 위해 야전에서 정찰 임무를 맡는 스카우트가 되었는데, 특히 조지 암스트롱 커스터(George Armstrong Custer) 장군의 스카우트 역할을 수행하여 나중에 유명세를 타게 된다. 커스터는 히콕의 총솜씨를 가리켜 거의 '백발백중'이라고 할 정도로 그의 기술을 칭찬했다. 이후에도 히콕은 서부에서 여러 번 결투를 벌였다. 특히 그가 캔자스의 헤이스와 애빌린에서 짧은 기간 동안 보안관으로 근무하면서 범죄자들을 소탕할 때 보여주었던 공포와 가혹함에 대한 소문은 서부와 동부 지역에서 널리 퍼졌다. 히콕 이야기는 이후 동부 지역 신문지상에 단골 주제로 등장했고 당시 대중들의 인기를 끌었던 저가소설(Dime Novels)의 단골 주인공이 되었다. 그는 코디와 함께 서부 영웅담의 제조공장이라고 할 수 있는 인물이었다. 그의 이야기는 이후로도 여러 번 서부 영웅 신화로 재현되었고 코디의 서부극에 포함되어 서부극 발전의 한 축을 담당했다.[6]

한편 포니익스프레스가 사라질 즈음에 미국에서는 역사상 유례 없는 지역 간의 갈등이 발생했는데 그것이 바로 남북전쟁이었다. 코디는 이 전쟁에 적극 참전하기를 희망했으나 집안의 생계를 꾸려나가야 하는 가장의 신분이었기 때문에 그의 희망은 쉽게 이루어질 수 없었다. 그러던 중 1863

출처: Buffalo Bill Historical Center, Cody, Wyoming

윌리엄 프레더릭 코디는 1846년 지금의 아이오와 주에서 출생했다. 뒤에 그의 가족은 캔자스 주로 이사했고, 코디가 불과 11살 때 그의 아버지가 세상을 떠났다. 그는 가족의 생계를 유지하기 위해 잠시 포니익스프레스에서 근무했다. 남북전쟁(1861~65)이 일어나자 얼마 후 그는 제7기병대 소속으로 참전했다. 사진(1864년 또는 1865년 추정)은 이등병으로 참전하여 스카우트 역할을 수행할 때의 모습이다.

년 12월, 어머니 메리 앤이 오랜 병환으로 죽고 말았다. 가정으로부터 자유롭게 된 그는 바로 제7캔자스기병대(Seventh Kansas Cavalry)에 들어갔다. 그는 이 부대에서 전령, 정찰을 주로 하는 스카우트를 맡게 되었다. 특히 그는 스파이로 테네시 주에 파견되어 활동하면서 큰 흥미를 느꼈다. 코디는 의도적으로 남부 악센트의 사투리를 사용하면서 이 지역에 주둔 중인 남군의 동태를 자세하게 파악하여 상급 부대로 보고했다. 그 당시 익힌 스파이 활동은 훗날 코디가 무대의 배우 역할을 하는 데 밑거름이 된다.

1865년 코디가 19살이 되자 군대는 그를 미주리 주 세인트루이스에 있는 연방군병원(Union Army hospital) 전령으로 배속시켰다. 그는 이곳에서 자신을 사로잡은 한 여성을 만났다. 그녀는 22살로 루이자 프레더리치(Louisa Frederici)라는 아름다운 여성이었다. 그들은 곧 사랑에 빠졌다. 코디에 대한 그녀의 평가를 보면 그의 면모를 확인할 수 있다. 그녀는 사랑하는 코디에 관해서 "잘생긴 외모, 항상 말끔하게 수염을 깎은 모습, 말과 행동에서 나타나는 우아하고 부드러운 자태, 아마 지금까지 내가 보았던 어떤 남자보다 멋있는 남자"라고 했다. 그들의 열렬한 사랑은 결실을 맺어, 1866년 3월 6일에 결혼하기에 이르렀다. 그들은 세인트루이스에서 레븐워스로 돌아가 신혼살림을 꾸미기로 약속했다. 그러나 결혼한 지 얼마 안 되어 늘 행복할 것 같았던 이들 부부에게 문제가 발생했다. 루이자의 성격은 매우 조심스럽고 내성적이었으나 코디는 매우 쾌활하며 외향적이었다. 루이자는 옷을 하나 입어도 조심스럽고 단순한 취향을 선택하는 대단히 보수적인 모습을 보였으나, 코디는 완전히 다른 취향을 보여주었다. 코디는 옷을 입어도 최고의 상품을 원했다. 더욱이 루이자가 조용한 가정생활을 생각했다면 코디는 모험을 즐겼다. 이들 부부의 결혼생활이 원만하지 않아 많은 시간을 떨어져 살아야 했던 이유도 바로 이러한 성격 차이에 근본적 원인이 있었다.[7]

레븐워스에서의 결혼생활은 경제적인 문제에서 기인하는 또 다른 고통

출처: Western History Collection, University Of Oklahoma Library

버펄로 빌 코디의 성공 신화에서 자주 등장하는 인물이 바로 와일드 빌 히콕이다. 그와의 첫 만남은 1860년 포니익스프레스를 통해서였다. 그는 당시 서부 총잡이로서 명성이 높았다. 훗날 그는 코디와 의기투합하여 서부극에 직접 참여했다. 그러나 그와의 우정은 결코 순탄치 못했다. 그들은 얼마 후 서로 결별을 선언하는 데 그 결정적인 이유는 히콕의 빈번한 폭력 행사였다.

을 그들 부부에게 안겨주었다. 코디는 돌아가신 어머님이 남겨주신 하숙집을 개조하여 호텔 사업을 했다. 그러나 얼마 되지 않아 문제가 발생했다. 지금까지 코디는 서부에서 활발하게 행동하는 삶을 살아왔다. 호텔 경영처럼 정적인 활동을 요구하는 생활은 그에게 어울리지 않았다. 간단히 말해서 그에게는 호텔 경영을 할 수 있는 사업 수완이 전무했다. 당시 코디가 호텔 운영에 기여할 수 있는 것이라고는 투숙객들에게 서부 혹은 연방 군대에서 경험했던 모험담을 이야기하여 그들의 마음을 사로잡는 것뿐이었다. 코디는 호텔 경영이 체질과 경험에 맞지 않음을 자각했다. 게다가 그는 조용한 가정생활도 자신과는 맞지 않다고 생각했다. 코디는 서부를 그리워했는지도 모를 일이다.[8]

코디는 야망과 희망을 안겨주는 서부의 이상을 행동으로 옮겼다. 그는 역마차(Stagecoach)를 모는 직업을 선택했으며, 얼마 후 기병대의 스카우트로서 포니익스프레스에서부터 알고 있었던 서부 사나이 히콕과 같이 일하게 되었다. 코디는 서부의 꿈을 좇으면서도 결코 가정을 방치하지 않았다. 그는 스카우트 일을 할 수 있는 캔자스의 서쪽 지역으로 부인과 딸 아르타(Arta)를 데리고 왔다. 그러나 루이자는 서부의 삶에 매력을 느끼지 못했다. 어쨌든 코디는 군대를 위한 정찰 활동에 매우 만족했다. 그의 만족감은 외모나 몸을 치장하는 모습에서도 그대로 감지되었다. 그는 전형적인 서부 스카우트의 특징인 긴 머리를 기르기 시작했고, 코 아래와 턱에도 염소수염을 길렀다. 그리고 사슴가죽으로 만든 벅스킨(Buckskin)이라는 옷을 입었다.[9]

군대에서 코디는 스카우트로서 인디언을 찾아내거나 군대가 진군할 때 길을 개척하는 선발대 역할을 만족했다. 그는 온갖 어려운 상황에서도 최선을 다했고, 그의 능력은 곧 인정받았다. 임무를 맡으면 적어도 며칠간은 말 위에서 지내야 하는 경우도 있었지만 그는 맡은 바를 충실히 수행했다.[10]

그런데 또 다른 일이 그를 매료시켰다. 당시 미국은 동부와 서부를 잇는 철도를 놓고 있었다. 이것은 전국적인 국가사업으로 미국을 하나의 통일적인 국가 체제로 운영하기 위해 반드시 이루어내야 하는 일이었다. 넓은 대륙을 연결하는 하나의 교통시스템은 우리 몸 속에 있는 모든 기관을 연결해 주는 대동맥과 같은 역할을 수행하는 것이었다. 철도의 시대가 미국 서부에도 도래하고 있었다. 코디 또한 이 소식을 누구보다도 잘 알고 있었다. 한편 코디가 거주하는 지역에서는 인근에 있는 철도회사가 철도 건설 노동자들의 식량을 확보하기 위해 사냥꾼을 모집한다는 풍문이 전해졌다. 그 철도회사는 바로 캔자스퍼시픽철도회사(Kansas Pacific Railroad)였다.

캔자스퍼시픽철도회사는 수많은 철도 건설 노동자들에게 공급할 식량을 확보하기 위해 광활한 서부에서 무리 지어 이동하는 들소, 즉 버펄로를 사냥하기로 했다. 코디는 이를 행운의 기회로 보았고, 이 기회를 잡고자 운명의 길을 나섰다. 이후 코디는 버펄로 사냥꾼이라는 직업을 가짐으로써 새로운 이름을 얻고, 버펄로를 사냥하면서 일으킨 수많은 사건들은 전설로 채색되고 그 전설은 다시 서부의 영웅 신화로 탈바꿈하게 된다. 버펄로 사냥꾼으로 활동하기 전까지 코디는 서부의 모험가 혹은 서부 사나이 가운데 한 사람으로서 서부 인근 지역에서만 알려져 있었다. 코디는 버펄로 사냥을 통해 단순한 영웅에서 전설적인 인물로 탄생된다. 그의 이야기는 여러 경로를 통해 동부에까지 전달되었는데 그 과정에서 더 한층 과장과 신화로 채색되었다.

1868년 코디는 캔자스퍼시픽철도회사의 철도 인부들에게 식량으로 공급할 버펄로를 사냥하는 일을 맡았다. 당시 서부의 철도회사들은 노동자들의 식량을 거의 버펄로 사냥으로 충당하고 있었으므로 이 분야에 뛰어난 능력을 가진 코디가 선택된 것은 당연했다. 코디의 버펄로 사냥술은 발군의 실력을 보여 동부 지역에서도 그의 용맹과 불굴의 투지는 익히 알려질 정도였다. 버펄로 사냥에서 보여준 그의 기량은 당시 서부 신화를 만든 영웅들에게도 잘 알려진 듯하다. 예를 들어 서부의 또 다른 위대한 영웅으로 신화적인 인물이 된 배트 매스터슨(Bat Masterson)은 코디의 버펄로 사냥 솜씨가 '타의 추종을 불허'한다고 하였다. 그는 "코디는 버펄로 무리를 향해 쏜살같이 돌진해간다. 그는 양쪽에 권총을 잡고 입으로는 고삐를 물고 말을 제어하고 있었다. 그의 뛰어난 능력으로 보아 오늘 단 한 번의 사냥으로 필요한 식량을 확보할 것이 거의 분명하다. 그는 6발이 장전된 권총으로 8마리의 버펄로를 죽일 수 있는 능력을 가지고 있다"고 말했다. 이와 같이 그에 대한 소문은 점차 여러모로 부풀려져서 서부의 영웅으로 전파되었다.[11]

그의 이름이 '버펄로 빌' 코디로 알려지게 된 것도 바로 이때였다. 어느날, 전설상의 총잡이로 유명하게 되는 빌리 콤스톡(Billy Comstock)과 코디는 누가 버펄로를 많이 사냥할 수 있는지 내기 시합을 했다. 8시간 동안 버펄로를 더 많이 쓰러뜨리는 사람이 승자이며, 승자에게는 '버펄로 빌'(Buffalo Bill)이라는 칭호를 붙여주기로 했다. 시합은 코디의 일방적인 승리로 끝났다. 코디는 69마리를 사냥했고, 콤스톡은 겨우 49마리를 사냥했다. 그리하여 코디가 '버펄로 빌'이라는 이름을 사용하게 되었다고 전해진다.[12]

그의 별명에 대해서는 훨씬 신빙성 있는 또 다른 이야기도 전해지고 있다. 당시 철도 노동자들은 매일 먹는 버펄로 고기에 식상했다. 그래서 노동자들은 곧잘 "빌 저 친구 또 버펄로 고기를 가져오는 군"(Here comes this old Bill with more buffalo)이라고 말하곤 했다. 그 이후 철도 노동자들이 버펄로와 빌(Bill, Will은 둘 다 William에서 기인하는 남자 이름의 애칭)이라는 이름을 결합시킴으로써 버펄로 빌이라는 이름이 탄생했다는 것이다. 경위야 어쨌든 이후 그의 별명은 본명보다 훨씬 더 많이 쓰이게 된다. 그는 서부 영웅으로서 버펄로 사냥과는 떼려야 뗄 수 없는 이름을 갖게 되었고, 이후 모든 사람들은 그를 버펄로 빌이라고 불렀다.[13]

그는 버펄로를 사냥하면서 서부에서는 물론 동부에서도 명성을 떨치게 되었다. 그는 대략 8개월 동안 철도회사와 노동자들을 위해 4280여 마리의 버펄로를 사냥했다. 이 대량 살육은 서부의 자연 생태계를 결정적으로 파괴했던 상징적으로 중요한 사례이기도 하다.

 버펄로 대량 살육은 서부 개척자들을 위한 식량 확보 행위이자 제국주의 시대 사회 지도층 남성 쇼비니즘의 한 표현으로서, 또는 단순한 자연 정복과 사냥을 위한 유흥의 수단으로 야만스럽게 계속 자행되었다. 1850년에서 1890년까지 거의 2000만 마리의 버펄로가 사냥꾼에 의해 살육되어 현재 거의 멸종에까지 이르게 되었다. 사냥꾼들 가운데 대다수는 식용으로 쓰기 위해서 어쩔 수 없이 그 동물을 죽인 것이 결코 아니었다. 그들은 단지 가죽을 얻기 위해 서부의 아름다운 야생 생명체를 무자비하게 도륙한 것이었다. 그리하여 유감스럽게도 당시 서부에서는 죽은 버펄로 시체가 썩어가는 광경이 일반적인 현상으로 자주 등장하게 된다.[14]

 서부에서 버펄로의 멸종은 그 자체로 끝나는 것이 결코 아니었다. 버펄로의 종말은 인디언의 종말과 직접적인 관계가 있다. 대평원 지대에서 생활하던 인디언은 필요한 모든 것을 버펄로에 의존했다. 버펄로는 인디언에게 충분한 식량과 가죽을 제공하는 동물로, 특히 그 가죽은 추위를 막아주는 가장 쓸모 있는 재료였다. 따라서 버펄로의 멸종으로 말미암아 인디언의 생활 역시 종국으로 치닫게 되었다. 버펄로 멸종과 같은 서부 생태계의 파멸은 버펄로 사냥으로 철도 노동자들에게 식량을 제공하던 코디에게도 상당한 충격이었다. 그리하여 그는 훗날 아름다운 서부 대평원의 생명체들을 국가 차원에서 보호하자는 운동에 동참한다. 코디가 절친한 친구인 시어도어 루스벨트(Theodore Roosevelt) 대통령에게 적극 권유하여 서부 지역에 국립공원 조성 사업을 진행시키고 버펄로와 같은 야생동물을 보호하는 법령을 제정하는 데 모든 노력을 아끼지 않았다는 데에서 그의 노력에 대한 구체적인 사례가 분명하게 나타난다.[15]

 다시 이전으로 돌아와 1868년 여름, 코디는 다시 기병대에 합류하기 위해 사냥꾼 일을 정리하고 얼마 지나지 않아 제5기병대(Fifth Cavalry)의 수석 스카우트가 되었다. 그는 다른 스카우트에 비해 100달러 이상의 특별

수당을 받았다. 그러한 특별 조치는 육군장관(Secretary of War)의 직접 명령으로 이루어졌다. 당시 제5기병대는 유명한 필립 셰리든(Philip Sheridan) 장군이 지휘하고 있었다. 코디는 이 부대에서 가장 인기 있는 인물이었다. 기병대원에서부터 부대장에 이르기까지 모든 부대원들이 코디를 부대에 행운을 가져오는 인물로 간주할 정도였다. 그의 소속 기병대가 별 사고 없이 임무를 완수할 수 있었던 것은 인디언과 서부 지리에 대한 그의 다양하고 폭넓은 정보, 그리고 부대의 진로에 대한 그의 냉철하고도 뛰어난 자문 역할 덕분이라고 인정되었기 때문이다. 게다가 그는 하나하나의 행동에서도 남성적인 면모를 보여주어 그의 호탕함과 용감함을 본 사람들은 그를 무척 따랐다. 1868년에서 1872년까지 코디는 서부 지역, 특히 네브래스카 주 룹 강(Loup River) 지역에서 주로 발생한 인디언과 기병대 간의 18번의 전투에 직접 참여했다. 미국 정부도 그의 탁월한 능력과 전공을 높이 평가하여 1872년 연방의회는 코디에게 미국 최고의 무공훈장인 명예훈장(Congressional Medal Honor)을 수여했다.[16]

위대한 스카우트로서 미국 정부로부터도 인정받은 그는 거의 전국적으로 인기 있는 인물이 되었다. 그의 이야기는 소설 작품으로 출판되는 등, 서부의 영웅 신화로서 자리매김되었다. 특히 그는 당시 대중적으로 인기를 누리던 저가소설에서 서부를 배경으로 하는 소설의 단골 주인공으로 등장했다. 그리고 그는 서부극을 재현하는 훌륭한 무대인으로서도 인기를 구가하게 되었다. 어떻게 그런 일이 가능할 수 있었는가?[17]

2. 저드슨과의 만남

코디는 속달우편 배달부이자 전사였으며, 군대 스카우트이자 버펄로 사냥꾼의 경력을 가진 전형적인 서부인이었다. 그런 다양한 이력 때문에

그는 서부뿐만 아니라 동부, 아니 전국적으로 명성을 얻을 수 있었다.[18]

1872년에 코디는 이미 전국적으로 이름이 알려진 유명 인사였다. 앞서 언급한 바 있지만 정부로부터 명예훈장을 받은 것은 그의 주가를 올리는 데 결정적인 역할을 했을 것이다. 하지만 그가 미국 전체 국민들에게 확실하게 알려지게 된 계기는 훈장을 받기 전인 1869년에 소설가이자 흥행사였던 한 인물과의 역사적인 만남이었다. 그 소설가의 이름은 저드슨(Edward Zane Carroll Judson, 필명 Ned Buntline)이었다. 그는 주로 서부를 배경으로 하는 영웅담과 사건을 중심 내용으로 10센트 이하짜리 대중적인 저가소설을 출판하여 선풍적인 인기를 얻었다. 1860년대에서 1900년대까지 미국에서는 남녀노소 혹은 빈부와 관계없이 모든 사람들이 이런 종류의 소설에 심취하고 있었다. 사실 이런 종류의 소설들 가운데 문학작품으로서 가치 있는 것은 거의 없었다. 거의 다 허상과 과장으로 독자의 호기심을 자극하여 판매 부수를 확대하는 데에 일차적인 목적이 있었다.[19]

저드슨은 서부 여행을 하다가 세간의 소문을 몰고 다녔던 코디를 만났다. 저드슨은 미국인들의 마음 속 깊이 아로새겨진 프런티어의 영웅들을 찾고 있었다. 자신의 명성을 드높이고 부를 쌓고자 살아 숨 쉬는 서부의 영웅을 발굴하고 다녔던 것이었다. 당시 미국 대중들은 전설화된 영웅 데이비 크로켓(Davy Crockett)이나 키트 카슨(Kit Carson) 같은 사람들을 열망하면서 페니모어 쿠퍼(Fenimore Cooper)의 작품에 등장하는 내티 범포(Natty Bumppo) 같은 인물을 찾고 있었다.

전해지는 바에 의하면, 저드슨이 찾던 인물은 원래 프랭크 노스(Frank North)라는 서부 사나이였다. 그러나 노스는 소설 주인공으로 등장하는 것을 거절하고 동행중인 코디를 소개했다. 그리하여 저드슨이 코디에게 집필 계획을 이야기했고 코디는 선뜻 그 계획에 협조하기로 했다는 것이다. 하지만 이 이야기는 신빙성 있다고 인정받지 못하는 듯하다. 저드슨이 일찍이 소문을 들어 잘 알고 있는 코디를 직접 만나 그의 면모를 확인하고

출처: Buffalo Bill Historical Center, Cody, Wyoming

소설가 저드슨과 버펄로 빌 코디와의 만남은 코디 서부활극의 성공에 결정적인 역할을 했다. 저드슨과 그의 저가소설 덕택에 버펄로 빌 코디의 이름이 당시 예술과 문화의 중심지였던 동부 지역에서 널리 알려질 수 있었다. 저드슨은 코디를 동부의 연극무대에 소개했고 이후 그와 함께 무대극에 참여했다. 물론 뒤에는 잦은 충돌로 서로간의 관계는 멀어지고 버펄로 빌 코디는 독자적인 행보를 하여 독창적인 서부활극 '버펄로 빌의 와일드 웨스트'를 만들어냈다. 사진은 소설가 저드슨의 모습이다.

출처: Buffalo Bill Historical Center, Cody, Wyoming

서부에서 이루어진 버펄로 빌 코디의 영웅적인 행동에 대한 신화를 만든 인물은 저드슨이었다. 그는 주로 서부를 배경으로 하는 10센트 이하의 저가소설을 출판하여 선풍적인 인기를 얻었다. 저가소설은 19세기 말 가장 인기 있는 대중 소설이라고 해도 지나치지 않을 정도였다. 그러나 소설의 내용이 건전하지 못하고 허상과 과장이 지나쳐 청소년에게는 금서였다. 사진은 당시 인기 있던 저가소설의 표지이다.

그를 동부에 소개하려고 하지 않았겠느냐는 것이 일반적인 추측이다. 특히 그가 그 직전에 인디언과의 전투에 참여했던 코디의 활약상을 들었기 때문에 그런 추측은 더욱 설득력 있다. 그 활약상이란 바로 서미트스프링스 전투(battle of Summit Springs)에서 코디가 백인 기병대와 함께 샤이엔족 캠프로 돌진해서 그곳에 잡혀 있는 두 명의 백인 여인을 구출하려고 했던 사건이었다. 그 전투에서 샤이엔족 인디언의 대다수가 사망하고 백인 여성 한 명이 구출되었다. 이 전투 중에 코디는 '키 큰 황소'라는 뜻의 이름을 가진 샤이엔족 추장 톨 불(Tall Bull)과 정면으로 대결하여 그를 사살하고 그의 준마를 획득했다. 그는 이 준마를 타고 의기양양하게 부대로 복귀하여 사람들을 놀라게 했다고 한다. 이 사실은 금세 사방으로 퍼져나갔고, 이 소식을 전해들은 저드슨은 자신이 찾던 신화와 영웅의 주인공이 바로 코디라고 확신하게 되었다는 것이다.

1869년 두 사람의 역사적인 만남이 이루어졌다. 두 사람은 짧은 시간 동안의 대화를 통해 서로의 의도와 목표가 쉽게 합치될 수 있음을 확인했다. 그리고 그들의 만남은 미국 흥행 역사에서 새로운 시대가 시작되는 이정표가 된다. 저드슨은 코디와의 만남을 통해 미국 국민이 그렇게 갈망했던 서부 영웅 신화의 가능성을 끌어낼 수 있었다. 1869년 12월 23일부터 저드슨이 지금까지 집필한 소설 가운데 '가장 와일드하고 리얼한' 코디에 대한 소설 즉 『변경의 왕, 버펄로 빌』(*Buffalo Bill, the King of Border Men*)이 뉴욕의 한 신문(*New York Weekly*)에 연재되기 시작했다. 그 소설의 내용과 전개는 순전히 저드슨의 상상력의 소산이었다.[20]

당시 미국인들은 남북전쟁의 고통을 잊게 해줄 수 있는 영웅담을 찾고 있었다. 동부 사람들은 서부를 통해 무한한 낭만과 희망을 구하고자 했다. 동족상잔의 비극을 겪은 미국인들은 새롭게 정돈된 국가 안에서 단결을 위해 미지의 서부를 정복 대상으로 그려내고자 했다. 미국인들은 서부 이야기를 통해 무한한 스릴과 판타지에 탐닉하고자 했다. 당시 서부에서 벌어지는 사건들은 주로 인디언과의 끊임없는 대결이었다. 대륙횡단철도의 건설과 전신 시설 덕택으로 서부는 더 이상 정보의 사각지대가 아니었다. 동부 사람들은 이런 근대적인 교통 및 통신 시스템과 신문 매체를 통해 서부 소식을 매일 생생하게 전달받았다. 버펄로 빌 코디의 전기작가 돈 러셀(Don Russell)이 언급했듯이 "동부 사람들에게 버펄로 빌 코디라는 이름이 풍기는 마력"(Alliterative Magic of the Name Buffalo Bill)은 굉장한 것이었다. 그러므로 코디의 실제 서부 생활에 대한 사실적인 묘사는 동부 사람들에게는 흥미를 끄는 중요한 문제가 아니었다. 동부 사람들은 사실에 근거한 코디 이야기보다는 흥미진진하면서도 과장된 내용이 첨가된 코디 이야기를 더 좋아했다. 결국 코디가 등장하는 소설의 내용과 전개는 완전히 저드슨의 창작이었지만 이러한 정서와 배경 속에서 일반 대중들은 실제 서부 이야기보다 소설가의 상상력에 의해 만들어진, 스릴 넘치고 과장된 서부 이야기를 더 좋아했다.[21]

 그 속내를 조금 더 구체적으로 살펴보자. 코디를 주인공으로 삼은 저가 소설의 서부 로망스에서는 인디언이 항상 야만의 대명사로 나오며, 서부의 무법자들이 등장하여 정착민의 평화와 안정을 위협한다. 특히 인디언과 무법자들에게 붙잡힌 백인 여성의 절규는 소설 속에서 가장 리얼하게 표현된다. 그러나 용감무쌍한 서부 사나이 버펄로 빌 코디의 출현으로 상황은 반전된다. 그는 위험을 무릅쓰고 적지로 뛰어들어 가냘픈 여성을 구해내고 문제를 깔끔하게 해결한다. 이렇게 코디는 용기와 기백, 정의와 용감성을 하나로 압축시켜 놓은 위대한 백인 남성의 초상으로 그려지게 되는 것이다.

 다른 시각에서 보면 여러 가지 문제들로 힘겨워 했던 동부 백인들이 코디를 통해 희망의 메시지를 기대하고 꿈꿀 수 있는 환상의 영웅을 찾고자 했다고 할 수 있다. 동부 백인들은 무시무시한 적들에게 용감하고, 나약한 여성들을 부드럽게 대하는 이 서부 사나이에 폭발적으로 매료당했다. 저드슨의 소설은 선풍적인 인기를 끌었고, 이후 다른 소설가들도 코디를 주인공으로 하는 소설들을 출간했다. 물론 저드슨도 코디에 관한 소설을 계속 집필했다. 저드슨의 소설이 출간된 후 20년간 코디에 관한 소설이 무려 500종이나 나왔다.[22]

1872년 2월, 코디는 동부를 방문했다. 그는 시카고를 방문했고 이어 뉴욕에서 저드슨과 재회했다. 당시 저드슨과 프레드 G. 매더(Fred G. Maeder)라는 저명한 뉴욕의 극작가는 저드슨의 소설 『변경의 왕, 버펄로 빌』을 멜로드라마 형식으로 각색하여 무대에 올렸다. 「버펄로 빌」(*Buffalo Bill*)은 당시 노동계급이 맹위를 떨쳤던 1872년 2월에 바우어리 극장(Bowery Theater)에서 초연되었는데 유명 멜로드라마 배우 스터들리(J. B. Studley)가 주연배우로 출연했다.[23]

「버펄로 빌」이 초연되는 동안 코디가 뉴욕에 왔다. 코디는 뉴욕에서 처음 상연되는 극을 특별관람석에서 맥주를 들이켜며 보았다. 그리고 다음과 같이 말했다. "내가 다른 사람들에게 이렇게 보인다는 것이 매우 흥미롭다." 스터들리는 서부활극의 초연에 실제 주인공이 직접 관람하고 있음을 관객에게 알렸다. 관객들은 진정한 서부의 영웅이며 무대극의 실제 인물이 관람하고 있다는 데 흥분을 감추지 못했으며, 사회의 상층 귀족에게만 선사하는 열렬한 박수를 보내면서 코디를 맞이했다. 또한 관객들은 진짜 주인공에 계속적으로 성원을 보내기 위해 극의 중간 중간마다 존경의 박수를 보내기도 했다. 그리하여 코디는 "무대에 직접 나가 관객의 호응에 답하기 위해 연설을 할 수밖에" 없게 되었다. 코디는 그때의 심정과 흥분을 다음과 같이 표현했다. "다음 순간 내 자신이 무대 조명의 밝은 빛 아래 서 있음을 확인했다. 그것은 일생에 처음으로 관객들 앞에 서 보는 순간이었다." 그는 무슨 이야기를 해야 좋을지 몰랐다. "나는 무엇인가를 말해야 한다고 필사적으로 자신을 다그쳤다. 그리고 몇몇 단어가 입 밖으로 튀어 나왔다."[24]

저드슨이 그에게 보내준 친절은 단지 여기에서 그치지 않았다. 그는 코디의 관심을 끌기 위해 도시 여행을 시켜주었다. 또한 주요 언론 매체와 인터뷰할 수 있도록 준비했다. 저드슨은 이 서부의 영웅을 이용하여 명예와 돈을 움켜쥘 수 있는 방법을 궁리하고 있었다. 이후 코디는 제3기병대의 스카우트 임무를 수행하기 위해 서부로 돌아갔지만 그를 무대로 불러오기 위한 저드슨의 노력은 계속되었다. 그리하여 저드슨은 계속해서 코디와 편지를 주고받았다.[25]

한편 1년 전인 1871년 러시아의 알렉산드르 2세의 넷째 아들 알렉세이 대공(Grand Duke Alexis)이 미국을 친선 방문했을 때, 코디는 서부 사나이의 대표로서 그를 안내하여 서부를 여행하고 그의 버펄로 사냥을 도와준 적이 있었다. 저드슨은 알렉세이 대공과 코디의 서부 여행 이야기에다 동부에서 회자되는 서부에 대한 동경을 결합하여 또 다른 작품을 집필했다. 그것은 코디의 여러 가지 서부 모험을 종합적으로 연결한 「대평원의 스카우트」(*The Scouts of the Plains*)라는 극본이었다. 동시에 상상력이 가미된 저가소설에서 벗어나 최초로 코디를 객관적으로 다룬 저서도 출간되어 버펄로 빌 코디에 대한 동부의 관심은 더욱 폭발적이 되었다.[26]

저드슨은 코디의 인기를 이용한 대형 사업을 구상했다. 그것은 코디를 직접 무대에 등장시켜 동부 사람들의 관심을 집중적으로 끌어보자는 것이었다. 하지만 어느 누구도 그 사업의 성공을 믿지 않았으며 코디도 그 계획에 적극적으로 동조하지 않았다. 서부 여행에서 돌아온 코디는 저드슨으로부터 무수한 편지를 받고 다시 1872년 여름과 가을 사이에 시카고에 갔다. 저드슨은 코디를 직접 무대에 세울 심산이었다. 코디는 저드슨의 권유를 여러 번 사양하였으나 결국 그의 권유에 굴복하고 말았다.[27]

1872년 12월 저드슨이 극본을 맡고, 코디가 직접 무대에 출연하기로 약속한 「대평원의 스카우트」 출연진이 구성되기 시작했다. 당시 서부에서 코디와 버금가는 인기를 끌던 스카우트 텍사스 잭(Texas Jack Omohundro)

도 같이 무대에 서기로 했다. 또한 이탈리아 출신의 유명한 춤꾼 몰라치(Giuseppina Morlacchi)도 참여하기로 했다.[28]

코디가 12월을 시작으로 무대에 직접 출연하여 주인공을 맡기로 한 것은 서부에서 군의 스카우트 활동이 12월을 전후해서 중지되기 때문이었다. 기병대는 보통 12월부터 대인디언 작전이 거의 마무리되어 '휴전기'에 들어갔다. 물론 예외적인 경우도 있었다. 1868~69년 겨울 기간에는 평원부족들(Plains Indians)과의 내단한 전투가 계속되었다. 하지만 그 이후로 당분간 기병대는 겨울 동안 인디언과의 직접적인 대결을 삼갔다. 물론 1870년대 후반에 와서 기병대는 겨울에도 작전을 전개했다. 코디가 무대 참여를 허락한 것은 이러한 서부의 형편을 충분히 고려했기 때문이었다. 이후 약 10년간 그는 겨울 시즌에는 주로 무대에서, 여름에는 서부에서 스카우트 활동에 종사했다.[29]

코디는 첫 무대 장소로 일리노이 주 시카고를 선택했다. 그의 공연이 끝난 뒤 연극 비평가들은 날카로운 비판을 쏟아냈다. 그러나 일반 관객들의 반응이 달랐다. 일반 관객들은 살아 있는 서부의 역사를 재현하는 코디의 다이내믹한 모습에 찬사를 보냈다. 이후 거의 10년간 전 미국의 극장에서 이 극이 공연되었다는 사실을 보아도 대중적인 관심이 얼마나 컸는지 확인할 수 있다.[30]

코디는 무대에서 인디언과의 결투 장면을 리얼하게 재현하며 천부적인 배우 기질을 보여주었다. 관객들이 그의 극을 보면서 서부에서 코디가 경험하고 행동했던 모습을 있는 그대로 보고 있다는 착각에 빠질 정도였다. 이렇게 그는 전형적인 서부극의 창조자가 되었다. 그의 서부활극 전개 방식은 오늘날까지 다양한 매체를 통하여 재생산되고 특히 영화를 통하여 대중들 곁으로 다가간다. 당시에도 이미 코디의 서부활극을 모방한 여러 형태의 활극이 전국으로 퍼져갔다. 이들 극에서는 인디언, 카우보이, 스카우트가 나오고 인디언의 포로가 된 백인 처녀를 구출하는 것 같은 드라마가 연출되었다. 그리고 항상 폭력이 주요 테마가 되었다. 사람들은 폭력적일수록, 또한 극적 돌발성과 예외성이 많을수록 극에 빠져들었다. 그러한 여러 극들 가운데에서도 가장 인기가 있었던 극은 코디가 주인공으로 출현하는 것이었다. 그는 기존의 극 요소에 무대에서 캠프파이어에 둘러앉아 이야기하는 독백 요소를 특별히 가미했다. 이러한 방식은 얼마 후 「지그펠드 폴리스」(*Ziegfeld Follies*)에서 윌 로저스(Will Rogers)의 카우보이 독백극(Cowboy Monologues)으로 재생산되어 그 인기는 절정에 달한다.[31]

얼마 후 코디는 자신의 인기를 믿고 저드슨과 결별하고 단독으로 공연단을 이끌었다. 그는 신시내티, 보스턴, 뉴욕에서 공연했다. 특히 뉴욕에서의 성공은 의미 있었다. 뉴욕은 미국 예술의 중심지였다. 당시 뉴욕의 연극 무대는 연극 「줄리어스 시저」(*Julius Caesar*)의 배우 에드윈 부스(Edwin Booth)와 워싱턴 어빙(Washington Irving)의 대표 원작을 극화한 「립 밴 윙클」(*Rip Van Winkle*)의 배우 조지프 제퍼슨(Joseph Jefferson) 같은 쟁쟁한 스타들에 의해 지배되고 있었다. 코디는 그 무대극의 중심지에서 성공적으로 데뷔했다. 공연단의 대장정은 이후 필라델피아를 거쳐 1873년 6월 16일을 끝으로 대단원의 막을 내렸다. 그 과정에서 코디는 무대극 연기자로서의 자질을 확인하고 자신감을 획득했으며, 관객들의 호감을 사로잡을 수 있다는 믿음을 갖게 되었다.[32]

그 후 10년 동안 코디는 두 가지 직업을 동시에 수행했다. 그는 매년 가을에서 겨울까지는 북부 지역과 남동부 지역을 중심으로 한 무대극의 배우로, 여름에는 서부 평원으로 돌아가 군대 정찰병인 스카우트로 활동했다. 그는 스카우트 활동으로 전국적인 명성을 얻고, 활극을 통해 뛰어난 자질을 인정받아 연기자로서도 기반을 다졌다. 미국의 일반 대중은 이 서부 사나이가 전해주는 생생한 뉴스에 매료되고 그의 활극에 열광했다. 코디의 앞길에는 당분간 즐거운 일만 있을 것으로 보였다.

그러나 코디에게 늘 행운만 따르지는 않았다. 1870년 그의 부인 루이자는 아들을 낳았고, 그들 부부는 아들의 이름을 키트 카슨 코디(Kit Carson Cody)라고 지었다. 그 이름은 전설상의 서부 개척자 이름에서 따온 것이었다. 그러나 부부에게 기쁨의 선물이었던 아들은 1876년에 성홍열로 죽고 말았다. 코디의 슬픔은 매우 컸으나 그에게는 슬퍼할 수 있는 시간조차 할애되지 않았다. 수족의 라코타 부족이 사우스다코타의 블랙힐스 지역에서 대대적인 저항을 시작한 것이다. 일단의 인디언 전사들은 추장 시팅 불(Sitting Bull)과 크레이지 호스(Crazy Horse)의 지도하에 백인들과의 전쟁을 선언했다. 코디는 슬픔을 뒤로 하고 전투에 참여하기 위해 집을 나서야 했다.

이 상황에서 코디를 미국 국민들에게 영웅으로 더욱 각인시키는 사건이 일어났다. 그것은 1868년부터 활동한 제5기병대에서 코디가 스카우트로서 무공을 세운 사건이었다. 1876년 6월 25일, 유명한 인디언 추장 시팅 불을 중심으로 하는 인디언 전사들은 몬태나의 리틀빅혼 강변에서 커스터 중령이 지휘하는 제7기병대의 예하 부대를 철저하게 파괴했다. 그 사건은 미국인들에 상당한 충격을 주었다. 코디는 커스터 중령의 제7기병대가 리틀빅혼 전투(Battle of the Little Bighorn)에서 패배한 것을 정찰 중에 확인하고 최초로 그 내용을 부대에 보고했다. 그는 무려 12일간 밤낮을 가리지 않고 말을 타고 달려 이 패배와 커스터의 죽음을 기병대에 알렸다. 이 사건이 일어나고 얼마 지나지 않아 코디는 제5기병대의 스카우트로서 군대를 이끌고 정찰에 나섰다. 그는 워보닛크리크에서 샤이엔족 인디언 전사들 무리가 근처의 기병대로 접근하고 있음을 확인하고 그들을 향해 돌진했다. 그리고 그는 잽싸게 권총을 조준하여 무리에 있는 추장을 향해 방아쇠를 당겼다. 옐로핸드(Yellow Hand 또는 Yellow Hair)라고 알려진 샤이엔족 추장이 쓰러지자 그는 바로 달려가서 그의 머리 가죽을 벗겼다.[33]

코디는 이 잔인한 복수를 할 때 특별한 복장을 하고 있었다고 한다. 무대에서 그를 상징하는 서부 사나이의 복장으로, 가장자리 장식을 한 검은

벨벳 옷을 입고 있었다는 것이다. 이것은 그가 철저하게 무대인으로서의 의도를 가지고 있었기 때문이라고 전해진다. 그는 무대에서 입었던 상징적인 복장을 전투 현장에서도 착용했다는, 살아 있는 서부 이야기를 생동감 있게 재현하고자 그런 복장을 입고 있었다는 것이다. 어찌 보면 그는 관객들에게 무대의 생동감을 전달하기 위해 실전을 경험하는 잔인성을 지니고 있었다고 할 수 있다. 그러한 이야기가 사실이든 아니든, 코디는 미국 백인 사회에 자신의 의도를 감동적으로 받아들이게 하는 데 성공했다.

이 사건은 코디의 또 다른 영웅 신화로서 백인들을 감동시켰다. 백인들은 이러한 코디의 영웅 신화가 실제 사건이었는지 여부에는 별로 관심이 없었다. 그들은 이것을 미국이 경험하고 있는 이민, 인종, 계급간의 갈등과 문제를 해결할 수 있는 좋은 본보기로 여겼을 뿐이었다. 인디언 추장을 살해하고 그의 머리 가죽을 벗겼다는 이야기의 진위가 오늘날까지도 정확하게 밝혀지지 않은 것은 당시의 이러한 분위기에서 진실이 철저히 은폐되었기 때문이다. 하여튼 코디가 커스터 장군의 복수를 이루어냈던 워보닛크리크 전투(Battle of War Bonnet Creek)는 이후 전설이 되었고 수많은 다양한 이야기로 증폭되어 나타났다.

특히 코디가 샤이엔족 전사를 죽여 커스터 장군의 복수를 하고난 직후 외쳤다는 "커스터 제단에 바친 최초의 인디언 머리 가죽!"(The First scalp for Custer!)은 결코 사실에 기초하지 않는 유명한 명구가 되었다. 아마도 이 말은 커스터와 그의 예하 기병대원들의 몰살을 안타까워하는 코디의 연민에서 비롯된 것으로, 이후에 발명된 것으로 보인다. 여기에 또 다른 끔찍하고 재미있는 전설이 더해졌다. 코디가 인디언의 머리 가죽을 벗긴 후 그것을 부인에게 소포로 부쳤다는 것이다. 구체적으로 설명하면, 코디는 이 특별하고 이상한 선물을 보내게 된 이유를 설명하는 전보도 부인에게 보냈다고 한다. 그러나 운 나쁘게도 전보보다 소포가 먼저 도착하여 부인이 그것을 열어보았다가 피에 젖은 인디언의 머리 가죽을 보고 기겁하여 쓰러졌다고 한다. 그 후 루이자는 기회 있을 때마다 이 이야기를 되풀이하여 모든 사람들이 사실로 간주하게 되었다고 한다. 그러나 그 이야기 역시 사실이 아닌 것으로 판명되었다. 그녀는 나중에 소포 이야기가 사실이 아님을 실토했다. 그러나 인디언 머리 가죽 벗기기와 같은 잔인한 이야기는 전설로 자리 잡았고 이후 코디의 서부활극에서 머리 가죽이 소품 혹은 전시품으로 자주 등장하여 사람들의 뇌리에 영원히 기억되었다.[34]

커스터의 불행에 대한 울분과 불안감이 팽배했던 동부 백인 사회에 코디의 이러한 영웅적인 신화는 대리 만족을 충분히 느낄 정도로 영향을 미쳤다. 그리고 이러한 서사적인 내용들은 연극적인 요소가 가미되어 이후 코디의 와일드 웨스트 쇼(Wild West Show)의 중요한 소재가 되었다.[35]

3. 와일드 웨스트 쇼의 탄생과 발전

코디는 1878년부터 네브래스카 주 노스플랫에서 목장을 운영하는 한편, 1879년에 자신의 인기를 바탕으로 최초의 자서전을 출판했다. 그는 목장을 운영하는 기간에도 서부극 개발을 위한 궁리를 계속했다. 그는 목장에서 일어났던 사건들을 나중에 야외 서부활극의 중요한 소재들로 개발했다. 와일드 웨스트 쇼 탄생에 중요한 역할을 하는 극적 소재들은 이 목장 생활에서 얻은 것들이었다. 예를 들어 그는 가축몰기(rounding up herds)를 비롯한 카우보이의 특징적 기술들을 목장 생활에서 발견하고 장차 야외 서부활극에 응용하여 사용할 수 있을 것이라고 생각했다.

그러나 한편으로 코디는 이때부터 무대극을 통한 서부극 재현의 한계를 인식했다. 그는 무대극보다는 오히려 야외무대를 통한 서부극 재현이야말로 생동감을 불러일으킬 것이라고 생각하기 시작했다. 그는 야외극을 궁리하다가 1882년 독립기념일이 다가오자 독립기념일 축제를 자기네 마을에서도 열어야 한다고 생각했다. 당시 다른 지역의 마을에서는 독립기념일이 다가오면 일찍부터 축제 준비를 위해 분주하게 움직이고 온 마을 사람들이 흥분했다. 특히 서부에서는 독립기념일에 카우보이와 관련된 다양한 기술 경연이 벌어졌다. 그러나 그의 마을만은 유독 예외적으로 차분한 분위기였고 그때 남은 시간도 한 달 남짓 정도였다. 그는 마을 지도자들을 만나 축제를 준비하자고 설득했다. 그리고 자기가 구상하는 독특한 '리얼 서부극'(real West)을 준비하여 보여줄 수 있다고 장담했다. 그것은 지금까지 축제에 등장하던 로데오경기 혹은 서커스와는 완전히 다른 형태가 될 것이라고 강조했다. 결국 마을 사람들은 그의 말을 받아들였다. 그는 구상 중인 서부활극을 「자랑스러운 독립기념일 축제」(*Old Glory Blowout*)라고 명명했다. 마침내 7월 4일이 되자 마을에서 공연이 벌어졌다. 사람들의 반응은 매우 좋았고 마을은 축제의 장이 되었다. 그렇게 된 중심에는 바로 코디의 극에 대한 관심이 있었다. 이날 모든 사람들은 미국 독립을 축하했고 다른 한편으로는 코디의 환상적인 극에 취했다. "나는 마을 사람들에게 내가 생각하는 서부극을 보여주려고 했다. 그들에게 매일 직접 경험하여 일찍이 잘 알고 있으며 쉽게 느낄 수 있고 즐거워할 수 있는" 서부극을 보여주었던 것이다. 그는 마을 관객들의 반응을 보고 만족했다. 그는 그때 이 새로운 활극을 "동부 지역으로 가져가야겠다는 생각이 불현듯 떠올랐다"고 말했다. 코디는 실제로 이러한 생각을 재빠르게 실천에 옮겼다. 그는 새로운 서부활극을 동쪽에 있는 네브래스카의 오마하에서 처음으로 공연해 보겠다고 생각했다. 그리하여 1883년 5월 17일 역사적인 야외 서부활극 와일드 웨스트 쇼가 보다 세련된 형태로 다시 탄생했다(*The Wild West, Rocky Mountain, and Prairie Exhibition*). 와일드 웨스트 쇼는 오마하를 발판으로 해서 점차 동부를 향해 나아갔고, 전통적인 카우보이의 독특한 기술과 코디의 주특기인 버펄로 사냥 기술을 조합하면서, 이후 지속적인 기술 향상이 이루어진다.[36]

새로운 야외 서부활극으로의 발전은 미국의 흥행 산업에서 나타나는 변화에 능동적으로 적응한 결과였다. 당시 미국 극단에서는 새로운 변화가 급격하게 대두되고 있었다. 과거의 무대극에서 벗어나 대규모 야외극의 움직임이 전국적으로 나타나고 있었다. 당시 "세계 역사상 가장 위대한 흥행사"라고 불리는 예술계의 대부 바넘(Phineas Taylor Barnum)은 이미 1843년에 뉴저지 주 호보켄에서 버펄로 사냥을 무대에 등장시켰다.[37] 그리고 1872년 와일드 빌 히콕은 뉴욕의 나이아가라폭포 공연에서 버펄로 사냥극을 무대에 올렸다.[38]

18세기 이래 미국 서커스의 특징은 기마술을 무대에 대대적으로 소개하는 것이었다고 할 수 있다. 특히 1830년대에 오면서 야생동물을 직접 무대에 올렸다. 이와 같은 상황에서 서커스는 점차 전국적인 인기 오락이 되어가고 있었다. 특히 철도의 급속한 확대로 인해 서커스가 전국적인 동선을 그릴 수 있게 되었다. 서커스단은 육지에서는 철도를 이용하고, 큰 강에서는 '쇼 보트'(showboat)를 이용함으로써 전국을 무대로 할 수 있는 기동력을 확보했다. 코디는 이러한 서커스를 직접 보고 자신의 극에 서커스를 도입하면 좋겠다고 생각했을 것이다. 역사가들은 그가 1869년 네브래스카의 노스플랫에서 이러한 서커스를 직접 보았다고 추측하고 있다. 코디가 나중에 서커스의 여러 기술들을 그의 서부극의 특징적인 기마술과 카우보이 기술에 결합시켰다고 회고한 데서도 그 사실을 확인할 수 있다. 그러므로 그의 초기 와일드 웨스트 쇼는 당시 유행했던 서커스의 여러 장치와 기술 등으로부터 어느 정도 영향을 받았음을 알 수 있다.[39]

나중에 완성된 코디의 와일드 웨스트를 보면 당시의 야외 서커스와 결코 같다고는 할 수 없는 여러 가지 독특한 면을 보여주고 있지만 그렇다고 해서 완전히 독창적이라고 할 수 없는 측면도 있다. 코디의 야외 서부활극도 분명히 시대적인 산물이었다.

역사가 레빈(Lawrence W. Levine)은 이러한 문화 추세에 대해서 새겨들을 만한 말을 했다. 그의 설명에 의하면 19세기 미국인들의 예술과 오락에 대한 관심은 '매우 다양한' 것이었다. 그들의 관심은 고급 연극에서 대중극에 이르기까지 무궁무진했다. 그들은 셰익스피어를 비롯한 고전 연극에서부터 서민적인 멜로드라마, 그리고 개 경주까지 즐겼다. 당시 미국인들이 보여주었던 문화와 오락 산업에 대한 이러한 무궁무진한 열정은 그 시대 미국의 모든 것을 가장 잘 묘사하고 관찰했던 마크 트웨인에게도 결코 놓칠 수 없는 광경이었다. 트웨인은 그의 소설 『허클베리 핀의 모험』(The adventures of Huckleberry Finn)에서 다양한 공연 문화를 소개하고 있다. 코디는 거의 10년 동안의 무대 경험을 가지고 있었다. 이 과정에서 그는 다양한 미국의 문화를 탐방했다. 그는 그 경험을 자기 방식으로 설계하는 데 있어 서커스를 비롯하여 여러 문화와 오락의 유행에 직간접적으로 영향을 받았을 것이다.[40]

구체적으로 1883년에 야외극 와일드 웨스트 쇼를 준비하던 코디는 미국 서커스 극단들의 탈무대화 추세에 큰 영향을 받았음이 분명하다. 코디는 이러한 추세에서 현장감 있게 서부를 보여줄 수 있는 새로운 형식을 찾았다. 그는 "대규모 인디언, 카우보이, 멕시코 카우보이(vaqueros), 전설적인 서부의 인물들이 모두 참여하여 밧줄 던지기(lasso throwers) 등을 보여주고, 부수적으로 역마차, 말과 버펄로 떼가 무대를 발굽으로 호령하는 장면을 선사하여 사실적인 서부 평원의 모습을 실제로 보여주는 것을" 목표로 삼았다.[41]

여기에 코디의 역사적인 야외 서부활극을 가능하게 하는 데 결정적인 도움을 준 인물이 있었다. 1882년 가을 코디는 새로운 서부활극을 준비하던 중에 당시 유명한 배우이며, 무대예술의 설계와 관리에서 천부적인 능력을 가지고 있던 네이트 솔즈베리(Nate Salsbury)를 만났다. 솔즈베리와 만남은 코디의 극 발전과 흥행에 큰 도움이 되었다.

극이 완성되어 관객을 놀라움의 극치로 압도할 수 있었던 것은 코디가 여러 소재들을 동원하여 애초의 생각들을 극에서 실제로 보여주었기 때문이다. 관객들은 "포니족 인디언들이 안장 없는 조랑말을 타고 경주하는 장면에서부터, 서부 무법자들이 역마차를 습격하는 무시무시한 장면, 포니익스프레스라고 알려진 속달우편 배달부들이 말을 타고 질주하면서도 자유자재로 말을 바꾸어 타는 재주를 선사하는 장면, 절묘한 사격술 장면, 여기에다가 실제로 살아 있는 버펄로 떼가 돌진하는 장면 등을 보고 놀라움을 금치 못하게 된나"는 것이었다.[42]

그는 계획을 실천하기 위해 기업의 경영주 같은 노력을 체계적으로 보여주었다. 그런 면에서 그는 흥행 문제를 기업적인 차원에서 충분히 잘 소화해낸 기업가적 면모를 지녔다고 할 수 있다. "이런 목적을 이루기 위해 엄청난 노력이 필요하며, 나는 미국 서부 지역에 많은 사람들을 보내 다양한 부류의 인디언을 불러와야 하며, 또한 버펄로를 포획하는 어려운 일을 시작해야 할 것이다." 코디는 이렇게 적고 있다. 그는 쇼 흥행을 위해 만반의 준비를 했고, 닥터 카버(Dr. Carver), 벅 테일러(Buck Taylor), 존 Y. 넬슨(John Y. Nelson), 콘 그로너(Con Groner), 조니 베이커(Johnny Baker) 등 서부에서 다양한 경험을 가진 인물들을 채용하기도 했다.[43]

그러나 이런 문제가 쉽게 잘 풀려나간 것은 결코 아니었다. 가장 어려운 문제는 이 많은 내용을 일사분란하고 체계적으로 관객에게 선사하는 것이었다. 그러기 위해서는 철저한 계획이 필요했다. 처음에는 쇼를 진행하는 배우들 사이에 서로 호흡이 맞지 않았다. 몇몇 연기자들은 기다리다가 지쳐서 자기 차례가 오기 전에 무대를 떠나버리기도 했다. 배우가 기다리다가 술을 많이 마셔 무대에 나갈 수 없을 정도가 되어버린 일도 있었다. 준비도 쉬운 일이 아니었다. 이 모든 장면을 보여주기 위해서는 엄청난 인원, 동물, 장비들이 필요했다. 또한 한 장소에서 공연을 마치고 다음 장소로 이동할 경우 보다 체계적으로 이동하는 시스템 구축이 시급했다. 다행스럽게도 한 시즌이 무사히 끝난 뒤 그 동안 제기되었던 현안들은 코

출처: *Buffalo Bill and Dr. Carver Rocky Mountain and Prairie Exhibition*, 1883 program. Newberry Library

1883년 버펄로 빌 코디가 전설상의 총잡이 닥터 카버와 공동 공연했던 서부활극의 프로그램

출처: Gift of Jess Frost. Buffalo Bill Historical Center, Cody, Wyoming

버펄로 빌 코디의 서부활극의 발전 과정을 살펴보면 그 도약에 놀라게 된다. 처음에는 무대극으로 시작하여 여러 시행착오를 거친 후 결국 사진에서 보는 것과 같은 정통 야외 서부활극으로 발전한다. 미국 동부 지역을 중심으로 고급 극장에서 전통 연극이 예술의 총아로서 자리 잡고 있는 시절에 폭력과 결투가 난무하는 연극무대의 서부극은 점잖은 계층으로부터 예술의 타락으로 규정되고 비판받았다. 그는 비판을 수용하고 폭력 장면을 절제하여 무대극으로 결코 부족함이 없는 극을 만들어냈다. 이후 그는 다시 무대를 버리고 야외 서부활극 와일드 웨스트 쇼를 완성시켰다. 사진에서는 공연단 단원들이 쇼의 진행 상황을 천막 뒤에서 관찰하고 있다.

디의 사업가적 기질 발휘로 거의 해결되었다. 그 결과 무려 3시간이나 소요되는 공연이 한 치의 오차도 없이 진행되었고, 이 철저한 시간 구조 속에서 극적 장면이 연속적으로 연출되어 관객들은 흥분을 가라앉힐 짬을 가질 수 없었다.[44]

이렇게 쉽지 않는 과정을 통해 1883년에 새로운 야외 서부활극(Outdoor Extravaganza)이 탄생했다. 이 활극은 와일드 웨스트라고 불렸고, 7월 4일 독립기념일 날 네브래스카 노스플랫에서 처음 선을 보인 이래 발전을 계속했다. 그 결과 코디의 와일드 웨스트 쇼는 '협소한 무대극'(Cramped Theater Stages)에서 탈피하여 살아 있는 현장감을 직접 느끼게 하는 극 형식으로 바뀌면서 서부극의 신화로서 자리매김되었다.[45]

이 쇼가 다른 쇼에 비해 특별한 인상을 줄 수 있었던 것은 코디가 절묘하게 조작된 신화를 이용하여 서부 이미지를 극대화하였기 때문이었다. 특히 카우보이의 삶은 사실적으로 생동감 있으면서도 낭만적으로 묘사되었다. 형식적인 면에서도 그의 쇼는 서커스 타입의 야외 서부활극(a circus-like pageant celebrating life in the west) 형식을 취함으로써 무대극의 한계를 벗어나 생생한 서부를 관객들에게 전달할 수 있었다. 코디는 1883년부터 4년간 미국 전역에서 활극을 재현하면서 2만여 명의 관객을 동원했다. 관객들이 그의 극을 좋아하는 이유는 살아 있는 서부를 재현했기 때문이었다. 예를 들어 '인디언의 역마차 공격'(an attack on a Deadwood stage), '포니익스프레스'(a Pony Express relay race) 등 공연 속에 포함된 장면 연출은 리얼 서부를 재현하여 관중들을 흥분의 도가니로 빠져들게 하였다.[46]

특히 이 쇼의 흥미를 더했던 것은 한편으로 인디언과의 전투 장면을 생생하게 재현하면서 다른 한편으로 능수능란한 기마술이나 위협적인 사격술로 극적 효과를 절묘하게 가미했기 때문이었다. 이러한 극적 효과는 미국 국민들의 머리 속에 남아 있는 기억을 생생하게 재현하는 것이었다. 코디는 관객들이 무대에서 재미만을 위해 계획된 픽션의 서부를 보는 것인지, 아니면 진짜로 서부의 역사를 보는 것인지 파악할 수 없을 정도로 양쪽의 경계를 자유자재로 조정하면서 극적 판타지를 제공했다.[47]

코디가 서부활극의 소재로 채용한 대표적인 장면은 1876년에 발생했던 인디언 토벌 전투에서 백인 기병대가 전멸한 대목이었다. 이 사건은 미국 국민들이 익히 들어 알고 있었던 내용으로 서부활극을 통해 산 역사가 되었다. 코디는 커스터의 전쟁을 배경으로 한 '리틀빅혼에서의 최후의 저항'(Last Stand at the Little Big Horn) 장면을 사실적으로 보여주기 위해 직접 수족 인디언을 활극에 참여시켜 관객들을 역사의 현장으로 이끌었다. 또한 코디는 이 장면들을 의도적으로 활극이 거의 끝나는 시간대에 배치하여 관객들이 한순간도 긴장을 풀지 못하게 했다.[48]

코디는 이러한 장면들을 보다 사실적인 측면으로 부각시키기 위해 전설상의 인디언 영웅을 출현시켰다. 그 인디언 영웅은 다름 아닌 바로 커스터 장군의 제7기병대를 전멸케 했던 인디언 연합 훈크파파 라코타 수족(Hunkpapa Lakota Sioux) 추장 시팅 불(Sitting Bull)이었다. 시팅 불이 직접 이 쇼에 출연함으로써 백인들의 관심을 한층 끌게 되었고, 커스터의 역사는 살아 숨을 쉬는 가장 흥미로운 극적 소재가 되었다. 극의 전체를 소화하는 데 여러 시간이 소요되는데도 관객들이 마지막까지 결코 흥미를 잃지 않았던 이유는 바로 이런 장면의 연출에서 찾을 수 있을 것이다.[49]

백인들을 공포에 떨게 했던 시팅 불이 무대에 참여함에 따라 서부활극은 더욱 사실적이 되었다. 시팅 불은 사우스다코타에서 탄생한 인디언 영웅이었다. 그의 인디언 이름은 탄타칼리요탕카(Tatankalyotanka)로서 그 이름의 의미는 바로 분노에 가득 찬, 저항하는 버펄로의 모습을 담고 있다. 1868년 인디언 연합 부족의 추장이 된 그는 1870년대 중반 사우스다코타 블랙힐스의 거주지를 떠나 인디언보호구역으로 부족들을 인솔해서 들어가라는 미국 정부의 명령을 거부하며 항거했다. 백인들이 인디언 거주지에 눈독을 들인 이유는 그곳에서 금이 발견되었기 때문이었다. 금이 발견

출처: Photograph by David Notman, Buffalo Bill Historical Center, Cody, Wyoming

위대한 인디언 전사이며 훈크파파 라코타 수족 추장 시팅 불은 54세 때인 1885년에 버펄로 빌 코디의 서부활극 와일드 웨스트 공연에 참여하게 된다. 시팅 불이 직접 참여함에 따라 쇼의 사실감이 한층 더 살아났다. 버펄로 빌 쇼가 대중들의 사랑을 받을 수 있었던 근저에는 이런 사실적인 측면의 강조가 있었다. 사진은 1885년 캐나다 몬트리올에서 서부활극의 배우로 함께 참여한 코디와 시팅 불. 사진의 제목은 '1876년의 원수-1885년의 친구' (Foes in '76-Friends in '85)이다.

되자 백인들은 자유로운 채굴을 위해 인디언의 이동을 작의적로 설정했다. 추장이 백인들의 요구를 수용할 수 없었던 까닭은 이 지역이 조상 대대로 거룩한 땅으로 간주되는 성지였기 때문이었다.⁵⁰

이전 문제로 백인들과 충돌하던 과정에서 시팅 불의 인디언 전사들은 1876년 6월 25일 조지 커스터 지휘하의 기병대와 결전을 벌여 몬태나 리틀빅혼 강변에서 기병대를 철저하게 패배시켰다. 그러나 승리의 기쁨도 잠시, 시팅 불은 결국 백인들에게 체포되어 감옥으로 끌려갔다. 1885년 그는 감옥에서 풀려났고 자신이 거주하는 인디언보호구역에서는 자유롭게 여행할 수 있었다. 그는 코디의 공연단에 입단하여 한 시즌 동안 관객들의 시선을 사로잡았다. 이 위대한 추장은 활극에서 말을 타고 관객들 앞에 나타나 과거 백인 기병대의 간담을 서늘케 했던 멋진 자태를 유감없이 보여주었다. 그는 결코 패자가 아니었다. 많은 백인들의 눈에는 그가 인디언보호구역에서 백인 공연단에 팔려온 추장으로 얕잡아 보일 수 있었지만 그는 무대에서 당당히 자리 잡고 서서 여전히 용맹스러운 인디언의 전사임을 과시했다. 일부 관객이 추장에게 야유를 퍼부었으나 추장은 미동도 없이 백인들에게 인디언 전사의 위용을 보여주었다.⁵¹

일부 사람들은 코디가 사업 수단으로 인디언 추장이었던 시팅 불을 공연단에 들어오도록 꾀어냈다고 비난했다. 그러나 전체적인 자료를 통해 보면 추장 역시 코디가 제공하는 주당 50달러의 수입과 공연 후 판매되는 수백 장의 사진에서 얻는 수입에 큰 관심을 보였음을 알 수 있다. 더욱이 공연단에서 코디와 시팅 불은 서로 좋은 친구로서 좋은 관계를 유지했다. 어쨌든 사실적인 서부를 그려내기 위해 다른 공연단의 서부극에서는 볼 수 없는 시팅 불을 등장시킨 코디의 발상은 누구도 할 수 없는 대단히 예외적인 전략이었다.⁵²

코디가 다른 공연단과의 차별성을 강조하고자 사실적인 서부를 보여주기 위해 노력한 면은 다른 데에서도 발견된다. 코디의 공연단은 1885년 시즌을 준비할 때 극의 제목을 버펄로 빌의 와일드 웨스트(Buffalo Bill's Wild West)라고 지었다. 이것 역시 코디의 놀라운 사업가적 기질을 보여주는 대목이라 할 수 있다. 이유인즉 코디의 쇼는 결코 연극과 같은 허구의 세계가 아니라 진정으로 살아 있는 역사를 재현하고 있다는 느낌을 불러일으키고자 다른 공연단들이 일반적으로 사용하는 '쇼'라는 단어를 과감하게 탈피했던 것이다.[53]

코디가 제작한 활극에는 잊지 못할 장면들이 계속 첨가되었다. 관객들을 열광시키는 장면으로 서부 카우보이와 총잡이의 행동과 추임새를 절묘하게 조합하여 살아 있는 형상으로 재연하는 경우도 있었다. 예를 들면 절묘한 로프술(Rope Tricks), 위험천만한 소와의 싸움(Bulldogging), 위험천만한 사격술(Amazing Feats of Marksmanship) 등이었다. 코디는 또한 당시로서 파격적인 설정으로 관객들의 흥미를 배가시켰는데, 그것은 바로 애니 오클리(Annie Oakley)라는 여성 총잡이를 고용하여 등장시킨 것이었다.[54]

1885년에 루이지애나 주 뉴올리언스 공연을 마쳐 그 해 시즌이 끝나갈 무렵 작은 체격의 25살 젊은 여성이 코디를 찾아왔다. 그녀는 공연단 참여를 간절히 원했다. 그녀는 키가 1.5m에 불과하여 나이보다 꽤 어려 보였다. 그녀는 당시 뛰어난 총 솜씨로 소문이 자자한 인물이었다. 간단한 오디션을 보고 코디는 그의 절묘한 기술에 탄복하고 말았다.[55]

그녀는 1860년 생으로 어린 시절 아버지를 여위고 가난하고 힘든 생활을 했다. 그러나 손재주가 뛰어난 그녀는 아버지가 남긴 장총으로 스스로 사격술을 배워 신시내티 지역의 한 호텔에 사냥한 고기를 공급하면서 가족의 생계를 책임졌다. 그녀는 우연한 기회에 성공할 기회를 잡았는데, 바로 그녀가 사냥한 고기를 대주는 그 호텔에서 개최하는 사격술 대회에 참가한 것이었다. 그녀는 프랭크 버틀러(Frank Butler)라는 유명한 사격 챔피언을 물리치고 우승했다. 우승을 다투던 이들은 뒤에 사랑하는 관계로 발전하여 결혼했다. 그들은 특기를 활용하여 사격술을 서커스에 응용할 수 있는

버펄로 빌 코디의 서부활극
와일드 웨스트의 다양한 포스터

출처: William Robertson Coe Collection, Western Americana, Sterling Library, Yale University

버펄로 빌 코디의 서부활극
와일드 웨스트의 광고지

출처: New York Public Library

버펄로 빌 코디의 서부활극
와일드 웨스트의 장기 공연 일정표

출처: Buffalo Bill's Wild West 1899, Collection of Henry H. R. Coe

버펄로 빌 코디의 서부활극 와일드 웨스트의
곁들이(side show) 프로그램

출처: Denver Public Library, Western Collection

LITHOGRAPHERS.
Fred Seyboth,   John Gray,
          Chas. R. Coleman.

ADVERTISING CAR No. 2.—EXCURSION DEPARTMENT.
Al. Riel, *Manager.*
Geo. Frazier, ... *Boss Bill Poster.*
Kurt Eisfeldt, ... *Lithographer.*
Chas. Venable, ... *Banner Man.*
Al. Boshell, ... *Board Man.*
Victor Cooke, ... *Card Man.*

EXCURSION BILL POSTERS.
Thos. Deansfield,   H. Sayers,
Wm. Shea,   Chas. Dering,
A. J. Choffin,   Wm. Fannon,
Geo. Houghtaling,   Geo. Nelson,
Dan Pheney,   H. Robinson,
H. Leschinsky,   Chas. Loughridge,
     Geo. Hurst, *Car Porter.*

OPPOSITION BRIGADE.
Fred Beckman, *Manager.*
Dan Pheney, ... *Boss Bill Poster.*
Kurt Eisfeldt, ... *Lithographer.*
Herman Leschinsky, ⎫
Frank Raymond,   ⎭ . . . *Bill Posters.*

LAYERS-OUT.
Harry G. Barnum,   Thos. Clear.

TICKET SELLERS.
MAIN TICKET WAGON.
Fred B. Hutchison,   John Flandreau.

OUTSIDE TICKETS.
John Tippetts,   Lou. Decker,
          Frank Cloud.

DOWN-TOWN OFFICE.
Harry Gray.

DOWN-TOWN ORATOR.
S. H. Davis.

RESERVED-SEAT TICKETS.
Jule Keen *in charge.*
Starr Pixley,   Geo. Dittmar,
          Sam. T. Bitmead.

MAIN DOOR TENDERS.
J. P. Brogan,   Dan. Taylor,
Morris Kern,   John McLaughlin.

RESERVED-SEAT TENDERS.
Walter H. Cleary,   Arthur Waterman.

USHERS.
Wm. McCune, *Head Usher.*
Dave Jarrett, *Assistant.*
Eddie Walton, *Assistant.*

RESERVED-SEAT USHERS.
Ed. Barry,   Wm. Hunter,
M. Quinlan,   Ed. Howard,
Geo. Davis,   Wm. Hutton,
Ed. Gallagher,   Sam. Maitland,
          Wm. King.

BLUE SEATS.
Wm. Arnold,   Lee Fuller,
Mike Burns,   Wm. Murphy,
Larry Eagan,   T. McBurney,
Fred Gibson,   G. Pratt,
Geo. Smith,   J. White.
     John Condon, *Director.*
     Jos. Collins, *Wardrobe.*

COWBOY BAND.
Wm. Sweeney, *Leader.*
Wm. Sweeney, ... Solo Cornet.
Albert Ziehm, ... Solo Cornet.
Floyd O'Hara, ... Solo Cornet.
Jas. Allen, ... First Cornet.
W. N. Tinkham, ... Second Cornet.
Elmer Parlett, ... E♭ Cornet.
Harry Nelson, ... Solo B♭ Clarionet.
Christian Schetting, . . Solo B♭ Clarionet.
Frank Genter, ... First Clarionet.
Harvey Benham, . . . Second Clarionet.

COWBOY BAND.—Continued.
Frank Carothers, ... E♭ Clarionet.
Chester C. Larned, ... Piccolo.
Ed. Weber, ... First Alto.
John C. Howard, ... Second Alto.
W. H. Dickin, ... Third Alto.
John Galligan, ... First Trombone.
Lou Williams, ... Second Trombone.
Chas. Baas, ... Third Trombone.
Thos. V. Murphy, ... First Baritone.
John Schilling, ... Second Baritone.
W. A. Frank, ... Bass.
M. A. McAdams, ... Bass.
Geo. C. Foehlinger, . . . Small Drum.
Geo. W. Turner, ... Bass Drum.

Johnnie Baker, *Expert Marksman.*
Miss Annie Oakley, *Lady Rifle Shot.*
Frank Butler, *Manager for Miss Oakley.*

DRIVER OF STAGE COACH.
John F. Burke.

U. S. CAVALRY.
Jas. G. Warren, *Sergeant.*
Chas. Rieth, *Color Bearer.*
Wm. Baker,   Frank Stryker,
J. Wortman,   W. J. Taylor,
Dennis Langan,   Chas. Humberstone,
Peter Fay,   Ed. Gallagher,
Harry Jackson,   Jas. Brown,
Granville Corr,   Andy Milen,
          Frank McCormack.

U. S. ARTILLERY.
Herman Kanstein, *Sergeant.*
PIECE No. 1.   PIECE No. 2.
J. R. Myerly, ⎫   Harry Wilkes, ⎫
Thos. Gibney, ⎬   R. I. Clapham, ⎬
Chas. Wolff,   ⎭   Jas. Ryan,   ⎭
Jack Langan, *Corp.* Victor Hudson, *Corp.*
E. Wagner, No. 1.   C. Triangel, No. 1.
R. Hegeman, No. 2.   Pony Moore, No. 2.
C. Hobart, No. 3.   A. Miller, No. 3.
Jas. Degnen, No. 4.   Geo. Davis, No. 4.

ROOSEVELT'S ROUGH RIDERS.
G. A. Webb, *Sergeant.*
Wm. McGinty, *Color Bearer.*
M. L. Newcomb,   J. Kline,
F. Beal,   Ed. Loughmiller,
T. Holmes,   F. Byrne,
W. Cook,   Ben Miller,
Tom Isbell,   H. Meagher,
V. D. Miller,   J. H. Tait,
Jess Langdon,   L. Muxlow.

AMERICAN COWBOYS.
Joe Esquivel, *Chief.*
John Franz, *Assistant.*
Silas Compton,   Jesse Nelson,
Bert Schenck,   Tom Hunter,
Jim Gabriel,   Bob Singletree,
Jas. Jennings,   Lem Hunter,
Walter Scott,   Carl Sorrensen,
Jack Joyce,   A. McCann.

ENGLISH LANCERS.
Thos. Cook, *Sergeant.*
W. House, *Color Bearer.*
Fred Rapley,   E. Plummer,
J. Clarke,   W. Ridgwell,
Jas. Ryan,   W. Barrett,
Wm. Wandland,   T. Dennis,
P. Shingler,   A. Brown,
T. Pigott,   W. Pocock.

GERMAN CUIRASSIERS.
Julius von Natzmer, *Captain.*
Heinrich Sprittule, *Sergeant.*
O. Weinrich, *Color Bearer.*
E. Wittmann,   T. Schwark,
C. Shultz,   H. Damm,
G. Kaempfer,   A. Zippliss,
          A. Rother.

출처: Denver Public Library, Western Collection

버펄로 빌 코디의 서부활극 와일드 웨스트를 훔쳐보는 어린이들

장면들을 개발했다. 그리고 서커스 극에서 그녀는 '애니 오클리'라고 불렸다.[56]

그녀가 참여하자 코디의 서부활극은 더욱 흥미로워졌다. 그녀의 사격술은 놀라웠다. 그녀는 멀리 있는 촛불을 총을 쏘아 끄는 묘기를 보여주어 관객들을 놀라게 했다. 특히 그녀가 남편인 프랭크가 피는 담배를 정확하게 맞추는 묘기를 보여줄 때는 관객들의 손에서 땀이 날 정도였다. 그 밖에 자신의 애완용 개의 머리 위에 사과를 올려놓고 쏘아 맞춘다거나 뒤로 돌아서서 오직 거울만 이용하여 어깨 위에서 총을 쏘아 과녁을 명중시키는 묘기는 버펄로 빌 쇼에서만 볼 수 있는 전설이 되었다. 커스터 장군을 패배시킨 리틀빅혼 전투를 재현하기 위해 참여했던 인디언 추장 시팅 불은 그녀에게 '귀여운 명사수'(Little Sure Shot)라는 애칭을 선사했다. 그녀는 무대에 활력을 주는 또 다른 인물로서 1901년 기차 사고를 당하여 신체 마비로 인해 무대를 떠날 때까지 쇼에서 중요한 역할을 수행했다.[57]

극 마지막 코너에는 공연단 대표로서 총지휘를 맡고 있는 코디가 스카우트 복장으로 말을 타고 등장하여 헤어짐을 슬퍼하는 듯 안타까움의 인사를 관중들에게 선사했다. 그때 무대 앞에 도열하고 있는 배우들의 뒤편에 붙인 현수막에서는 "이제 모든 것이 끝났다"(TOO LATE)라는 글자가 나타났다. 이러한 문구에서도 관객들은 아쉬움에 발을 옮기지 못했다. 이것은 철저하게 관객들의 심리를 파고든 코디의 오랜 경험에서 축적된 노하우였던 것이다.[58]

버펄로 빌 코디의 성공은 대단했다. 서부활극 구경에 어른에게는 50센트, 어린이에게는 25센트를 받았다. 그것이 쌓여 1885년 한 해에만 100만 달러 이상의 수입을 올릴 수 있었다. 오늘날로 환산하면 거의 2000만 달러에 해당되는 천문학적인 액수이다. 이후 약 25년간 코디의 야외 서부활극은 미국뿐만 아니라 유럽에서도 미국적인 극 공연의 대명사로 자리매김된다. 다른 한편 코디의 서부활극은 서부를 사실적으로 재현한다는 취지하에 미국 서부의 역사를 전 세계에 보여주었다. 코디는 자신의 극을 본 사람이 적어도 5000만 명에 이를 것이라고 했다. 그는 쇼가 이렇게까지 성공하는 데 기여했던 흥행가 네이트 솔즈베리에게 오늘날 가치로 보면 200만 달러에 해당하는 10만 달러를 나누어주었다. 코디는 자신이 벌어 축적한 돈을 거의 다 노스플랫의 새로운 목장을 관리하는 데 썼다. 그는 서부활극 시즌이 끝나면 많은 시간을 이 목장에서 부인 루이자와 딸들과 함께 보냈다.[59]

4. 서부활극의 세계화

1886년 뉴욕에서도 공연은 대성황이었다. 그해 무려 100만의 관객이 버펄로 빌 쇼를 참관하였다. 이후 코디는 새로운 계획을 꿈꾸었다. 당시 영국은 빅토리아 여왕 통치 50주년을 기념하는 행사를 준비하고 있었다. 이 행사에 미국의 예술과 산업 및 기술 생산품이 출시되었다. 코디 역시 이 대규모 행사에 참여를 권유받았다. 당시 영국은 세계를 지배하는 명실 공히 해가 지지 않는 나라였다. 1887년 당시 68세였던 빅토리아 여왕 역시 1861년 섭정 황태자 앨버트(Albert, the Prince Regent)의 죽음 이후 외부 노출을 삼갔으나 이윽고 정치에 복귀했다. 영·미 양국을 어렵게 만들었던 남북전쟁 기간의 적대감도 25년의 시간 속에서 잊혀가고 있었다.[60]

1887년 코디의 서부활극 영국 공연을 위해 대서양을 건너는 공연단은 그 자체로 장관이었고 규모도 어마어마했다. 코디는 공연을 위해 인디언(97명), 그리고 버펄로(18마리), 노새(10마리), 북아메리카산사슴(10마리), 야생 텍사스황소(5마리), 당나귀(4마리), 순록(2마리), 말(180마리), 그 밖에 텐트, 마차, 무기 등 각종 장비를 준비했다.[61]

1887년 5월 9일 런던 공연(the Earl's Court Show)에서는 정치와 사교계

의 인물들, 연극배우들도 관람하였다. 5월 12일에는 빅토리아 여왕과 여러 인사들이 버펄로 빌 코디 쇼를 참관하고 깊은 인상을 받았다. 빅토리아 여왕 관람 이후 6월 20일 공연에서는 영국을 방문 중이던 덴마크 국왕, 그리스 국왕, 벨기에 국왕, 작센 국왕, 독일의 황태자 부부(빌헬름 2세) 등이 관람했다. 이러한 인기를 기반으로 런던 공연에서 무려 250만의 관객이 버펄로 빌 코디 쇼를 관람했다. 코디의 공연단은 그 해 10월까지 런던 공연을 한 후 버밍햄, 맨체스터 등 여러 도시를 순회하고 1889년에는 유럽 대륙으로 건너가 프랑스의 파리, 리용, 마르세유, 스페인의 바르셀로나, 이탈리아의 로마, 피렌체, 밀라노, 오스트리아의 인스부르크, 티롤 그리고 1890~1891년에는 독일의 뮌헨에서 공연했다.[62]

1891년에 와일드 웨스트 쇼의 규모가 더욱 확대되었다. 공연단은 약 640명의 '식솔'을 거느리게 되었다. 각 국가의 특징을 살리고자 각국 기병도 도입했다. 그 숫자를 보면 독일군 20명, 영국군 20명, 미국군 20명, 러시아 코사크 군 12명, 아르헨티나의 가우초(gaucho) 6명, 멕시코 카우보이 20명, 카우보이 25명, 카우걸 6명, 수족 인디언 100명, 카우보이밴드 37명이었다. 이러한 외형을 갖추고 1893년 컬럼비아박람회에서는 그 쇼가 「버펄로 빌 코디의 와일드 웨스트와 세계의 기수들」(*Buffalo Bill's Wild West and Congress of Rough Riders of the World*)이라는 긴 이름을 갖게 되었다.[63]

1891년 코디의 공연단은 코디의 인디언 전쟁 참여로 잠시 중단되었던 공연을 재개하여 유럽 전역으로 확대했다. 특히 독일 공연은 빌헬름 2세의 적극적인 후원을 받고 카를스루에, 만하임, 막신즈, 비스바덴, 쾰른, 도르트문트, 뒤스부르크, 크레펠트, 아헨 등에서 공연했다.[64]

특히 독일 공연에서 공연단은 공연 외에 또 한 가지 충격을 안겨주었다. 이런 어마어마한 공연단을 특별 기차로 이동시키는 방법을 보고 독일인들은 깜짝 놀랐다. 그들은 일찍이 미국과 유럽 각지에서 이 공연단이 다음 공연지로 이동할 때 보여준 신속성과 질서에 탄복하였다. 여기에 코디

출처: Buffalo Bill Historical Center, Cody, Wyoming

19세기 말 미국과 유럽을 휩쓸었던 버펄로 빌 코디의
와일드 웨스트 팸플릿들 가운데 하나

의 공연단이 대원들에게 지불하는 임금, 지속적인 보수와 정비 비용, 그 밖의 지출 비용 또한 엄청난 규모였다. 일반적으로 한 지역에서 무대를 설치하면 먼저 가두행렬을 선보이고 이어 두 번의 공연이 낮과 저녁에 이루어졌다. 그리고 신속하게 다음 공연 장소로 이동하는데 그 기동성은 실로 놀라웠다.[65]

독일의 병참 장교들은 이 기발한 미국적 방식에 호기심을 보였다. 역사가 돈 러셀(Don Russell)은 독일인들이 "각 무개화차의 뒤꽁무니에 단지 램프 하나를 부착하여 그것을 인도 등으로 하여 활주대를 통해 질서정연하게 연속적으로 무개화차에서 내려서 가두행렬을 준비하는 방식"에 놀라움을 금치 못했으며 바로 이 방식을 "포병 장비나 다른 중무장 기계화 장비들을 하역하는 데 적용"할 수 있게 되었다고 적었다. 또한 코디의 공연단이 하루 세 끼의 식사를 배급하는 방식을 보고 독일인들은 이동취사차(rolling kitchen)를 개발했다.[66]

독일인들이 버펄로 빌 쇼에 탐미한 것은 이러한 측면에만 한정되지 않았다. 공연단이 가는 곳마다 이 독특한 미국 문화의 전파자에 대한 관심은 매우 높았다. 그리고 코디의 영웅담을 픽션화한 저가소설들이 독일에서 출판되었다. 그의 인기를 반영하듯이 미국에서 이미 유행이 지난 소설들이 판매되었고 최근까지 미국 서부를 배경으로 하는 소설들이 독일에서 인기를 끌었다. 1979년 『타임』(Time) 지 보도에 의하면 "독일에는 3일간의 일정으로 철저하게 역사적인 고증을 통해 확인된 복식을 갖춘 미국 프런티어 생활을 체험하는 캠핑 일정도 있다"고 할 정도로 코디의 영향은 현재까지 이어지고 있다.[67]

네덜란드 공연에는 빌헬미나 여왕(Queen Wihelmina)이 참석했고, 공연단은 벨기에의 브뤼셀과 앤트워프를 경유하고 다시 북해를 넘어 두 번째로 영국 공연을 했다. 리버풀과 맨체스터, 브리스틀, 브라이튼, 포츠머스, 글래스고를 거쳐 1887년 유럽 공연의 시작이었던 런던에서 1892년 5월 7

일 다시 공연했다. 빅토리아 여왕은 두 번째로 이 공연에 참석했고, 약 3년 4개월의 유럽 공연은 대단원의 막을 내리게 되었다.[68]

코디는 1893년 컬럼비아박람회에 참여하기 위해 유럽 투어를 끝냈다. 코디는 미국적인 예술, 특히 서부를 현실과 똑같은 코드로 풀어내어 많은 인파를 사로잡았다. 그는 거의 100만 달러의 수익을 올렸다. 그리고 이후 유럽 공연 기회가 또 한 번 있었다. 코디는 두 번의 공연을 통해 미국 정신의 기상인 서부를, 폭력을 소재로 전달했다.[69]

대서양을 넘은 서부활극이 코디의 쇼만 있었던 것은 아니었다. 예를 들어 코디와 관계를 맺었던 닥터 카버(Dr. Carver) 역시 「와일드 웨스트」(Wild West)라는 프로그램으로 팀을 이끌고 1889년 대서양을 건너 유럽에서 공연했고 1890년과 1891년에는 오스트리아까지 진출했다. 그러나 코디의 쇼가 미국의 특별한 극적 정체성을 보여주는 활극으로 꼽히는 이유는 그 대중적인 인기와 영향이라는 측면에서 볼 때 코디의 쇼가 월등했기 때문일 것이다. 1907년까지 코디와 동행했던 카우보이 브론코 라이더(Bronco Rider)의 이야기에 의하면 코디는 세계를 무려 3번이나 일주했다고 한다. 그에 의하면 코디의 공연단은 아시아에까지 진출하여 외몽고에서 공연한 적도 있었다고 한다.[70]

버펄로 빌 코디의 유럽 투어는 기간이나 규모면으로 볼 때 역사상 유례없는 미국적 특징을 지닌 기업적인 모험이었다. 1887년 유럽 공연의 출발지였던 런던에서 1892년에 또 다시 공연이 계속됨으로써 유럽 공연은 여섯 시즌 동안 공연 기간만도 3년 4개월에 이르렀고, 마침내 1892년 10월 12일 대단원의 막을 내렸다. 그 공연 기간에 하루 평균 4만여 명의 영국인들과 유럽인들이 미국의 대서사시를 관람하고자 찾았다. 한편 코디는 이 기간에 공연에만 전념한 것은 아니었다. 그는 미국으로 돌아와 인디언 전쟁에 참여하기도 했으며 동시에 외국의 공연 무대를 무리 없이 운영하기도 했다.[71]

출처: Western History Department, Denver Public Library

버펄로 빌 코디의 서부활극의 인기는 단지 미국 내에만 한정되지 않았다. 캐나다, 영국, 서유럽의 모든 국가, 그리고 아시아의 몽고에서까지 공연이 될 정도였다. 전 세계적인 인기를 끌었던 야외 서부활극의 총 관람자 수는, 코디 자신의 평가에 의하면, 약 5000만 명에 이른다. 1887년 영국 빅토리아 여왕의 통치 50주년 기념으로 영국에서 최초의 해외 공연이 이루어졌다. 이것은 그때의 흥미로운 장면들을 모아놓은 삽화이다.

출처: Buffalo Bill Historical Center, Cody, Wyoming

1891년 유럽 순회공연 중인 버펄로 빌 코디의 서부활극 공연 장소 모습. 1891년은 특히 코디에게 있어서 매우 바쁜 해였다. 겨울 동안에 그는 인디언 전쟁에 직접 참여했다. 그 동안 공연단은 총감독 네이트 솔즈베리가 대신 운영했다. 코디가 인디언과의 전쟁에 참여함으로써 공연에 인디언의 출현이 어렵게 될 수도 있다는 우려와 함께 서부활극에 새로운 흥미를 불러일으키기 위해, 감독은 새로운 계획을 발표했다. 즉 전 세계의 기마술을 보여주는 것이었다. 이러한 계획은 선풍적인 인기를 끌어 1893년 이후에는 서부활극의 명칭 또한 바뀌었다(*Buffalo Bill' s Wild West and Congress of Rough Riders of the World*).

출처: 1890 scrapbook. Buffalo Bill Historical Center, Cody, Wyoming

버펄로 빌 코디의 서부활극 공연단의 교황청 방문

출처: hand-colored photograph by Paolo Salvaiti, Buffalo Bill Historical Center, Cody, Wyoming

이탈리아 베네치아를 방문한 버펄로 빌 코디와 인디언들의 곤돌라 탑승

이탈리아 베수비오 산 공연(1890년)

출처: Buffalo Bill Historical Center, Cody, Wyoming

5. 컬럼비아박람회

1893년은 시카고에서 미국이 세계에 자랑하는 컬럼비아박람회가 열리는 해였다. 코디는 1892년 겨울부터 1893년까지 박람회에서 서부활극을 공연할 준비를 했다. 컬럼비아박람회는 콜럼버스의 신대륙 발견 400주년을 기념하기 위해 열렸다. 비록 1년 늦게 열리는 것이었지만 박람회 역사상 최대의 축제였다. 5월 1일부터 10월 30일까지 무려 2100만의 관람객이 박람회를 다녀갔다. 미국인 관람객들은 박람회 측이 건설한 화이트시티(White City)의 고전적인 건물과 기념물을 보고 깊은 인상을 받았다.[72]

그런데 코디의 서부활극은 이러한 품위 있는 전시 공간에 결코 어울리지 않는다는 평가를 받았다. 코디는 박람회장 내에 공연장을 확보하기 위해 박람회 주최 측과 어려운 협상을 벌여야 했다. 주최 측은 코디의 서부활극이 박람회장 중앙 통로에서 공연되는 것은 곤란하다는 입장이었다. 그리고 서부활극이 박람회의 전시관 건물들과 잘 어울리지 않는다고 생각했다. 결국 공연단 측에서는 62번 가와 63번 가 사이에 있는 15에이커의 땅을 임대할 수밖에 없었다. 임대받은 지역은 박람회 입구와는 완전히 반대되는 곳에 있었다. 공연단 측에서는 노동자를 고용하여 그 지역을 평탄화했고, 1만 8000명을 수용할 수 있는 관람석이 마련되었다. 버펄로 빌 쇼 공연장 출입구에는 후갑판에 서 있는 콜럼버스가 그려진 깃발이 펄럭였는데 그 깃발에는 '바다의 안내자, 최초의 개척자'(Pilot of the Ocean, the First Pioneer)라는 구절이 적혀 있었다. 바로 그 옆에는 말을 탄 코디의 모습과 '초원의 안내자, 마지막 개척자'(Pilot of the Prairie, the Last Pioneer)라는 구절이 있는 깃발이 나부꼈다.[73]

버펄로 빌 코디 쇼는 박람회가 정식으로 개최되기 한 달 전부터 공연되기 시작했다. 관객들은 계절적인 영향으로 폭우가 집중되는 와중에도 모여들어 인산인해를 이루었다. 박람회 입장객들은 박람회장 입장을 잊어버리고 오직 쇼만 보고 집으로 돌아가는 것이 예사였다. 첫날 13만 명의 관객이 방문했다. 자리가 없어 입장하지 못하고 돌아간 사람 또한 엄청났다. 다른 서커스단이 코디의 쇼와 경쟁하고 있었지만 결코 경쟁이라고 언급할 정도는 아니었다. 그 해 10월에 박람회가 폐지될 때까지 코디의 쇼는 최고의 미국적인 드라마로 선풍적인 인기를 누렸다.[74]

이해할 수 없는 정력을 가진 서부 사나이 코디의 사업가적인 기질은 여기서 끝나지 않았다. 그는 자신을 영웅으로 만들어준 이 서부에다가 자신만의 영원한 흔적을 남겨두고 싶었다. 1896년 그는 여러 투자가들을 모아 쇼숀토지관개회사(Shoshone Land and Irrigation Company)를 설립했다. 이 회사의 목적은 옐로스톤공원(Yellowstone Park)에서 얼마 떨어지지 않는 와이오밍 주 북서 지역 불모지대를 개발하는 것이었다. 코디는 이 지역을 개발하여 자기 이름을 딴 '코디'라는 현대적인 도시를 건설하려고 했다. 그는 서부활극으로 번 돈의 거의 전부를 이 사업에 투자했다. 하지만 그는 결국 엄청난 손실을 입었다. 하지만 그 후에도 서부 개발에 대한 그의 관심은 결코 사라지지 않았다. 1900년대 초 그는 이 지역에 수력 전기를 끌어오기 위해 댐을 건설하려고 했지만 그 과정에서 엄청난 난관에 부딪혔다. 그는 문제를 해결하기 위해 당시 대통령이었던 루스벨트에게 정부 차원의 지원을 요청했다. 결국 정부의 지원을 받아 쇼숀댐과 호수가 완성되었고, 이 지역에 상수도 시설과 전기가 들어올 수 있었다. 코디는 대통령을 설득하여 이 지역 산림을 국유림으로 만들었다.[75]

1905년 코디는 39년간의 결혼생활을 청산하는 이혼소송을 제기했다. 그는 아내인 루이자가 잔소리가 너무 심하고, 자신이 하는 일을 모두 반대한다는 이유로 이혼을 요구했다. 이에 루이자도 코디는 남편으로서 책임감이 거의 없이 자주 집을 비우며, 부정을 저지른다는 명목으로 이혼소송을 제기했다. 양측은 결국 소송을 취하했지만 소송 이후 평생을 떨어져서 살았다.[76]

코디는 인생 말년에 새로운 오락 매체로 급속하게 발전하던 활동사진을 통해 서부극을 재현하려고 했다. 토머스 에디슨은 이미 2년 전인 1893년에 특허를 받은 활동사진촬영기(Kinetograph)를 이용해서 최초의 영화 스튜디오를 건설한 상황이었다. 코디는 이런 근대적인 영상 장치와 서부극을 접목시키려고 했다. 이런 노력에도 불구하고 한 시대를 풍미했던 코디와 그의 서부활극은 1907년을 전후로 하여 쇠퇴의 길을 걸었다. 그의 인기는 예전 같지 않았고, 자금도 바닥난 상태였다. 코디는 공연단을 유지하기 위해 많은 금액의 자금을 사기성 있는 은행가로부터 차용했는데, 이 듬해에 빚을 청산하라는 독촉을 받았다. 코디는 공연단의 모든 장비를 팔아야 했고 결국 공연단 경영권마저 포기하게 되었다. 그리하여 약 30년간 코디의 분신이었던 공연단은 1913년을 마지막 해로 하여 막을 내리게 되었다. 그러나 그는 여기서 멈추지 않았다. 1917년 사망하기 2개월 전까지 그는 다른 여러 쇼에도 참석하여 무대를 빛내주었다. 그의 말년은 지치고 낙담한, 결코 좋은 시기가 아니었다.[77] 미국 서부 신화를 만들었던 이 위대한 영웅은 1917년 1월 10일 콜로라도 덴버에 있는 자신의 여동생 메이(May Cody Decker) 집에서 조용히 세상을 떠났다. 그의 부음이 전 세계로 타전되었을 때 유럽은 한창 전쟁 중이었고 미국도 참전 문제로 신문 1면이 유럽 기사로 채워지고 있었다. 그러나 서부 신화의 창조자였던 버펄로 빌 코디의 사망은 그 모든 유럽 문제들을 하찮은 뉴스거리로 만들었다. 당시 웨스턴유니언전보회사(Western Union Telegram Company)와 같은 미국의 주요 전신회사의 내부 지침은 당시 최대 중요 이슈로서 전쟁 정보를 신속하게 처리하도록 되어 있었다. 이러한 지침은 버펄로 빌 코디의 사망 소식으로 깨져버렸다. 그의 죽음 소식은 전 세계 신문의 1면 톱뉴스로 보도되었다. 물론 전쟁 관련 기사들은 뒷면을 장식할 수 있었다. 윌슨 대통령을 비롯한 워싱턴의 정치 지도자에서부터 대서양 건너편의 영국 국왕, 심지어 적대국 독일의 황제까지도 그의 죽음을 애도했다.[78]

출처: Buffalo Bill Historical Center, Cody, Wyoming

버펄로 빌 코디는 1917년 1월 10일 콜로라도 주 덴버에 있는 여동생 집에서 조용히 숨을 거두었다. 그가 미국 대중문화에 끼친 영향은 다대하다. 미국인들이 자랑하는 로데오 축제에서는 그가 발명한 여러 묘기들이 지금도 공연되고 있다. 버펄로 빌 코디에 대한 미국인들의 관심은 유별나다. 와이오밍 주 셰리든에서는 매년 6월에 '버펄로 빌의 날'이라는 성대한 축제가 개최된다. 이 밖에 '네브래스카의 날'도 그를 기념하는 축제이다. 오늘날 프랑스의 유로디즈니에서는 버펄로 빌 코디의 서부극이 여전히 인기를 끌고 있다. 사진은 1924년에 세워진 버펄로 빌 코디의 기마 청동 기념상이다. 그는 자신의 이름을 딴 와이오밍 주의 한 도시를 먼발치에서 내려다보고 있다.

그는 서부극에서 야만의 대명사인 인디언과의 충돌 장면을 자주 연출했다. 나아가 그의 서부활극과 이후 야외 서부활극의 주요 주제 중의 하나는 백인 문명의 승리를 위해 마땅히 희생되어야 할 종족이 바로 인디언이라는 것이었다. 그러나 코디의 죽음은 인디언들에게도 충격이었다. 사우스다코타 주의 수족 오글라라(Oglala Sioux)의 추장은 다음과 같은 전문을 보냈다. "우리 오글라라족은 버펄로 빌 코디가 따뜻한 마음을 가진 우리의 영원한 친구였음을 잘 알고 있습니다. 그가 이 대지에서 사라졌다는 이 엄청난 슬픔에 우리의 가슴은 무너져 내리는 것 같습니다. 그러나 위대한 서부 사냥의 대지를 지배하는 인디언의 창조주이신 와칸탄카(Wakan Tanka, Grandfather Spirit) 신 앞에서 다시 만날 날을 기대하면 우리의 슬픔은 한층 줄어드는 것 같습니다."[79]

6. 버펄로 빌 코디의 유산

버펄로 빌 코디가 남긴 유산은 미국 여러 곳에서 살아 숨 쉬고 있다. 우선 그가 죽고 얼마 되지 않아 그와 관련된 이야기와 인터뷰 기사가 미국의 전 신문을 지속적으로 장식했다. 이들 신문들이 다루고자 했던 점은 이 위대한 서부 영웅의 업적과 그가 개척했던 서부활극이 미국 문화에 끼친 영향이었다. 1920년대에 들어서면서 미국은 냉정한 정신으로 코디가 창조해 낸 서부가 실제적인 역사와 얼마나 일치하는지 조사했다. 코디를 통해서 진실의 서부, 사실의 서부에 대한 궁금증이 확대되어 서부에 대한 조사가 이루어지게 된 것이다.[80]

코디가 그린 서부가 그의 경험을 실제로 재현한 것인가의 여부는 여전히 역사가들이 논쟁을 일으키는 연구 주제이다. 유명한 카우보이로서 코디의 동료였던 테디 블루 애벗(Teddy Blue Abbott)은 코디를 다음과 같이 평가했다. "그는 좋은 친구였다. 그러나 그가 서부활극을 통해 사람들에게 각인된 것처럼 카우보이로서 그렇게 위대한 인물은 결코 아니었다." 그의 동료 애벗은 서부에 대한 코디의 묘사나 경험담이 사실을 기반으로 했다는 데에는 의문을 표했다. 그는 코디가 진정으로 평가받아야 할 부분은 바로 서부를 소재로 사실의 역사를 재현한다는 믿음을 모든 대중에게 심어준 그의 흥행가로서의 천부적인 능력이라고 말했다. "그러나 여전히 우리는 그를 좋아한다. 그가 서부활극을 소재로 해서 흥행 사업을 가능하게 했던 능력만큼은 탁월했던 유일한 인물이라는 점에서 그의 위대함은 인정받아야 할 것이다."[81]

코디가 그린 서부가 과연 사실인가 허구인가 하는 논의는 결코 사그라지지 않을 것이다. 하지만 그의 기록에 대한 의심이 존재하더라도 최소한 그가 스카우트로서 상당한 업적을 남겼고, 그 일을 수행하면서 용감한 모습을 보여주었음은 분명한 사실이다. 그는 생애의 많은 부분을 서부에서 직접 스카우트 활동하면서 보냈고, 늘 기병대에서 스카우트 임무를 다른 사람보다 먼저 요청받았다. 기병대 활동이 거의 없는 겨울에도 그의 경우에는 스카우트 활동에 대한 보수가 계속 지급되었다는 사실을 보더라도 그 분야에서 매우 뛰어났음을 알 수 있다. 나아가 그는 스카우트 능력을 인정받아 승진하고, 봉급도 인상되었다. 게다가 스카우트로서의 공로를 인정받아 연방의회로부터 최고의 훈장을 받았다. 이 사실들을 통해 볼 때 그가 야외 서부활극에서 극적 요소를 가미하여 자신의 업적을 과대 포장했을 수도 있으나, 완전한 허구를 사실로 그렸다고 보는 것은 잘못일 수 있다.[82]

일반적으로 코디를 언급할 때 그가 인디언을 인간으로 간주하지 않았다는 이야기가 전해진다. 이 문제 역시 그렇게 쉽게 선입견을 가지고 판단할 문제는 결코 아닐 것이다. 그가 서부활극을 통해 문명과 야만의 관계를 구축하면서 어쩔 수 없이 인디언을 진보의 장애 요인으로 설정한 것은 분명한 사실이다. 인디언에 대한 코디의 관념은 이후에 구체적으로 확인해

출처: Motoring Illustrated, January 24, 1903, p.223, from W. F. Cody scrapbook, 1902-1903. Buffalo Bill Historical Center, Cody, Wyoming

인디언과 자동차

볼 것이다. 분명한 것은 인디언을 대상으로 하여 그가 그려낸 관념은 인디언의 호전성을 보여주면서 문명의 도구인 '총'을 통한 서부 정복을 이상화한다는 것이었다. 하지만 인디언에 대한 그의 편향된 관념과 시각은 제국의 시대 백인우월주의의 전형적인 표현을 답습하는 것으로 읽어 낼 수 있을 것이다.

그렇다고 코디가 백인우월주의 때문에 서부활극에서 인디언들을 동물처럼 다루었다고 보는 것은 상당한 무리가 있다. 그가 특별히 인디언 부족들을 쇼에 출연시켜 관객들에게 보여준 것은 대초원에서 인디언의 삶이 얼마나 혹독했는지 보여주려는 의도 때문이었다. 한편으로는 자연환경에 녹아 있는 인디언의 평화로운 삶을 동부의 백인 사회에 전달하려는 의도도 있었다. 그가 서부활극에서 인디언과 그들의 문화를 묘사할 때 절대 대역을 쓰지 않겠다고 고집을 피웠던 것도 그가 토착 인디언 문화를 어떻게 보고 있었는지 어느 정도 보여준 것이었다. 다른 한편 코디가 공연단의 식구였던 인디언 부족들을 공정하게 대우했다고 확인되는 사례들도 얼마든지 있다.

예를 들어 전설상의 인물인 라코타 추장 시팅 불은 경제적인 이익을 위해서 이 쇼에 참여했다. 그렇지만 그가 쇼에 참여한 또 다른 이유는 코디와의 우정이었다. 그는 코디로부터 선물 받은 백색 스테트슨 카우보이모자를 항상 소중하게 간직했고, 그 모자가 바로 코디와의 우정의 증표라고 생각했다. 한번은 시팅 불과 친한 인디언이 그 모자를 만졌는데, 시팅 불은 모자를 잡아채며 "나의 친구 파하스카(긴 머리)가 선물한 모자"라면서 "나는 이 모자를 최고의 가치 있는 물건으로 생각한다"고 말했다. 그는 또한 진정한 친구였던 코디가 "그의 손으로 나의 머리에 이 모자를 씌워주었을 때 나는 마음 속으로 우정이 말할 수 없이 솟아나는 것을 느꼈다"라고 적었다. 보잘것없는 모자 하나의 사례로 그들의 친분을 이해하기는 어렵겠지만, 바꾸어 생각한다면 이러한 사례는 그들의 인간적인 관계가 얼

마나 돈독했는지 반증한다고 할 수 있다.[83]

시팅 불과 코디의 관계를 잘 나타내는 좋은 사례는 바로 1890년 시팅 불이 살해되기 전에 인디언 추장인 자신과 백인 정치가들을 중재하는 인물로 코디를 지목한 사실이다. 하지만 중재 노력은 허사로 돌아갔고, 시팅 불이 또다시 라코타족을 선동하여 전쟁 일으킬 것을 두려워한 연방정부 인디언국(Indian Bureau)은 인디언 출신 경찰을 시켜 그를 살해하게 했다. 코디는 스스로 백인 정부와 인디언을 중재할 수 있는 신망과 능력을 갖고 있다고 생각했기에 중재하지 못하여 결과적으로 시팅 불의 죽음을 막지 못한 것을 늘 아쉬워했다고 한다. 그가 적극적으로 중재자를 맡겠다는 의사를 밝혔음에도 불구하고 인디언 문제를 다루는 정부 관리들은 코디가 관여하는 것을 허락하지 않았기 때문이다.[84]

그러므로 코디가 인디언을 인간으로 여기지 않았다든가 정반대로 우호적으로 대우했다는 식의 이분법적인 해석은 극단론에 빠지기 쉽고 동시에 양쪽 주장 모두 한계를 갖고 있다고 할 수 있다. 전체적으로 말해서 코디는 극에서 서구 문명의 진보에 대한 확고한 믿음과 백인의 우월성을 보여주려고 했다. 그런 전제하에서 그에게 인디언은 문명의 대응자로서 필요했을 것이다. 코디가 공연단을 운영하면서 인디언을 인격적으로 대우하지 않았다는 말은 잘못된 것이다. 아마 그 두 가지 의견의 중간쯤에서 답을 찾는 것이 사실에 훨씬 가까울 것이다.

코디와 그의 서부활극이 미국 대중문화에 끼친 영향은 무엇일까? 첫째로 미국 로데오 축제에서 그의 서부극 유산을 찾아볼 수 있다. 트릭 라이딩(Trick Riding)이라고 불리는 '뛰는 말 위에 올라타서 서는 묘기'에서부터 로데오 게임의 중요한 부분으로서 올가미를 던져 송아지를 묶는 캐프 로핑(Calf Roping), 2명의 카우보이가 한 조가 되어 올가미를 던져 수소를 묶는 팀 로핑(Team Roping) 등과 같은 경기는 바로 코디의 서부활극에서 그 기원을 찾을 수 있다. 서부의 관광 목장(Dude Ranch)에서는 지금까지도

출처: Buffalo Bill Historical Center, Cody, Wyoming

1886년 뉴욕 시 스테이튼아일랜드(Staten Island)에서 버펄로 빌 코디가 함께 스카우트로 활동했던 포니족 및 수족 인디언 추장들과 촬영한 사진이다. 코디는 일찍부터 서부 지역에서 인디언들과 매우 우호적인 관계를 유지했다. 이러한 연분으로 인디언 토벌전 또는 무대극, 이후의 야외 서부활극에서도 실제 인디언들이 함께 참여하게 된다. 그들은 한편으로는 인디언 추장이며 다른 한편으로 백인 부대의 스카우트로 실제 전투에 참여하여 자신들과 동일한 인종을 제거하는 데 기여했고, 이후 무대에 참여하여 백인들의 구미에 맞게 그들 인디언의 역사를 서사하기도 했다.

소몰이를 재현하면서 이러한 기술이 자주 애용된다. 한편으로 서부활극에서 사용되었던 용어(circling the wagons, riding off into the sunset)들도 지금까지 일반적으로 사용되고 있다.⁸⁵

　코디에 대한 미국 국민의 사랑을 직접 확인할 수 있는 장소와 공간이 있다. 미국에서는 그를 기념하기 위한 다양한 쇼와 축제가 매년 개최된다. 예를 들면 와이오밍 주 셰리든에서는 매년 6월에 '버펄로 빌의 날'(Buffalo Bill Days)이라는 축제가 개최된다. 이곳을 방문하는 관람객들은 1890년대 서부 시대를 재현하기 위해 모든 사람들이 그 시대 복장을 하고 흥겹게 춤을 추는 행사를 쉽게 찾을 수 있으며 코디의 서부활극도 관람할 수 있다. 코디가 최초의 서부활극인 와일드 웨스트 쇼를 만들기 위해 계획을 짰던 네브래스카 주 노스플랫에서는 매년 네브래스카 주의 역사를 재현하는 축제인 '네브래스카의 날'(Nebraska land Days)에서 코디를 기억하는 뜻으로 버펄로 빌 로데오(Buffalo Bill Rodeo) 대회를 개최한다. 코디의 흔적은 미국을 벗어나 유럽에서도 볼 수 있다. 특히 프랑스의 유로디즈니(European Disneyland)에서는 매일 밤마다 카우보이와 인디언, 살아 있는 여러 동물들이 직접 출현하는 버펄로 빌 코디의 서부활극을 볼 수 있다.⁸⁶

　코디는 서부를 사랑하고 서부를 이상적인 장소로 만들려고 했다. 그는 직접 서부를 개척했던 인물이다. 그의 원대한 계획은 현재 직접 눈으로 확인할 수 있다. 와이오밍 주 코디 시는 바로 그가 직접 건설한 도시이다. 이 도시는 현재 인구 9000명에 이르는 번영하는 도시로 성장했다. 이 도시에는 1년에 평균 100만 명의 관광객들이 찾아온다. 그들은 코디의 막내딸 이름을 딴 이르마호텔(Hotel Irma)에 투숙하여 위대한 서부 건설자의 흔적을 기억해내고 있다. 코디 시에서 얼마 떨어지지 않는 곳에는 코디가 자금 조달을 하여 완성한, 수력발전을 하는 댐이 있다. 여기서 나오는 물과 전력은 빅혼밸리(Big Horn Valley)로 알려진 이 지역에 공급된다. 1946년 버펄로 빌 코디를 기린다는 취지에서 그 댐의 이름이 쇼숀댐에서 버펄로빌

출처: Buffalo Bill Historical Center, Cody, Wyoming

버펄로 빌 코디와 인디언과의 관계는 일반적으로 알려진 것과 달리 매우 우호적이었다. 그와 한 번 관계를 맺은 인디언들은 그의 남다른 의리와 우정에 감사를 하곤 했다. 그가 서부에서 인디언과 싸우면서 호전성을 보여주며 예사롭게 살인을 저질렀다고 해도 그와 알고 지내던 인디언들의 평가는 매우 좋았다. 사진은 그와 오랜 우정을 나누었던 인디언 추장 아이런 테일(Iron Tail)의 모습이다.

출처: Buffalo Bill Historical Center, Cody, Wyoming

1895년에 찍은 버펄로 빌 코디의 모습. 60세를 넘긴 나이에도 불구하고 위엄 있는 모습을 보여주고 있다. 그의 서부활극은 여전히 큰 인기를 끌고 있었다. 그의 공연단에는 연기자에서부터 공연 지원팀까지 약 700명이 참여하고 있었고, 그 해 전국 순회공연에서는 무려 132곳을 들렀으며 약 1만 마일의 거리를 이동했다. 한편으로 그는 서부 개발 사업에도 관심을 쏟았다.

댐으로 변경되었다.[87]

코디의 흔적을 느낄 수 있는 또 다른 곳은 예술 분야이다. 코디는 늘 서부를 이상향으로 여겼기 때문에 서부를 캔버스에 담아 그림 그리는 작가들을 지원했다. 가령 유명한 프레더릭 레밍턴(Frederic Remington)과 찰스 쉬레보젤(Charles Shreyvogel) 등은 그의 지원으로 작품 활동을 지속할 수 있었다. 그들은 서부를 생동감 있게 묘사하여 지금까지 우리들에게 기억되고 있다.[88]

미국 서부영화의 발전 또한 코디를 언급하지 않고서는 결코 이해할 수 없을 것이다. 그는 서부영화 탄생에 결정적인 기여를 했다. 「세계 기마술 대회」(Congress of Rough Riders)가 1893년 에디슨회사에서 제작되었을 때 그는 배우로 직접 참여했다. 1913년에 코디는 서부활극과 인디언 전쟁에 대한 영화를 직접 제작했다. 그러나 유감스럽게도 그 필름의 상당 분량이 현재 남아 있지 않다.

또한 1930년대에서 40년대의 「버펄로 빌」(Buffalo Bill)이나 「클레멘타인」(My Darling Clementine) 같은 서부영화도 그의 서부활극의 영향을 받아 만들어진 작품들이다. 한편 와일드 웨스트 쇼는 그 후 배우이자 서부 만담가인 윌 로저스(Will Rogers)를 통해 부활했다. 체로키 인디언과 백인의 혼혈인으로 태어난 그는 서부와 카우보이에 대한 희극적인 유머를 통해 20세기 최고의 오락인으로 자리 잡았다.[89]

이 모든 서부활극을 세계적으로 인기를 얻게 만든 장본인은 바로 코디로 그의 노력이 아니었다면 결코 불가능했을 것이다. 그의 서부활극은 서부에서의 직접 경험을 기초로 하여 재현되었기 때문에 전 세계 사람들의 시선과 흥분을 충분히 끌어 모을 수 있었다. 그는 위대한 흥행업자로서 서부극을 세계화한 인물이기 이전에 미국 서부의 살아 있는 영웅이었다. 그는 변방의 개척자였고, 포니익스프레스의 실제 주인공이었으며, 남북전쟁을 경험한 사람이었다. 그는 또한 대륙횡단철도 건설에 참여하는 노동자

출처: Filming *The Indian Wars*, Buffalo Bill Museum and Grave, Lookout Mountain, Golden, Colorado

버펄로 빌 코디는 그의 서부활극 와일드 웨스트의 영화화를 시도했다. 그 첫 번째 작품이 바로 「버펄로 빌의 생애」(The Life of Buffalo Bill)였다. 이 작품 이후 그는 서부에서 벌어졌던 인디언과의 전투를 사실적으로 보여주려는 의도에서 「인디언 전쟁」(*The Indian Wars*)이라는 작품을 제작했다. 사진은 영화 「인디언 전쟁」 촬영 장면

영화 「인디언 전쟁」에서 버펄로 빌 코디가 '커스터 제단에 바친 최초의 인디언 머리 가죽' (The First Scalp for Custer)을 재현하는 장면

출처: *The Indian Wars*, Buffalo Bill Museum and Grave, Lookout Mountain, Golden, Colorado

들의 식량을 공급하기 위해 버펄로 사냥을 나섰고, 그 이후 점차 잔인해가는 백인과 인디언의 전쟁에서 백인들을 위해 스카우트로서 전국적으로 명성을 떨쳤다.

코디는 자신의 서부 경험을 그대로 생동감 있게 재현하는 무대인으로서도 탁월한 능력을 발휘했다. 또한 그는 당시 미국 사회의 인종 갈등, 계급 문제, 이민 문제에서 나타나는 심리적 노이로제를 단칼에 풀 수 있는 무대극 및 야외 서부활극 제작 능력에서도 최고였다. 끝으로 그는 미국인을 사로잡았을 뿐 아니라, 전 세계에 미국의 독특한 무대극과 야외 서부활극을 전파했다. 그는 또한 흥행사로서 미국 대기업의 성공과 겨루어도 결코 뒤지지 않을 정도로 혁신적인 수완을 보여주었다. 코디는 약 45년간 무대 생활을 하면서 어느 누구도 결코 할 수 없는 대업을 이루어냈고, 그러한 대업은 수백 권의 문학과 소설 작품으로 출간되어 지금도 그가 살아 있는 신화로 여전히 존속할 수 있게 하였다.

제2부

버펄로 빌의 서부활극과 폭력·계급·인종

제1장
프런티어의 추억:
프레더릭 잭슨 터너와 버펄로 빌 코디

1. 프런티어의 추억

 미국 서부 역사는 늘 여러 가지 색깔을 갖고 있다. 서부는 평화와 낭만이 충만한 신비로운 지역이자 문명과 원시의 거친 대결 현장이었고, 미국의 모든 문제를 일거에 해결해줄 수 있는 마지막 프런티어로 기억되어 왔다. 그 결과 서부는 미국사의 특수성과 예외성을 언급할 때 주로 거론되는 장소가 되었다. 서부의 천혜의 지리적 조건에서 미국적 민주주의가 탄생했다는 이야기도 있다. 미국의 역사가들은 서부를 역사 해석의 중요한 공간으로 간주했다. 그 결과 서부 신화 또는 프런티어라는 개념이 탄생했다. 그렇다면 이러한 프런티어 상을 결정하는 데 결정적으로 기여한 것은 과연 무엇인가?
 그 질문에 대한 해답으로 '문자 세계'에서 서부를 정의하고 서사하는 데 결정적인 역할을 한 역사가 프레더릭 잭슨 터너(Frederick Jackson Turner, 1861~1932)의 프런티어테제를 지적할 수 있을 것이다. 다른 한편으로 역사가들은 '시각 세계'에서 서부를 재창조했던 버펄로 빌 코디(Buffalo Bill Cody)의 와일드 웨스트 쇼(Wild West Show)를 지적하기도 한다. 터너가 만든 서부와 프런티어는 역사가들의 기본적인 지식으로 인용되었고 이후 발전되어 왔다. 코디의 서부 역시 대중의 이미지에 깊은 영향을 미쳤고 서부활극이나 할리우드 영화를 통해 우리에게 영상 이미지로 자리 잡아 왔다.

그렇다면 이 양자가 갖고 있는 서부 상의 차이점이 무엇이고 공통점은 무엇인지, 그러한 공통점과 차이점을 깆게 된 역사적인 배경이 무엇인지 찾아보는 것도 매우 의미 있는 작업일 것이다. 그 규명 과정에서 서부라는 통로를 통해 당시 미국 사회의 갈등 문제를 해결하려는 양자의 노력을 찾아볼 수 있다. 다른 한편으로 그들이 그려낸 서부가 서로 다른 '재현'으로 이루어져 있음을 확인할 수도 있다. 서로가 완전히 다른 서부를 상정, 해석하는 방식을 추적해볼 때 우리가 가지고 있는 미국의 서부 상이 사실의 서부와 어느 정도 간극을 갖고 있음을 확인할 수 있을 것이다.

이와 같이 한 역사가와 한 흥행가가 그려놓은 서부의 공통점과 차이점을 이해함으로써 서부는 결코 있는 그대로 확인되거나 서술되지 않았음을 확인하게 될 것이며, 나아가 신화화된 서부를 이해하는 과정에서 과거의 역사가와 흥행가가 작위적으로 구성하려 했던 신화가 어떻게 우리에게 구체화되었는지 되돌아볼 수 있을 것이다. 이러한 과정은 서부 역사를 연구하는 미국 역사가들의 최근 작업에서도 가장 현저하게 나타나는 성과이기도 하다. 따라서 이 글을 통해 서부의 사실을 밝히려는 서부 역사가들의 부단한 노력과 성과를 확인해 볼 수 있을 것이다.

2. 컬럼비아박람회와 프런티어 신화의 탄생

1893년 시카고에서 열린 세계박람회는 기술적인 측면에서 미국의 막강한 창의력을 전 세계에 자랑하는 자리였다. 하지만 박람회 기획자들이 예술 분야에는 거의 신경을 쓰지 않았다. 그들에게 예술이란 구대륙의 전통적인 엘리트 계급에서 산출된 조각이나 회화 작품 정도였다. 당연하게도 박람회에서 소위 독창적인 미국 예술이라고 부를 만한 것은 거의 찾아볼 수 없었다. 하지만 그들이 결코 예상하지 못했을 뿐만 아니라 낮게 평가했던, 가장 미국적인 예술 양식이 박람회장에서 멀리 떨어진 외곽에서 공연되고 있었다. 그것은 바로 버펄로 빌 코디 쇼였다. 이후 이 야외 서부활극은 가장 미국적인 예술의 한 부분으로 자리매김된다. 박람회가 열리는 화이트 시티(White City)에서 멀리 떨어진 외곽 지역에 그저 천막을 쳤을 뿐이며 관객 유치를 위한 홍보도 적극적으로 할 수 없는 지경이었지만 박람회 기획자들의 의도와 달리 그 쇼는 엄청난 관객들을 끌어들였고 쇼를 본 관객들은 열광하기 시작했다. 결국 버펄로 빌 코디 쇼는 미국 대중문화의 상징으로 이 꿈의 도시에서 가장 유명한 전시품으로 확고하게 자리 잡았다. 다시 말해 가장 미국적이면서 '유혹적인 대중문화'인 버펄로 빌 코디 쇼가 시카고의 뛰어난 산업기술과 더불어 미국의 일반 대중을 압도한 것이다.[1]

"하루에 2회씩 비가 오나 눈이 오나 박람회가 개최되고 있는 정문 반대편의 63가에서" 가장 미국적인 서부 이야기를 주제로 총 1만 8000명을 수용하는 관람석을 갖춘 웅장한 야외 활극을 재현시키는 인물이 바로 코디였다. 그는 자신이 제작한 쇼가 미국을 이해하는 데 가장 유용한 역사적인 사실이라고 인식하고 있었다. 그는 자신의 활극을 결코 드라마나 쇼에 비유하지 않고 미국의 일반 대중들에게 신비한 프런티어의 역사를 재현해 보여주는 것이라고 생각했다. 관객들이 야외 서부활극을 보면서 서부에서 실제 발생하고 있는 장면 속으로 빨려 들어가는 느낌을 받았던 것은 당연하다. 그때는 운디드니의 살육이 있은 지 3년도 채 지나지 않았기 때문이다. 인디언을 재현하는 사람들은 실제 그 사건에 참여했던 인디언 바로 그

출처: Buffalo Bill Historical Center, Cody, Wyoming

1890년대에 찍은 것으로 추정되는 버펄로 빌 코디의 사진이다. 1890년대에 코디는 한편으로는 야외 서부활극 공연단을 이끌고 유럽 투어를 계속하고, 다른 한편으로 서부지역에서 인디언과의 전쟁(1891)에 참여하고 있었다. 1892년부터는 이듬해에 열릴 시카고 컬럼비아박람회에 참여할 준비를 했다. 공연과 전쟁 이외에도 그는 1896년에 투자가를 모아 서부 지역 개발 사업에도 참여했다. 이러한 개발 사업의 결과 와이오밍주 북서 지역이 개발되어 그 도시의 이름이 '코디'라고 명명되었다.

들이었다. 그러므로 코디는 박람회에서 공연되는 자신의 서부활극에 와일드 웨스트(Wild West)라는 의미심장한 제목을 붙였다. 당시 미국 중서부 지역의 저명한 언론인이었던 브릭 폼트로위(Brick Pomrtroy)는 대중에게 그 극을 널리 알리고자 제작된 팸플릿의 추천사에 "이 서부활극의 목적은 서부의 와일드한 삶"과 "대평원의 삶을 정확하게 재현함"과 동시에 서부를 잘 이해하지 못하여 상상으로만 알고 있는 "동부 사람들과 일반 대중들에게 보여주고, 그들을 교육시키기 위한 것"이라고 썼다. 이 전율적인 쇼를 구경하고 나서 기차를 타고 집으로 또는 호텔로 향하는 사람들의 표정은 만족감에 가득 차 있었다.[2]

컬럼비아박람회는 학문박람회이기도 했다. 1893년 7월 두 번째 주에 미국역사학회(American Historical Association)는 소위 세계회의(World Congress)의 한 분과인 세계역사학회의(World's Historical Congress)와 공동으로 학술논문 발표회를 개최했다. 7월 11일 화요일 저녁 7시 위스콘신 대학의 32세 젊은 역사가 프레더릭 잭슨 터너는 미국 서부에 대한 짧은 논문을 발표했다.[3]

그는 서부를 다음과 같이 정의했다. "지금 우리 시대까지 미국 역사의 대부분은 서부 식민화의 역사였다…. 이러한 진행에서, 프런티어는 야만과 문명이 서로 만나는 접점에 해당된다." 그러나 터너는 계속해서 다음과 같이 말했다. "콜럼버스의 신대륙 상륙 이후 미국이라는 이름은 기회를 상징하는 이름이 되었다. 그리고 미국 국민들은 자신에게 열려 있고 심지어 자신을 이러한 무서운 힘으로 빠져들게 하는 그 확장을 통해 목소리를 키워왔다…. 그리고 신대륙이 발견된 지 400년이 지나고 미국 헌법이 성립된 지 약 100년이 지난 지금, 이제 프런티어는 사라지고 프런티어의 소멸과 함께 미국 역사의 한 세기도 마감되었다."[4]

그는 서부와 그 개척지가 독특한 미국적 특징을 형성하는 데 기여했다고 주장했다. 구체적으로 미국의 정치제도나 개인주의는 바로 서부라는 환경이 미국인에게 준 선물이라는 것이었다. "그 결과 미국 지성의 그 현저한 특징은 개척지"에서 그 기원을 찾을 수 있다고도 했다. "정확성, 탐구심과 결합된 활력, 예술성은 떨어지지만… 큰 목적과 사업을 실행하는 데 필요한 물질의 통제력"에서 시작하여 시간과 상황에 따라 손해가 될 수도 있고 이익이 될 수도 있는 "견고한 개인주의"와 서부의 광대한 자연 조건에서 기인하는 "낙천성과 패기"에 이르기까지 "이 모든 것이 개척지의 습성이고 또한 개척지가 존재하는 다른 곳에서도 나타나는 습성"이라고 주장했다.[5]

코디와 프레더릭 잭슨 터너, 이 두 사람이 컬럼비아박람회라는 한 장소에서 동시에 각자의 전공 분야를 가지고 서부라는 동일 주제에 대해 한쪽은 재현하고 또 다른 한쪽은 설명하고 있었지만, 그들은 결코 서로를 알지 못했다. 코디는 결코 터너의 논문에 대해 알지 못했으며 터너 역시 박람회를 찾은 많은 대중들이 보는 와일드 웨스트 쇼에 어떤 관심도 보이지 않았다. 사실 버펄로 빌 코디는 역사가들을 자신의 쇼에 초대하였으나 서부를 재현하는 서부극은 터너의 관심에서 벗어나 있었다. 이들 양자 간에는 서부 인식과 이해에서 몇 가지 공통점과 차이점이 있었다.[6]

3. 프런티어 기억의 재생: 터너와 코디

버펄로 빌 코디와 프레더릭 잭슨 터너는 공통적으로 서부는 공식적으로 종말을 맞이했음을 상징적으로 보여주고 있었다. 터너는 "위대한 역사적 운동의 종언"에 대해 이야기하고 있었다. 또한 1893년 버펄로 빌 쇼의 프로그램은 비록 "급속한 프런티어의 확대"와 서부를 "미개척지"라고 말하고 있었지만, 부수적으로 암시하는 것은 프런티어의 종말이 다가왔다는 것이었다. 그리하여 "프런티어는 법과 질서 그리고 진보가 스며들어와 현재는 적용될 수 없음"을 은연중에 보여주었다. 바꿔 말해서 코디가 인디언 사냥꾼이자 카우보이로 지냈던 프런티어의 삶은 이제 농업의 추진자로서 다시 자리매김되었음을 나타냈던 것이다.[7]

터너와 코디는 프런티어 개척자들이 새로운 미국을 건설하는 데 했던 역할에 큰 의미를 부여했다. 양자는 프런티어의 종말이 미국 역사가 다른 차원으로 전환되고 있음을 의미하는 것이라고 간주했다. 코디는 서부활극을 통해 수세대 동안 "부모가 정착하고 자식을 보호하고 키운 프런티어 가정"의 안락한 삶을 낭만적으로 서사했다. 그러나 코디의 쇼는 이들 개척자들의 자손이 마치 벌레처럼 삶을 유지하는 도시로 빠져나가고 있음을 은연중에 보여주었다. 또한 프런티어의 종말이 다가옴에 따라, 즉 서부에서 주어질 수 있는 자유로운 토지가 이제 없어짐에 따라 이른바 '구더기 도시'(wormdom)는 미국의 필연적인 운명이 될 것임을 지적했다.[8]

이러한 위기를 낳았던 역사 배경은 어디에서 찾을 수 있는가? 그것은 당시 미국이 경험하던 서부에 대한 위기에서 찾을 수 있다. 더 넓게 본다면 미국 사회의 주체인 백인들이 느끼는 인종적인 위기가 서부의 위기로 표출되었다. 그러나 그것은 단지 서부만의 위기가 아닌 미국이 가지고 있던 총체적인 위기였다. 미국이 감수해야 했던 인종적인 갈등과 그 부담은 일찍부터 나타나고 있었던 것이다. 19세기 초기만 해도 미국은 이민 압력을 느끼지 못했으나 이제 여러 지역에서 많은 이민 압력을 느끼고 있었다. 이러한 이민 압력이 인종적인 문제들을 나타내고 있었다.

최근 미국 역사가들의 주된 관심 가운데 하나는 인종과 연관된 역사적인 문제들의 분석이다. 특히 역사상 변화무쌍하게 그 규정이 변해왔던 '백인성'(Whiteness) 문제가 야기하는 여러 불평등한 경우들을 조사하여 밝혀내고 있다. 역사가 제이콥슨(Matthew Frye Jacobson)도 그러한 논의의 중심에 있다. 그는 특히 백인 중심적인 규정에서 오는 이민법의 임의성과 규제, 비백인의 정의와 규정의 가변성, 그리고 비백인으로 분류된 인종들이 겪게 되는 '타자화' 과정에 대해 감탄할 만한 연구 업적을 보여주고 있다. 이러한 연구를 통해 확인할 수 있는 것은 새로운 이민 세력의 유입에 따라 소위 전통적인 백인이라고 일컬을 수 있는 집단은 '여러 위기'를 느끼고 있었다는 것이다. 그러한 심리적, 경제적, 정치적인 위기감은 서서히 마음 속에서 구체화되었고 그들의 임의적인 분류 범주 안에서 백인의 정의가 공고해졌다. 다른 한편 이러한 심리적인 콤플렉스는 이 국가의 탄생과 함께 늘 충돌을 일으켰던 인디언과 서부에 대한 이해에도 직간접적으로 영향을 미쳤다. 그 당시의 이민의 위기 또는 노동 계급의 위기에 대한 염려를 인디언과 직접적으로 연결한 것이다. 그러므로 19세기 인디언에 대한 백인 집단의 적대감은 이민, 노동계에 대한 염려를 인디언이라는 단일 표적으로 대체한 면이 있다. 인디언에 대한 노골적인 분노와 적대감은 이러한 심리적인 위기도 한 이유가 되는 것이다.[9]

    제이콥슨은 19세기 말부터 일어나는 미국의 주요 상징적 사건마다 나타나는 인종적인 염려와 공포를 예리한 시선으로 바라보았다. 중요 사건에서 백인들은 인종적 타자화를 공고히 하는 한편 법적 제도적인 장치를 만들어 새로운 상황에서 자신들의 지위를 공고히 했다. 이런 위기의식에서 서부에 대한 인식도 나타났다. 서부, 그리고 인디언에 대한 인식은 당시 미국 지배층이 갖고 있는 시대적인 반응에서 출발했다. 동부 지역에서 나타나는 다양한 백인들의 우수와 과거의 향수에서 다양한 서부 상이 필요해진 것이다. 그 한쪽 극단에는 와일드 웨스트라고 불리는, 코디의 야외 서부활극이 나타났다. 다른 극단에는 지금은 사라진 유토피아에 대한 향수에서 터너가 상정한 잃어버린 낙원의 땅 서부가 나타났다. 당시 미국 사회에서 인종 문제가 노골화되자 백인들은 특정 역사적인 시간·공간에서 특정 인종 집단을 만들고 그것을 통해 자신들의 증오와 분노를 풀어보려는 상상의 지리학이 필요했던 것이다.[10]

    제이콥슨이 인종적인 갈등이 첨예하게 나타났다고 지적한 시기는 19세기 말이었는데, 특히 상징적인 해가 1877년이다. 이 해는 미국의 주체인 전통적인 백인들이 타자를 어떻게 보아야 하는지, 그리고 그 연관 관계에서 인디언을 어떻게 다뤄야하는지 고민했던 상징적인 해였다. 1877년 남부에서는 남북전쟁 이후 재건시대가 되면서 흑인의 자유와 권리 확보 문제에 대한 논의로 백인들이 위기를 느끼게 되었다. 이러한 문제를 통해 서부 문제들도 어떻게 처리해야 하는지 의문을 갖기 시작했다. 그리고 이러한 위기에서 서부를 재고하고 해석하기 시작했다.[11]

인디언 문제는 결코 백인들의 관심에서 예외적일 수 없었다. 위기의 해였던 1877년의 한 해 전부터 위기는 촉발되었다. 커스터의 패배와 죽음으로 인한 백인 사회의 허탈감은 심각했다. 이후 서부에서는 백인과 인디언과의 갈등이 계속적으로 나타났다. 그 한 가지 본보기가 수족과의 전쟁(Great Sioux Wars)이었다. 이 전쟁 결과는 백인과 인디언 모두에게 심각했다. 우선 인디언은 이 전쟁의 패배(Minneconjou Sioux)로 인하여 그 중심에 있던 지도자 시팅 불이 캐나다로 탈출할 수밖에 없었다. 이어 크레이지 호스는 연방군과 싸우다가 항복했다. 백인들은 서부에서 계속 일어나는 이러한 불안정한 사태에서 위기를 느끼고 있었고, 이것은 동부에서 계속되는 이민 및 노동 문제와 결합하여 심각한 심리적인 혼란을 야기했다.[12]

백인들에게 인디언 문제만이 서부 문제의 불길한 징후로 나타난 것은 아니었다. 유색인종 문제도 백인들을 위협하고 있었다. 서부에는 계속해서 중국인이 유입되고 있었던 것이다. 백인들은 인종적인 위기를 피부로 느끼게 되었다. 그 결과 중국인 배척운동이 나타났다. 그 소요의 중심지는 캘리포니아였다. 여기에서 백인들은 황색 공포를 느끼고 있었고 이 '몽고계' 유색인이 그들의 직업을 빼앗아 간다고 생각했다. 이러한 배경에서 캘리포니아에서는 '백인공화국'을 주장하는 목소리가 설득력을 얻어가고 있었다. 미국은 인종적인 갈등을 느꼈고 그 상징적인 곳은 지금까지 무한한 안정성과 천혜의 조건의 상징이던 서부였다.[13]

결정적으로 제44대 연방의회가 인디언지출특별예산안(Indian Appropriation Bill) 처리에서 인디언에 대한 공포가 노골적으로 나타났다. 예산안 처리 과정에서 '인디언부(Indian Department)의 과도한 지출 문제'와 '인디언과의 조약 약관'에 대한 토론이 집중적으로 이루어졌다. 그 과정에서 백인이 이들에게 어떻게 하는 것이 미국의 발전과 진보를 위한 것인가 하는 논의가 계속되었다. 그런데 이 토론 방식에서 놀라운 특징을 발견할 수 있다. 이 토론은 궁극적으로 이런 '야만적이고 미개한' 인종들에게 필요한 것이 과연 무엇인가에 대한 문제로 확대되었다. 이 문제는 '백인'과의 비교 차원에서 인디언을 간주하고 고려하는 방식으로 이어졌다. 결국 야만은 야만으로 고려해야 하며 그들에게 어떤 특정 시혜를 베풀어서 해결될 문제가 아니라는 의견이 지배적이 되었다. 궁극적으로는 이들 인디언에게 백인들과 동일한 방식의 지원과 보상을 하는 것은 장차 백인과 흑인과의 경계까지도 해체하게 되어 또 다른 인종적 위기를 발생시킬 것이라고 보았다.[14]

인디언과 백인의 경계로 존재하던 서부가 점차 사라지면서 인디언과 백인이 정치, 경제 문제로 직접적인 충돌을 빚게 되자 인디언 통제를 간절하게 요청하는 호소가 여기저기에서 불거졌다. 특히 주 의회의원, 기병대, 백인 정착민들은 매일 발생하는 인디언들과의 충돌과 인디언 습격사건에 압력을 느끼고 있었다. 서부에서 인디언과의 우발적인 사건이 연속적으로 나타나자 지도층에서부터 일반 대중까지 이런 분위기에 휩쓸려 미국의 위대성을 백인들의 지도력과 우월적인 능력에서 찾으려는 노력과 웅변이 팽배해졌다. 그들은 미국 역사를 통해 애국주의를 만들어내야 했다. 백인의 반대편에 존재하는, 야만으로 상정될 인물과 인종이 요구되었다. 따라서 다름 아닌 인디언이 중세의 유대인이나 마녀와 같은 역할을 해야 했다. 인디언을 야만으로 묘사하면서 백인 문명의 위대한 승리를 통해 미국의 통일성과 정체성을 얻어야 한다는 명제가 역사가에서 일반 대중의 심성에서까지 불타올랐다. 백인이 지도하는 미국의 진보 노정에서 인디언은 방해자가 되었다. 나아가 이러한 선과 악의 갈등에서 백인 문명이 지도하는 것이 애국적인, 또는 민족적인 미국 역사의 위대한 서사시라고 생각하게 되었다.[15]

국외의 사건도 이러한 인종적인 도식을 요구하는 시대 분위기에 한몫했다. 멕시코와의 충돌이 바로 그것이었다. 이 문제는 나중에 국가적인 차원의 문제로까지 비화된다. 사건의 전개는 다음과 같았다. 1877년 8월에 무장한 멕시코인들 무리가 텍사스의 스타 시를 습격했다. 그들은 두 명의 멕시코인 죄수를 데려가는 와중에 간수와 그 부인을 살해했다. "우리와 완전히 피가 다르고, 생활 방식이 완전히 다르고, 정치적인 성숙도가 완전히 다르고, 모든 면에서 완전히 다른" 이들 "멕시코계" 도당들이 우리를 침범해왔다고 한 연방의원은 성토했다. 그는 멕시코인들과 인디언 문제를 해결하기 위해서는 연방의회 차원의 특별 자금이 절실히 요구된다고 지적했다. 그들과의 충돌을 제거하기 위해서는 '가시적인 힘의 제시'를 통해 그들을 '제압' 해야 한다고 본 것이다. 그는 인디언과 멕시코인들의 문제를 해결하는 것은 무력 외에 다른 대안이 없음을 자명한 통치의 본질로서 받아들여야만 한다고 강력하게 주장했다.[16]

프런티어를 제대로 통제하여 인디언의 야만적인 행위를 제거할 수 있다면 백인의 희생은 불필요했다. 그러므로 인디언과의 투쟁의 대명사이자 백인의 문명 진보 과정에서 이루어진 의로운 희생의 상징으로 1년 전에 치러진 커스터의 리틀빅혼 전투는 새롭게 해석될 필요가 있었다. 또한 야만적인 '인디언의 도끼'로부터 백인들을 지키기 위해서는 연방의회 차원에서 충분한 지원이 필요했다. 이러한 논의와 백인 주류 사회의 위기가 바탕이 되어 인디언 사냥꾼 코디의 영웅적인 활동의 장으로서 프런티어가 등장하고, 프레더릭 잭슨 터너가 백인의 무한한 문명 창조의 원천이며 희망으로 서부를 채색했던 것이다. 양자는 미국 사회에서 점차 약화되어 가는 백인의 힘에 대한 염려에서, 또는 하나의 통일체적 국가로서 존재해 왔다고 믿고 있는 미국이 이민, 인종, 계급 등의 문제로 위협받고 있을 때 느끼는 심리적 반발에서 서부를 아름답게 그릴 수밖에 없는 우수가 있었다. 즉 미국적 민주주의의 토양으로서의 프런티어가 소멸하고 있음을 안타깝게 지적하는 것이었다.[17]

여기에 중국인 문제가 서부에서 들려오기 시작했다. 이러한 사태로 인하여 의회는 서부를 인종적인 관점에서 이해하고, 서부를 백인들의 계획 아래 재조정할 것을 요구했다. 역사가 밀러(Stuart C. Miller)와 챈(Sucheng Chan)은 이러한 중국인 이민에 대한 대응과 그 해결 방안의 모색에서 일찍이 미국의 제국주의적 속성을 잘 볼 수 있다고 지적했다. 이들은 미국의 백인 문화가 중국인을 어떻게 파악하고 이해하였는가에 기초하여 미국의 동양인 즉 중국인에 대한 정치적인 결정이 이루어졌다고 보았다. 그들에 따르면 백인 미국인이 중국인을 파악하고 이해한 이미지는 주로 선교사, 상인, 외교관의 활동으로부터 만들어진 것들이었다. 이들은 중국이 서구에 문호를 개방함과 함께 이 은둔의 제국에 출입했던 사람들이다. 다른 한편 미국으로 갈 수 있는 통로가 열리자 이주가 활발하게 일어났다. 증기기관의 발전, 대륙횡단철도의 건설 과정에서 중국인 노동자의 수요는 매우 컸다. 결코 희망하지 않았던 비백인 이민이 대량 증가하자 한 국가를 운영하는 데 요구되는 인종적인 자격을 설정하고 문화적인 선진과 야만의 인종을 구별할 필요성이 대두되었다.[18]

1877년 2월 28일 하원은 「상하양원중국이민조사특별위원회합동보고서」(Report of the Joint Special Committee to Investigate Chinese Immigration)를 받았다. 이 보고서는 1790년대 이민법의 원칙을 재삼 확인했다. 공화국이 제대로 작동하기 위해서는 시민의 질적 규정이 정해질 필요성이 있고, 백인만이 그러한 규정에 타당하고 어울린다는 것이었다. 노동 공간에서도 백인 노동 운영의 편리함을 위해 이민은 조정될 필요가 있다고 했다.

황색 공포를 통제하기 위해 이민은 철저하게 조절되어야 하며 중국 노동자에 대한 대우는 백인의 최저 생활을 유지하는 수준으로 하향될 필요가 있다는 내용이었다.[19]

미국의 주류 백인들은 당시 미국 사회를 인종적인 위기와 경쟁 상태로 규정했다. 그러므로 이들 미국인들은 과거의 미국 서부를 통해 현재 미국 사회의 모순을 치료받고자 했다. 서부가 낭만적으로 이해되고 이상적인 공간으로서 이해된 것은 이러한 이유에서였다. 서부를 보는 생각에 결정적으로 영향을 주어 서부의 종말을 그리게 되는 암울한 현실은 동부에서도 나타나고 있었다. 볼티모어와 피츠버그에서 세인트루이스와 뉴욕까지 동부와 중서부를 중심으로 노동운동이 급격하게 일어나고 있었던 것이다. 그러자 백인 내에서도 진정한 공화국의 시민으로 선택될 수 있는 자격을 정한 규정이 필요하다는 주장까지 나오게 되었다.[20]

동부 지역에서 발생한 노동운동에 대한 염려가 미국 사회 지도층에 끼친 영향은 매우 컸다. 기성 백인 주류 사회는 이 운동을 인종적인 시각에서 접근하여 미국 사회의 문제 해결점을 찾고자 했다. 역사가 슬롯킨(Richard Slotkin)은 노동 문제에서 나타나는 위기를 당시 기존 백인 지배 집단이 어떻게 인종적인 시각에서 정의하고 풀어내고 있는지 구명하는 데 크게 기여했다. 그는 '문명과 야만'이라는 이분법적 접근 방식이 노골적으로 나타나는 곳이 바로 당시 미국 노동운동을 보는 시각이라고 보았다. 미국 사회를 주도하는 백인들은 노동자들의 파업을 보고 그들이 공화국을 운영할 수 있는 진정한 덕성을 가진 존재인지 의문을 가지게 되었다는 것이다. 백인 지배층은 그런 의문에서 출발하여 미국 사회를 운영하는 참다운 인종을 선별하기 위한 기준의 설정이 필요하다고 직감했다. 그 기조에서 그들은 타자를 설정할 필요가 있었다. 그들은 이민들과 노동계급을 열등한 인종으로 서사하고 수사학적으로 풀어놓기에 가장 적절한 선례를 찾아야 했다. 그들은 그 경우를 쉽게 찾을 수 있었다. 바로 서부와 그 지역의 인디언에 대한 투쟁 과정에서 야만의 상징으로 정형화한 인디언관이었다. 그것을 확대 적용하면 되는 것이었다. 그래서 노동 문제나 이민 문제를 인디언을 정의할 때의 기술적인 언어로서 포장하여 인종적인 계서제를 만들었다. 당시 기성 백인 집단들이 이민과 노동운동을 묘사할 때 줄기차게 '인디언의 침입'이라는 표현을 사용한 것도 바로 이런 의도에서 출발한 것이었다. 이제 인디언은 파괴, 위험, 타락 등과 같은 의미를 농축하는 수식어이며 메타포가 되었다. 더불어 미국 대도시에서 발생하는 과격한 운동은 야만의 습격으로 정의되었다.[21]

주류 백인 집단이 미국 사회의 소란과 모순을 '문명과 야만'이라는 개념 설정을 통해 해결했다는 슬롯킨의 주장은 이후 제이콥슨의 이민을 통해본 백인성(whiteness)의 기준 설정 및 그 변화를 고찰한 작업과 일맥상통하는 점이 있다. 제이콥슨은 미국 사회의 시민적인 근거와 기준이 결정되는 경우에 백인성은 끊임없는 '발명' 과정을 겪게 된다고 했다.[22]

미국의 엘리트 계층은 노동운동 참가자들을 인디언과 같은 침략과 야만을 상징하는 미개인이자 진정한 공화주의와 시민 덕성을 갖추지 못한 비문맹인으로 매도했다. 물론 인종적인 위기감은 노동운동을 하는 당사자에게도 날카롭게 나타났다. 그러므로 그들도 줄기차게 인종적인 용어를 전투적인 대결 구도의 언어로 사용했고 그 주된 수사학은 야만의 상징인 '인디언의 침입'이라는 표현이었다. 그러나 중요한 것은 미국의 백인 엘리트 집단에서 느끼는 미국 사회에 대한 낭패감이 매우 컸다는 것이다. 그들은 동부 지역의 소란과 이민을 즐겨 '인디언의 침입'이라고 정의하면서 위기의식을 표현했다.[23]

새로운 이민의 유입과 여기에서 발생하는 여러 인종적인 위기 속에서 미국의 동부가 가지고 있던 한계는 노골적으로 드러났다. 급진적인 요구와 해결을 주장하는 문제들이 1877년을 전후하여 분출하였던 것이다. 그 대표적인 경우가 아일랜드 출신의 급진적인 몰리 머과이어(Molly Maguires)였다. 이들은 1862~76년 동안 펜실베이니아와 웨스트버지니아의 탄광 지역에서 테러를 주도한 아일랜드계 비밀 광부 조직이었다. 이들은 결국 살인 혐의로 재판까지 받았다. 정치적인 부분에서도 동일선상의 위기가 연속적으로 나타났다. 전통적인 백인 엘리트 계급에서 담당해야 할 영역에서도 문제가 발생했는데, 스코틀랜드-아일랜드 계통 후손에 의한 공금 횡령 사건으로 알려진 트위드 사건(Tweed scandal)의 여진이 여전히 남아 있었던 것이다. 그 결과 앵글로색슨족 이외의 백인에 대해서도 의심의 눈초리를 가지게 되고 백인과 백색의 순수성을 한층 요구하게 되었다. 이후 은행가 셀리그먼(Joseph Seligman) 사건으로 대표되는 유대인의 문제가 발생하여, 유대인의 적극적인 활동에 대항한 전국적인 반대 운동이 일어났다. 남부 국경 지역에서도 멕시코인과 미국인과의 갈등이 분출되고 있었다. 한층 더 국제적인 무대에서도 러시아-터키 간의 갈등, 스탠리(Henry Stanley)의 아프리카의 탐험 등으로 야만에 대한 문제와 그 해결이 중요한 문제로 나타나고 있었다.[24]

  동부에서 이러한 소란이 빚어지는 와중에 터너가 프런티어의 한계를 특별히 강조한 것은 다른 한편으로 인종적인 히스테리가 직간접으로 영향을 미쳤기 때문이다. 코디가 문명의 상징인 백인을 중심으로 인디언에 대한 무차별적인 제거, 그것도 무력의 통한 제거를 그렸던 것도 동부에서의 긴장에서 출발하는 것이었다. 코디와 터너는 이러한 위기가 연속되는 미국에서 서부를 영원한 해결의 도피처로 보았다. 그리고 미국의 안전판 역할을 하던 서부가 사라지고 있음을 미국의 여러 위기에서 확인하고 싶었던 것이다. 터너는 미국 전역에서 벌어지고 있는 갈등의 원인을 서부가 가져다주었던 여유의 부재로 보았다. 코디 또한 이러한 위기에 대해서 표현하고 있었던 것이다.

  코디와 터너가 예견한 미국의 암울함은 결코 허튼 소리가 아니었다. 박람회가 거의 끝나는 1893년 9월이 오면서 산업, 기술, 역사를 통하여 세계에 자랑하고 있었던 무한한 발전의 미국 모습, 그 어떤 순간에도 결코 마르지 않을 것 같은 그 희망의 미국 모습에 균열을 가져다주는 징후가 나타나고 있었다. 코디와 터너가 보기에 미국적 체제의 완전성이 와해되는 측면들이 미국 전역에서 나타나고 있었다.

특히 경제 문제는 더욱 심각해졌다. 노동조합의 파업은 심각할 정도를 넘어 공장폐쇄의 상태까지 이르렀다. 코디에게 있어서 세계의 자랑스러운 인종으로 대표되는 앵글로색슨족에 의해 건국된 국가인 영국과 미국은 영원한 번영을 구가할 것이라고 믿었지만, 이제 분명한 위기를 밖으로 노출한 것이다. 1893년 영·미 양국에서는 재정 문제를 비롯해 최악의 파업까지 발생했다. 수천 개의 기업들이 파산했고 특히 미국의 철도 기업 부문에서는 4개마다 1개꼴로 기업의 파산 절차가 진행되는 상태였다. 같은 해 9월 시카고에서는 2만 2000명의 사람들이 줄을 서서 빈민구제기관(Kopperl relief agency)의 배급을 받고 있었다. 서부의 경제 여건은 악화일로에 있었고, 극서 지방까지 이 여파가 진행되고 있었다.[25]

박람회가 폐회된 10월에 최악의 상태가 발생했다. 시카고에서 발생한 철도 파업이 거의 통제 불능에 이른 것이다. 일리노이 주지사 올트겔드(John Peter Altgeld)는 끝까지 평화적으로 문제를 해결하려고 했다. 그는 일리노이 주방위군의 투입을 거부했지만 그의 노력은 좋은 결과를 가져오지 못했다. 마침내 클리블랜드 대통령은 2000명의 연방군을 시카고에 투입하기로 결정했다. 이러한 위기는 1894년에도 계속되었다.

연방군은 마치 버펄로 빌의 와일드 웨스트 쇼에서 커스터의 제7기병대가 인디언에 대한 복수전을 하기 위해 평원을 휩쓸듯이, 파업 해결을 위해 투입되어 시카고를 종횡무진 누볐다. 파업을 뿌리 뽑기 위해 투입된 부대의 명칭은 우연히도 커스터 연대(Custer's regiment)였다. 그들은 노동자들의 파업 진압을 반문명을 상징하는 인디언을 토벌하는 작전으로 보았다. 그리고 커스터의 패배를 복수하는 기병대의 활약상을 이 도시에서 보여주려는 듯했다. 아니면 코디가 커스터의 복수를 위해 인디언의 머리 가죽을 벗겨오듯이 미국의 안전과 평화를 위해 '인디언 노동자'들에게 호된 맛을 보여주려는 듯했다. 연방군을 이끄는 마일스(Nelson A. Miles) 장군은 마치 옐로스톤평원에서 시팅 불 만나는 것을 회상하듯, 또는 애리조나의 거친 계곡에서 제로니모(Geronimo)를 추적하듯, 의기양양하게 도시를 배회했다. 연방 군대는 풀먼철도회사와 뉴욕센트럴철도회사의 재산을 보호하기 위해 게리 오웬(Garry Owen)의 행진곡을 줄기차게 불러댔다. 그 행진곡은 커스터 장군이 좋아했던 곡으로서 1867년 커스터 부대의 공식 군가로 선정되었고 저 유명한 리틀빅혼 전투가 벌어지기 전에도 불렸다는 노래였다. 이들은 시카고 거리를 활보하지만 실상은 서부 평원의 인디언을 소탕하는 듯했다. 그리고 마일스 장군은 마치 프런티어를 가로질러 질주하는 듯 군대를 지휘했다. '인디언 노동자'들을 소탕하기 위함이었다.[26]

출처: Peace Meeting, Pine Ridge 1891, Gen Miles and Staff, c 1895, color lithograph, poster by A. Hoen & Co., Baltimore. Buffalo Bill Historical Center, Cody, Wyoming

1891년 파인리지에서의 마일스 장군 및 참모들과 인디언의 평화회의 모습을 묘사하는 서부활극의 장면

이러한 상황에서 터너와 코디는 모두 프런티어의 소멸을 이야기했지만 터너의 경우는 미국의 안전판으로서 사라져가는 프런티어를 묘사한 반면, 코디는 상상의 서부를 그려냄으로써 현실의 어려움을 해결하려 애쓰는 백인들에게 희망을 주려 한 돈키호테적인 인물이었다. 이러한 사회적인 배경에서 두 사람은 '서부는 종말을 고하게 되었는가'를 준엄하게 지적하면서 백인들에게 잃어버린 낭만을 회상시켜 주려고 했는지도 모른다. 그러나 그들은 똑같이 서부의 위대함이 끝났다고 언급했지만, 그들이 추억하고 이해했던, 종말이 오기 전의 서부가 어떠했는가에 대한 해답은 결코 같지 않았다.

그렇다면 그들이 그리는 종말 이전의 서부 이미지는 어떤 것이며 그들이 만들어놓은 이미지는 어떠한 방식으로 이후 서부에 영향을 미쳤는가? 양자가 서부를 특별하게 그리게 된 배경은 같을지라도 그 추억을 분석하고 그리는 데 있어서는 분명한 인식의 차이를 보여주고 있다. 우선 터너에게서 서부는 자유로운 공간을 의미했다. 그는 무한정하게 널려 있는 평화로운 서부를 상정했다. 또한 서부에서 유럽의 전통과는 다른 예외적이고 독창적인 미국의 정체성이 탄생했다고 보았다. 터너는 미국 문화가 원래 진보적인 성격을 지니고 있다고 간주했다. 그는 미국이 진보적일 수 있는 것은 바로 프런티어의 존재 때문이라고 보았다. 역설적이게도 그는 진보가 원시적인 상태와 조건이 있었기에 가능하다고 여겼다. 그는 끊임없이 나타나고 존재했던 여러 프런티어에 의지하고 귀속될 때 진보는 가능할 수 있었다고 말했다. 그는 "원시적 사회의 단순함에 대한 지속적인 접촉"(continuous touch with the simplicity of primitive society)을 통해 이 국가와 국민의 지속적인 활성화가 가능했고 그 속에서 미국 문화의 성격을 결정하게 되었다고 썼다.[27]

그러므로 터너에게 있어서 서부의 주인공은 바로 농부였다. 그들은 황량한 서부를 일구어 풍요를 이루어내는 위대한 경작자로 묘사되었다. 반

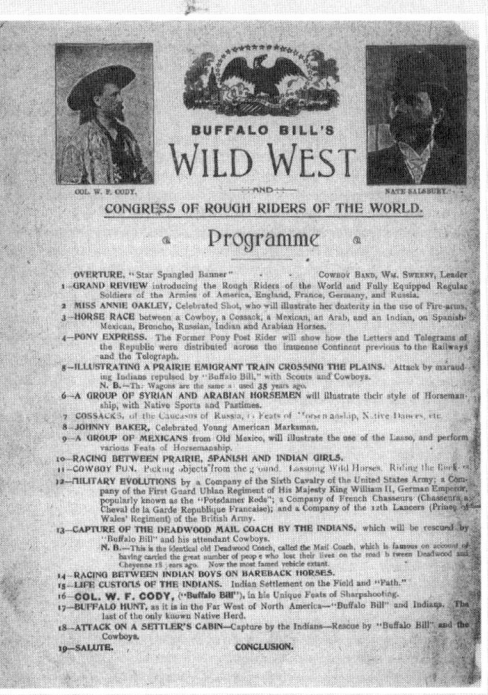

출처: Library of Virginia, Richmond, Virginia

사진은 1893년 시카고 컬럼비아박람회 때 공연된 서부활극 프로그램의 한 보기이다. 65페이지에 이르는 프로그램은 내용과 형식에서 거의 책 한 권 수준이었다. 프로그램의 제목(Historical Sketches, & Programme)에서 알 수 있듯이 코디는 자신의 쇼가 철저하게 역사적인 고증을 바탕으로 하고 있음을 관중들에게 확신시키려고 노력했다. 프로그램의 내용에는 서부활극 연기자(코디의 의도에 따르면 사실 그대로의 역사 재현자라고 불러야 마땅하다)의 경력과 군 장교들의 추천사, 서부에서의 코디의 영웅담, 유럽 순회공연, 인디언에 대한 감사의 글, 코사크(Cossacks)와 남미의 가우초(gauchos)에 대한 소개에서부터 각종 삽화와 사진까지 있다.

면 인디언은 서부 역사를 서술하면서 부차적으로 다루어졌다. 그들은 백인 농부들의 위대한 정착을 묘사하는 데 부수적인 부분으로 묘사되었을 뿐이다. 터너에게 인디언은 "황량한 환경"(wildness environment)의 한 부분으로 간주되었다.[28] 그러므로 터너에게 가장 유용한 문명의 도구는 서부를 일구는 데 필요한 도끼와 쟁기였다.

반면 코디의 와일드 웨스트 쇼는 폭력적으로 정복한 서부의 역사이다. 원주민인 잔인하고 무자비한 인디언에 대한 정복의 역사로 보는 것이다. 비록 터너에 비해 가공적이라고 하지만 그 또한 역사를 있는 그대로 재현한다고 간주했다. 코디는 진짜 존재했던 서부를 배경으로 역사적인 사건을 재현하고 있다고 생각했다.[29]

터너가 서부의 주인공으로 농부를 선택했다면 코디의 극에서는 인디언을 상대로 전쟁을 예견하고 상황을 직시하여 백인 기병대에게 전달해주는 스카우트가 주인공이었다. 거기에서 스카우트는 인디언의 풍속이나 언어 등 '인디언 문화 지식'에 능통한 자였다. 또한 사냥에 뛰어난 능력을 보여주고 위기의 순간에도 모든 것을 해결할 수 있는 불멸의 인물이었다.[30] 스카우트는 인디언과의 싸움에서 영웅적인 행동을 통해 궁극적으로 야만인을 정복하는 방법을 제시하는 인물로 묘사되었다.[31]

카우보이 또한 코디에 의해 다시 태어났다. 코디의 쇼를 통해 카우보이는 미국 역사에서 긍정성을 확보했다. 버펄로 빌 쇼 이전에 그려진 카우보이는 결코 긍정적이지 못했다. 미국 역사에서 카우보이의 어원은 18세기 중엽으로 거슬러 올라간다. 당시 카우보이는 뉴욕 식민지의 대토지 소유자들이 영지 내에 불만이 많은 소작농을 묘사하는 용어였다. 미국독립혁명 기간에는 카우보이가 독립혁명에 동조하는 애국파의 가축을 약탈하는 왕당파의 게릴라를 지칭하는 단어였다. 1881년 의회 연례 시정연설에서 체스터 아서(Chester Arthur) 대통령은 "카우보이라고 부르는 무장 불량자 집단이 애리조나 준주 지역을 위협하고 있다"고 보고했다.[32]

남북전쟁 기간에도 그들에 대한 기억은 호전되지 않았다. 주로 도시 거주자들과 카우보이의 갈등은 심각할 정도였다. 당시 가축을 이동시키는 사람들은 주로 텍사스 사람들이었다. 그들 가운데에는 남부 연합군 출신이 많았다. 그들은 전쟁 결과에 대한 불만, 그리고 그들이 '노예제폐지주의자'(abolitionists)라고 부르는 보안관들에 대한 불만으로 자주 살인을 저질렀다.[33]

이들 카우보이들은 대규모 소몰이가 끝나면 쾌락을 추구하기 위해 서부의 도시로 몰려들었다. 그들은 번 돈을 물 쓰듯 했다. 그들은 무법자나 다름없었다. 할리우드 서부영화나 텔레비전의 서부극에서 흔히 등장하는 악당들이 바로 그들이었다. 그들이 처한 상황을 보면 그들은 그럴 만했다. 그들은 1년의 거의 반 이상을 혹독한 자연과 싸우면서 생활했다. 그 생활 속에서 위안 받을 수 있는 어떠한 조건도 없었다. 그런 그들이 문명의 조건이 충족되는 도시에 왔을 때 쾌락을 추구하는 것은 어떤 면에서 보면 아주 당연했다.[34]

버펄로 빌 쇼에서 이러한 카우보이의 무례함은 단지 무례함으로 끝나지 않았다. 과거의 역사적인 경로가 어떠했든, 또는 서부에서 카우보이의 횡포가 어떠했든 결코 문제가 되지 않았다. 버펄로 빌 쇼를 통해 카우보이는 새로운 색깔로 재탄생했다. '무법자(desperado)나 난폭자(hellion)에서 낭만적 서부 사나이'로 신비로운 탈바꿈을 한 것이다. 카우보이는 말을 타는 데 천부적인 능력을 가진 미국의 영웅 '켄타우로스'로 자리매김되었다.[35]

그런 측면에서 코디의 서부활극에서는 백인 문명의 전달자와 그 개척자인 기병대, 스카우트를 위협하고 최후에는 정착민을 괴롭히는 인디언이 중요한 대상물로 등장할 필요가 있었다. 그 결과 그의 서부활극은 총과 인디언, 그리고 버펄로가 넘치는 전통적인 서부극의 모델이 되었다.[36]

그는 1883년에 최초의 와일드 웨스트 쇼를 기획하면서 유명한 제임스 W. 뷰얼(James W. Buel)이 쓴 『대평원의 영웅들』(*Heroes of the Plains*)의 내용을 팸플릿에 삽입했다. 그 타이틀은 '문명의 도구 라이플'(The Rifle as an Aid to Civilization)이었다. "펜이 칼보다 강하다는 잘 알려진 이야기가 있다. 그러나 문명의 개척자는 바로 총알이라고 말하는 것도 가능하다. 왜냐하면 성경책, 어린이를 교육시킬 책들, 숲을 개척하기 위한 도끼와 함께 중요한 일을 한 것은 다름 아닌 총알이라는 것을 터너는 잊었던 것이다. 한편으로 보면 그것은 무시무시한 역할을 수행했지만, 다른 한편으로는 자비로운 노구였다. 만일 그것이 없었다면 우리 미국인들은 지금 소유하고 있는 저 광대한 자유의 국가, 단일한 국가를 이룰 수 없었을 것이며, 더욱이 강력한 힘을 가지지 못했을 것이다."[37]

버펄로 빌 쇼의 전형적인 전개 방식에서 이러한 서부의 단층들은 총과 카우보이가 서부를 대표하는 상징물로 나타난다. 전형적인 극의 흐름은 다음과 같다. 서부에 정착한 백인이 사냥에서 돌아오고 그의 부인이 그를 즐겁게 맞이한다. 이어서 멀리서 야만인들의 소리가 들려온다. 백인 정착민은 방향을 바꾸어 인디언과 정면 대결을 한다. 총격이 오가고 물감을 칠한 인디언의 무서운 얼굴과 깃털 장식이 분위기를 압도한다. 순간적으로 이 외로운 오두막은 인디언의 무서운 공격의 중심이 된다. 아들과 부인은 아버지들 돕기 위해 계속해서 탄알을 장전하고 나중에는 그들도 총격전에 직접 참여할 수밖에 없게 된다. 그러나 인디언의 수가 너무도 많아 그들을 상대하기는 무리인 듯하다. 바람 앞에 촛불 같은 위기 순간이 왔다. 그들의 목숨은 이제 끝난 것으로 보인다.[38]

여기에 부수하여, 스카우트, 카우보이, 총의 신화를 하나로 묶어서 전개하는 버펄로 빌 쇼의 진행 방식에서 결코 빠트릴 수 없는 측면은 군대를 긍정시하는 수긍의 문화를 만들었다는 점이다. 코디가 묘사한 군대는 이러한 무력의 신화와 미화의 상징 속에서 완전히 긍정적인 존재로 나타났다. 기병대와 스카우트는 총을 매개로 존재하는 집단, 또는 총의 문화를 대변하는 집단이다. 또한 그들은 백인 문명의 찬란한 단결력과 불협화음

출처: 1893 program, p. 59. Collection Joy and John Kasson

1893년 프로그램에 실린 로마의 콜로세움. 사진과 삽화를 정교하게 조합하여 서부활극 공연단이 콜로세움에서 공연하는 것처럼 보이게 했다. 코디의 서부활극이 사실의 서부와 상상의 서부를 절묘하게 조합한 것과 마찬가지로 그의 서부활극 와일드 웨스트의 프로그램도 사진과 삽화를 절묘하게 이용하여 사실과 허구의 경계를 흐리게 했다.

1893년 프로그램에 실린 로마 베드로 성당과 바티칸에서의 공연단 모습. 여기서도 사진과 삽화를 적절하게 조합하였다.

출처: 1893 Program, p.58. Collection Joy and John Kasson

출처: Prints and Photographs Division, Library of Congress

버펄로 빌 코디의 서부활극 와일드 웨스트의 포스터

버펄로 빌 코디의 서부활극 와일드 웨스트에 등장하는 유명한 역마차

출처: On the Stage Coach, c 1887, color lithograph, poster, Buffalo Bill Historical Center, Cody, Wyoming

버펄로 빌 코디의 서부활극
와일드 웨스트에 등장하는 백인 구출 장면

출처: Buffalo Bill to the Rescue, c 1887, color lithograph, poster by A. Hoen & Co., Baltimore. Buffalo Bill Historical Center, Cody, Wyoming. Gift of the Coe Foundation

출처: Buffalo Bill's Wild West Route Book Season of 1896, p. 268. Buffalo Bill Historical Center, Cody, Wyoming

버펄로 빌 코디의 서부활극 와일드 웨스트의 광고 차량

버펄로 빌 코디의 서부활극 와일드 웨스트의 무대 설치 기술자들

출처: Buffalo Bill's Wild West Route Book Season of 1896, p. 273. Buffalo Bill Historical Center, Cody, Wyoming

을 상징하는 총체적인 상징물이다. 그리하여 미국 역사에서 한 번도 긍정성을 가져 보지 못한 무력의 상징인 군대가 코디에 의해 자랑스러운 문명의 전파자로 그려진 것이다. 이후 미국의 문명사에서 군대가 자유와 문명의 전파자로서 세계를 휘젓게 되는 근거와 국민적인 신망이 코디의 무력에 대한 낭만적인 탐닉에서 출발한다고 해도 크게 광장된 것은 결코 아닐 것이다.[39]

4. 프런티어 신화의 완성

프레더릭 잭슨 터너와 버펄로 빌 코디는 서부를 이해하고 재현하는 데 공통점과 차이점을 갖고 있다. 우선 양자가 공통적으로 주장하는 것은 이제 서부는 더 이상 과거에 가졌던, 미국 사회의 "모든 문제를 해결할 수 있는 안전판" 역할을 결코 할 수 없다는 것이었다. 바꾸어 말하면 그들은 서부가 이제 미국 사회에 존재하지 않음을 공공연하게 주장했다.

그런데 지금까지 양자의 작품이 서부 프런티어의 종말을 포용하고 있다고 보는 역사가들은 많았지만 양자가 그런 귀결점을 가져올 수밖에 없었던 이유에 대한 역사가들의 해석은 미진한 것 같다. 그러나 당시 미국 사회의 거시적 또는 미시적인 역사 지표들을 자세하게 분석하고 두 인물의 서사 구조와 문장의 메타포를 충분히 읽어낸다면 미국 사회가 프런티어에 대한 이런 주장을 수용하게 된 배경에는 미국적인 위기가 있음을 찾아낼 수 있을 것이다.

터너와 코디 이들 양자가 재현한 서부에는 공통점이 있는 반면 상반된 측면도 있다. 그들이 그려내고 보여주는 서부에는 결코 양립할 수 없는 면이 있다. 터너에게 서부의 이미지는 광활한 황무지를 개척하는 자영농의 위대한 투쟁의 장소로 그려진다. 서부를 개척한 수많은 자영농 영웅들의 손에는 낫과 망치, 쟁기가 들려 있었으며 그 속에서 미국의 위대한 사상과 생활 방식이 탄생했던 것이다.

한편 코디가 그려내는 야만의 서부에는 총이라는 문명의 도구를 사용하여 개척해나가는 영웅적인 인물이 있다. 이곳에서는 낫과 쟁기보다 총과 탄약이 문명의 씨앗을 낳는 힘이다. 그러므로 야만의 상징인 인디언은 문명의 진전을 위해 필연코 소탕되어야 할 대상일 따름이다. 장차 미국이 전 세계로 나아갈 때 정의와 문명의 전파자로서 필요할 경우 대포를 사용해서라도 문명을 세계 도처에서 심어야 한다는 그들의 생각은 이러한 미국 내부의 갈등 구조에서 이미 분명하게 나타났다고 할 수 있다.

터너와 코디를 통해 세상에 수용된 미국인의 서부는 결코 사실에 기초한 것은 아니었다. 이들 양자는 자신의 필요와 관심에 따라 서부를 학술논문으로, 서부극으로 재현했을 뿐이었다. 그리고 이것을 수용하는 당대의 미국인들은 사실의 서부보다는 편의에 따라 호감이 가는 서부를 수용하고 이해했을 뿐이었다. 재미있는 것은 서부가 만들어진 '상상의 지리학'에 다름 아니며 서부는 또한 이러한 비역사적인 허상의 논리를 가지고 미국인의 사고와 그들 문화의 원천이자 원형으로 자리 잡게 되었다는 점이다. 나아가 이러한 서부의 이미지는 일반 사람들에게 널리 회자된 이후 많은 오해와 문제점이 재생산되어 왔고, 우리는 만들어진 서부 이미지에 아이러니와 우수를 느끼게 된다는 것이다.

제2장

대영제국과 버펄로 빌 쇼: 미국 서부활극의 세계화와 인디언 이미지 형성[1]

세기말 수백만의 미국인들과 유럽인들은 눈앞에서 사라져 가는, 생명력이 무한한 서부를 다시 그려볼 수 있었다. 서부는 불과 몇 년 전만 해도 쉽게 경험할 수 있는 풍경이었지만 이제는 거의 찾아볼 수 없으며 사라져 가는 세계였다. 그들의 열망과 아쉬움의 세계를 재현해주는 역할을 담당했던 서부 영웅 신화의 주인공이 버펄로 빌 코디였으며 그의 대표적인 서부활극이 와일드 웨스트 쇼였다.

그는 자신의 독특한 형식과 플롯을 가미한 서부활극을 통하여 다양한 서부의 성격과 이미지를 제공했다. 특히 서부활극이라는 명칭에서도 확인할 수 있듯이, 인디언과 백인의 투쟁 과정을 드라마틱한 서사 구조로 연결했다. 이 극은 선풍적인 인기를 끌었으며, 특히 버펄로 빌 쇼는 변방의 생활이나 여행 등으로 서부를 경험한 미국인들에게는 가히 충격적인 장면들을 생생하게 보여주었다. 대중은 머리 속에 들어 있는 역사적인 사건을 재현하는 그의 능력에 매혹되었다. 코디의 본래 목적은 사실에 기초한 서부 재현이었다. 그러나 그의 서부활극은 당시 대중의 관심에 맞게 의도된 '상상의 지리학'에서 바라본 '가상의 서부'일 뿐이었다.

미국에서의 선풍적인 인기를 기반으로 코디는 대담한 계획을 세우는데, 그것은 바로 1887년에 시작하여 1892년에 대미를 장식한 유럽 순회공연이었다. 이 순회공연을 통해 버펄로 빌 쇼와 코디는 명실 공히 세계적인 스타로 발돋움했다. 유럽 순회공연은 영국에서 시작하여 프랑스, 이탈리아, 오스트리아, 독일, 네덜란드에 이르는 대장정이었으며, 이 공연으로 코디는 고국에서 자국 문화를 외국에 소개하는 데 기여한 인물로 한층 더 명성을 얻었다.

미국과 영국, 유럽에서 선풍적인 인기를 끈 버펄로 빌 쇼의 주제는 유럽 국가들이 제국주의적인 영토 확장을 실천하는 시기에 어울리는 명분 즉 '명백한 문명의 전진'이었다. 특히 19세기 서유럽의 백인들은 자신의 팽창 정책을 긍정적으로 이해하여, 야만의 세계를 백인의 깃발로 물들이고 문명을 주입시키는 위대한 작업에 전력을 다했다. 그들의 눈에는 이러한 숭고한 '백인의 이상'과 '백인의 짐'을 이해하지 못하는 야만의 세계가 거친 야수의 세계로 비쳤고, 만약 야만의 세계가 문명의 세계를 거부한다면 그들은 '총과 칼'이라는 무력을 사용해서라도 문명의 우월성을 각인시켜야 한다고 생각했다. 그러므로 그들에게 총은 문명의 전달자이자 거친 야만을 단죄하는 도구였다. 버펄로 빌 쇼는 이러한 그들의 문명관을 리얼하게 보여주었기에 그들을 도취시키고 흥분시키는 오락거리인 동시에 교육의 장이었다. 그들은 미국 서부의 경험을 재현하는 이 극에서, 아프리카와 아시아에서 야만과의 전쟁을 통해 문명 전파를 수행하고 있는 자신들의 노력에 대한 대리 만족과 보상을 얻을 수 있었다.

여기에서는 이러한 측면을 고려하여 코디의 유럽 순회공연을 살펴보고자 한다. 구체적으로 말하자면, 유럽의 국민들과 지도자들이 이 극에 흥분했던 이유를 살펴보려고 한다. 코디의 유럽 순회공연을 사례로 유럽의 대중과 지도자들의 내면에 잠재된 심성상의 제국주의적 욕망을 확인해보려는 것이다. 최근 이 분야의 연구도 이러한 점에 관심을 나타내고 있다. 과거의 1세대 프런티어 역사가들은 주로 서부에서 미국의 정체성을 확인하려고 했다. 반면 신서부사가들은 '다각화' 된 시선과 해석으로 서부를 이해한다. 특히 신서부사가들은 서부극에서 인디언의 미술 세계에 이르기까지 그 지평을 확대하여 그 속에서 나타나는 서부 이미지의 형성 배경을 분석하려고 한다.[2]

역사가들의 이러한 노력과 시각에서 관심을 끌었던 주제가 바로 버펄로 빌 쇼이다. 지금까지 이 주제에 대한 전통적인 역사가들의 해석은 다분히 잡문의 형태로서 그의 인기 확인에 불과했다. 특히 유럽 순회공연의 경우 단편적인 소개에 그쳤다. 그러나 그 순회공연을 이러한 기본적인 정보 제공의 차원에서 이해하려 한다면 빅토리아시대의 타자, 즉 '야만의 문명'에 대한 서구인의 생각 및 타자에게 그렇게 해도 마땅하다는 생각에서 이루어지는 폭력의 정당성이나 숭배를 이해할 수 없고, 나아가 당시 제국의 거만 또한 이해할 수 없다.[3]

버펄로 빌 쇼는 서부를 서사하는 데 폭력의 신성성을 강조하면서 그 폭력으로 희생되는 야만의 세계, 즉 인디언의 삶과 죽음을 불가피한 과정으로 보았다. 영국 및 유럽인들은 버펄로 빌 쇼를 통해 아시아, 아프리카에서 벌어지는 전쟁의 합법성을 인정받고, 한편으로 그 폭력에서 느끼는 양심적인 문제를 치료할 수 있게 되었다. 바꿔 말하면 코디와 그의 쇼는 대서양 양편의 백인들에게 심리적 위안과 치료를 제공했다. 그러나 이러한 비극적인 치료 속에는 타자의 비극이 있다. 그것은 바로 긍정적인 자기 입지와 해석의 여지를 유린당한 '고귀한 야만'이다. 이들이 서부극에서 백인들의 의도에 맞게 타자화됨으로써 겪은 비애를 확인하는 것 또한 매우 의미 있는 시도라고 할 수 있을 것이다.

1. 서부활극 「문명의 전진」의 탄생

버펄로 빌 쇼는 드디어 미국이라는 땅을 벗어나 외국의 땅을 향해 갔다. 그곳은 바로 그들 문명의 조상들을 잉태한, 문명의 기원이 되는 땅이었다. 특히 예술이라는 테마로 예술의 진정한 고향에서 그 극을 상연한다는 것은 생각만 해도 감개무량한 일이었다.

과거에 미국인들이 유럽인에게 보여주었던 예술, 특히 무대극이 전혀 없었던 것은 아니었다. 그들은 식민지 시대 때부터 유럽을 여행했고, 유럽인들에게 미국의 독특한 토양에서 나올 수 있는 극 내용을 소개하여 신비로운 이국 문화에 목말라 하는 유럽인들을 만족시켰다. 이러한 전통은 식민지 시대 때부터 이미 나타나고 있었다. 미국인들은 유럽에 가면 미국, 미국인이라는 의식을 결코 소홀히 하지 않았다. 1760년대에 로마를 방문했던 필라델피아 출신 화가 벤저민 웨스트(Benjamin West)는 「벨베데레의 아폴론」(*Apollo Belvedere*) 상과 미국의 모호크 전사를 비교하면서 독특한 미국적인 해석을 내놓았다. 이러한 '미국적'이라고 부를 수 있는 자기 정체성을 확보하려는 노력은 독립혁명기에도 나타났다. 벤저민 프랭클린은 유럽을 활보하면서 자신이 미국인이라는 것을 자랑스럽게 생각하고 전통적인 귀족 문화권에 미국을 소개하였다. 이후 소설가 마크 트웨인과 해학가 아티머스 워드(Artemus Ward) 또한 '미국적'인 분위기와 내용, 풍자를 유럽에 보여주었다.[4]

그런 측면에서 코디가 가장 미국적인 서부활극을 가지고 영국에 상륙하는 것은 이전에 유럽에 왔던 미국인의 전통을 계승하는 것이었다. 1887년 서부활극 버펄로 빌 쇼는 세계박람회를 계기로 영국에 상륙했다. 과거 영국은 1851년 수정궁박람회(Crystal Palace Exhibition)를 통해 타 문화의 전통을 소개하고 동시에 자국의 발전적인 문명 장치, 예술, 문화, 산업 제품을 자랑하는 사례가 있었다. 당시 박람회는 상업적인 측면을 고려하는 한편 오락성을 철저하게 보여주었다. 세계적으로 박람회의 인기는 점차 높아져서 수정궁박람회의 건물을 모방한 건축물이 5년 후 뉴욕에 나타날 정도였다. 이후 유럽에서는 연속적으로 박람회가 개최되었다. 최근 문화사가들이 파악하듯이 이러한 박람회는 단지 상품 소개와 판매만 목표로 하지 않았다. 박람회는 제국의 시대에 자기 민족의 성장에 대한 과시와 자기만족을 보여주었고, 그것을 통해 경쟁 상대국을 압도할 수 있는 시각적인 효과를 기대하는 장치였다. 그러므로 그 주된 목적은 바로 제국주의적인 성격과 부르주아적 자기만족을 기초로 한 정치, 경제적인 식민주의를 확보할 수 있는 근거와 내용의 전시였고, 그 속에서 아프리카 및 아시아 지배의 합리성을 확보하는 것이었다.[5]

미국에서도 박람회는 같은 역할을 했다. 독립 100주년 기념행사로 열린 1876년 필라델피아박람회를 필두로 대규모 박람회가 개최되어 미국의 세계사적인 역할을 보여주었다. 이는 산업 세계의 확고한 주도 국가로서의 확신으로, 미국 제품의 우월성을 마음껏 뽐내는 계기인 동시에 미국의 국민의식을 고양하는 기회였다. 이 박람회에서 워싱턴 묘지를 개장하여 방문객을 둘러보게 하였고, 아직 건설 중인 자유의 여신상(Bartholdi's Statue of Liberty)의 횃불을 만지는 등정도 있었다.[6]

다른 한편으로 박람회는 문화적인 제국의 위상과 서구 백인 문화의 우월성을 보여주는 자리이기도 했다. 획기적인 기술 진보라고 여겨지는 콜리스 엔진(Corliss Engine), 봉제기와 직조기와 같은 장비를 전시하면서 다른 한편으로 미국 인디언을 야만의 문화를 상징하는 사례로 전시했다. 결코 우연이라고 할 수 없는 상황에서, 필라델피아박람회가 열린 1876년에 리틀빅혼 전투가 벌어졌고, 인디언은 이제 박람회에서든 서부 현장에서든 문명에 동화되어야 할 대상이자, 필요할 경우 문명의 장치이자 전달 도구인 칼이나 총으로 마땅히 정복되어야 할 대상으로 묘사되었다.[7]

코디의 유럽 순회공연은 이러한 시대적인 분위기에서 시작되었다. 미

출처: "Exhibition grounds in London," London Illustrated News

영국 런던에서 개최된 세계박람회의 전경 삽화를 찍은 사진

영국 런던 세계박람회에서 공연된 버펄로 빌 코디의 서부활극 와일드 웨스트의 모습

출처: "Exhibition grounds in London," London Illustrated News

국에서 그의 서부활극의 인기는 대단했다. 1886년 뉴욕 공연에는 약 100만 명이 참관했다. 이후 코디는 새로운 계획을 세웠다. 당시 영국은 빅토리아 여왕의 통치 50주년을 기념하는 박람회를 준비하고 있었다. 박람회 행사의 일환으로 미국의 예술, 산업 기술 생산품의 소개가 준비되었다. 코디 또한 이러한 대규모 행사에 참여할 것을 권유받았다.

당시 영국과 미국 간에는 서로 어렵게 만들었던 남북전쟁 때의 적대감이 약 25년이라는 시간에 묻혀 잊혀가고 있었고, 경제적 교류가 절실하게 필요한 상황이었다. 특히 영국은 세계를 지배하는 이른바 해가 지지 않는 나라였으며, 1887년 당시 68세였던 빅토리아 여왕이 1861년에 섭정 황태자 앨버트가 죽은 이후 그동안의 은둔에서 벗어나 정치에 복귀하는 시점이었다.[8]

버펄로 빌 쇼 제작 관계자들은 서부활극이 유럽에서 미국의 독특한 정체성을 표출하기 위해서는 남다른 특성을 가져야 한다고 생각했다. 당시 마크 트웨인 같은 인물도 "지금까지 영국에 소개된 미국 극들은 본질적인 면과 독특성에서 볼 때 결코 미국적"이지 않았다고 하면서, 코디의 '와일드 웨스트 쇼'가 유럽, 특히 영국에 갈 경우 지금까지 받은 "이러한 비난을 완전히 잠재울 수 있을 것"이라고 극구 칭찬했다.[9]

극의 연출과 계획을 맡은 실무진은 어떤 형식을 선택하면 미국 문화의 정체성을 아낌없이 전달할 수 있을지 고민했다. 그들은 전통 귀족 취향의 연극 형식과 새로운 서커스 스타일의 야외극 형식을 조합하기로 했다. 이러한 결정을 통하여 관객들로 하여금 스릴과 판타지를 느끼게 하면서도, 전통 무대극에서 느낄 수 있는, 관객과 배우들 간의 긴밀한 소통 통로 또한 열어놓을 수 있었다. 이런 노력의 결과로 「문명의 전진」(*The Drama of Civilization*)이라는 서부활극이 탄생했다.[10]

유명한 극작가이자 연극 감독인 스틸 매카이(Steele Mackaye)의 연출로 시작된 이 서부활극에는 코디와 전설적인 여성 명사수 애니 오클리, 전설적인 인디언이 출연하여 역마차 습격사건 등을 사실적으로 재현했다. 유럽으로 출발하기 전 뉴욕 메디슨 스퀘어 가든에서 서부활극을 상연하자, 새로 만든 자유의 여신상을 관람하려고 뉴욕에 와 있던 관객들은 버펄로 빌 쇼에 빠져들었다.[11]

극작가 매카이의 서부활극은 주제를 상당히 압축시켜 서부의 전 역사를 몇 가지 단막극 형식으로 상연했기 때문에 관객은 쉽게 서부의 기억을 연상할 수 있었다. 서부활극은 전체적으로 하나의 서부 이미지를 느끼도록 하는 옴니버스 형식을 갖춘 것이다. 이후 영화사가들은 매카이의 「문명의 전진」이라는 서부활극을 초기 서부영화로 이행하는 과도기적 작품으로 간주했다.[12]

이 쇼는 서부활극을 통해 서부 역사를 재현할 수 있다는 가능성을 여실히 보여주었다. 특히 이 쇼는 특별히 사회진화론적인 테마를 주요 주제로 삼았다. 그 목적을 위해 철저하게 주제의식을 가지고 대본을 재편성하였고, 그런 주제의식을 대중화하기 위해 선전과 광고에도 총력을 기울였다. 극 기획에는 유명한 네이트 솔즈베리가 도움을 주었다. 그는 「문명의 전진」을 통해 야만 세계를 문명 세계로 인도하는 과정을 재현하려 했으며, 서부 개화 과정을 총으로 인도했던 웅장한 영웅들을 등장시켜 서부활극을 사실적으로 그려내고자 했다. 당시 이 극을 보고 평가했던 영국인들도 그러한 인상을 받아서, "문명 그 자체는 이제 버펄로 빌 코디의 마차에 동승하여 나아갈 것을 받아들였다"라는 상징적인 의미를 부여했다.[13]

런던 입성 전에 코디와 솔즈베리는 매카이의 뛰어난 극적 요소를 충분히 받아들여 완성도를 높이는 작업을 했다. 초기 서부극에서 사용하던 단막극 형식을 유지하면서도 전체적으로 유기적인 관계를 맺을 수 있도록 극의 형식을 조정하기도 했다. 런던에서는 야외극 위주로 공연될 것이라는 측면 또한 고려해야 했다. 궁극적으로 이 극이 허구라는 측면을 철저히 배격하여 살아 숨 쉬는 객관적인 역사가 재현되고 있다고 느끼게 했다.[14]

영국에서 공연할 극의 스토리를 준비하고, 미국 내에서 관객들에게 시범 공연을 하면서 기본적인 골격이 결정되었다. 우선 시작과 함께 전 연기자들이 등장하는 웅장한 행렬이 나타난다. 이어서 다양한 종류의 경마와 기마술을 보여준다. 조니 베이커(Johnny Baker), 카우보이, 그리고 두 명의 여성 총잡이로 유명한 애니 오클리와 릴리언 스미스(Lillian Smith)가 뛰어난 사격술을 보여준다. 다음 쇼는 북미 서부평원을 질주하는 야생마의 묘기, 사나운 소에 올가미 씌우기 등 카우보이 생활의 진면목과 신비로운 서부의 진풍경과 경험들을 보여준다. 야생마를 타는 기술, 인디언의 생생한 생활상, 버펄로 사냥, 인디언과 백인 정착민과의 처절한 싸움, 이주민을 싣고 서부로 향하는 기차를 잔인하게 습격하는 인디언들, 이어서 역마차 서부 루트에서 발생하는 인디언의 습격에 대한 백인들의 투쟁을 사실적으로 재현한다. 그리고 마지막으로 전 출연진이 관객들에게 인사하면서 웅대한 서부 서사극은 대단원의 막을 내리는 식이었다.[15]

런던에서 공연될 극의 내용이 과거의 내용에서 완전히 벗어난 새로운 극이라고 말할 수는 없었다. 여러 극의 내용은 사실 버펄로 빌 쇼의 초창기부터 계속된 것으로 모든 극은 코디와 솔즈베리에게서 나왔다. 그러나 런던에서 공연할 「문명의 전진」에서는 기존 극과는 다른 특징이 나타났다. 과거 서부극에서 코디의 역할은 극의 전개 과정에서 절묘한 사격술을 보여주는 여러 인물 중 하나였을 뿐, 극 전체를 장악하고 주도하는 역할은 아니었다. 그러나 「문명의 전진」에서는 공연 자체가 오직 코디를 위한 무대와 드라마라고 할 수 있을 정도로 코디의 역할과 비중이 중요해졌다. 그 외에도 그는 런던으로 출발하기 전에 네브래스카 주지사로부터 군인 신분임을 상징하는 계급장을 받는 등 자신이 결코 단순한 쇼맨이 아님을 보여주었다. 그는 서부에서 군인이 겪는 역경을 직접 체험하여 그 경험을 가장 믿음 직하게 보여줄 수 있는 인물로 신화화되었다. 그의 박하색 군복은 그의 극이 결코 허구가 아니라 지금 서부에서 일어나는 실제 내용임을 보증하는 명예로운 권위의 상징이었다. 그는 단지 흥행을 목적으로 하여 서부극을 외국에 소개하는 쇼맨이 아니라 역사를 재현하는 문명 전달자로서의 의무를 수행하고 있는 것이었다.[16]

런던 공연은 선풍적인 인기를 끌었다. 그것은 코디의 오랜 친구이자 극 흥행가인 솔즈베리의 전략이 정확하게 맞아떨어졌다는 것을 의미했다. 코디를 활극 중심에 놓고 서부 영웅의 신화로 재현한 전략이 상당히 효과적이라는 것이 증명되었다. 반면 박람회에 전시된 미국 제품에 대한 영국인의 반응은 기대 이하였다. 미국이 체면치레를 할 수 있었던 것은 어디까지나 코디의 「문명의 전진」 덕분이었다. 박람회에서 전시한 미국의 다른 문화는 영국인에게 신선한 충격을 주지 못했던 것이다. 뉴욕의 새로운 명물이 된 자유의 여신상을 배경으로 한 도시 조형물, 철도, 터보건 썰매(toboggan) 타기 등의 전시실과 그 외 미국산 건강 제품, 예술품, 사냥 전리품 등은 인기를 끌지 못했다. 런던박람회의 미국 전시장은 '완전한 실패', '하찮은 쓰레기의 집합'으로 무시되었다.[17]

모든 관객들이 지루하고 답답한 박람회에서 탈출구를 찾고 있었다. 그러한 대중의 흥미를 불러일으킨 곳이 바로 버펄로 빌 쇼의 공연장이었다. 박람회의 주목적은 근대적인 물산의 전시였다. 그러나 여기에 참여한 유럽인들 즉 영국인들은 그러한 근대적인 기술보다 미국에서 온 서부극에 완전히 매료되었다.[18]

2. 대영제국과 버펄로 빌 쇼

1887년 5월 31일 버펄로 빌 쇼 공연을 위해 신대륙 뉴욕에서 구대륙으로 출항한 것은 아주 예외적인 사건이었다. 코디는 자신이 단순한 흥행사가 아님을 보여주기 위해 네브래스카 주지사(John M. Thayer)의 민병대 참모라는 계급장을 달고 대서양 항해를 시작했다.[19] 대서양을 건너는 공연단의 규모는 굉장했다. 코디는 공연을 위해 인디언 97명, 버펄로 18마리, 노새 10마리, 북아메리카산사슴 10마리, 야생 텍사스황소 5마리, 당나귀 4마리, 순록 2마리, 말 180마리를 비롯하여 텐트, 마차, 무기 등 각종 장비를 준비했다. 공연단 탑승 인원 가운데 83명은 객실, 38명은 3등 객실에 자리 잡았고, 인디언 97명은 갑판 위에 전통 천막을 쳤다. 이 대규모 공연단은 증기선 네브래스카 호(State Of Nebraska)에 몸을 싣고 영국으로 향했다.[20]

런던 공연은 사전 광고와 정보, 그리고 완벽한 극 형식을 통해 일차적인 성공을 거둘 수 있었는데 더욱이 영국의 귀족과 사회 상류층으로부터 얻은 인기는 예상을 뛰어넘었다. 와일드 웨스트 쇼 공연 전에 웨일스 공(Prince of Wales)이 쇼를 참관하겠다고 공식적으로 요청했다. 더욱 예외적인 사건은 영국의 통치자 빅토리아 여왕이 지금까지 공식석상에 나타나지 않던 관례를 깨고 이 활극을 보겠다는 의사를 타진해온 것이다. 그 결과 5월 9일 런던 공연은 당시 정치계와 사교계의 인물과 연극배우들이 관람했다. 이어 5월 12일에는 빅토리아 여왕과 여러 인사들이 쇼를 참관하고 깊은 인상을 받았다. 빅토리아 여왕의 방문 때문에 이후 쇼에 대한 영국인의 관심은 절정에 이르렀고, 6월 20일에는 여왕 등극 50주년 기념식에 참석차 왔던 덴마크 국왕, 그리스 국왕, 벨기에 국왕, 작센 국왕, 독일의 황태자 부부(빌헬름 2세) 등도 이 쇼를 관람했다. 솔즈베리의 기록에 따르면, 이로 인해 6개월간의 런던 공연은 250만의 관객을 동원했다.[21]

런던 공연이 기록적인 성공을 거둔 또 다른 이유는 극의 주인공 코디의 역할이 정의롭고 용맹스러운 서부 사나이라는 이미지화 작업에 잘 맞아떨어졌기 때문이었다. 특히 버펄로 빌이라는 이름에서도 충분히 느낄 수 있듯이 그는 미국 서부에서 버펄로 사냥으로 잘 알려진 인물이었다. 유럽 대륙의 귀족들은 미국 서부를 여행할 때 사냥 기회를 갖는 것을 자신의 신분상의 지위를 누릴 수 있는 기회이자 상징으로 생각했다. 그러한 사냥이 있

출처: 1892 scrapbook, Buffalo Bill Historical Center, Cody, Wyoming

영국 빅토리아 여왕 가족들의 공연 감상

을 때마다 전설적인 사냥꾼이자 주인공인 코디는 항시 서부의 안내자로 초대받았다. 당시 사냥에 대한 몰입은 유럽 대륙뿐만 아니라 영국의 귀족들에게도 결코 예외가 아니었으며 영국 왕실은 이러한 유행의 중심에 있었다.

당시 영국은 세계적인 대제국으로 식민지 통치가 국가의 주요 정책이었다. 사냥은 영국의 군사적인 힘, 경제적인 힘, 정치적인 힘을 보여주는 위엄의 상징이자 고귀한 스포츠였다. 역사가 맥켄지(John M. Mackenzie)는 당시 사냥을 "19세기 말 식민지 지배의 제국적인 위엄을 가장 극명하게 보여주는" 상징이라고 했다. 제국의 시대에 "사냥은 제국주의 국가의 남성들에게 가장 어울리는 스포츠이자 유사시에는 국가의 필요에 부응할 수 있는 용기, 인내, 개성"을 함양하는 교육적인 성격도 지니고 있었다. 지도층에 필요한 "기마술과 사격술 등의 기술 함양 과정에서 스포츠맨십을 양성"하고, 무한한 제국의 영토를 지배하고 정복하는 데 필요한 "자연과 지리에 대한 전반적인 지식"을 축적할 수 있는 것이 바로 사냥이었다.[22]

대영제국의 위대한 기획자들은 거의 모두 탐험가였으며 사냥을 취미로 했다. 그들은 동물의 박제 또는 모피를 승리의 상징물로 집안에 장식했다. 그들은 아시아, 아프리카의 여러 종족들과 그 문화를 소개하고 전시하는 일을 적극적으로 후원했다. 이러한 측면에서 코디의 서부극은 그들의 취향에 무척이나 잘 어울리는 것이었다. 영국에서 서부극은 위대한 앵글로색슨족의 정복과 승리의 드라마이며 또한 서사시였다. 더욱이 서부극 주인공 코디는 서부를 상징하는 사냥꾼으로 유럽에서도 잘 알려져 있었다. 코디는 이미 러시아 알렉세이 대공의 버펄로 사냥을 안내했고 영국의 던라번 경(Lord Dunraven)과도 동행한 경력이 있었다.[23]

코디가 영국의 왕실과 귀족들로부터 받은 열렬한 환대가 바로 그러한 명성에 대한 관심의 표출이었다. 영국 왕실의 환대를 받기 전에 영국 사냥 마니아들의 관심을 받았던 이유도 바로 그러한 배경에서 찾을 수 있다. 특히 그는 당시 상류층 인물들로 구성된 새비지 클럽(Savage Club)에서 선풍적인 인기를 끌었다. 당시 클럽 회장을 맡고 있는 인물은 막 미국에서 돌아온 보퍼트 공(Duke of Beaufort)으로 사냥에 정평이 난 인물이었다. 코디는 이 사냥 클럽 인사들과의 접촉을 통해 왕실 인물들에게까지 연결될 수 있었는데, 특히 웨일스 공과의 접촉은 사냥이라는 연결 고리가 없었다면 절대 불가능한 일이었다. 웨일스 공은 당시 사냥에 매료되어 있었고 외국여행을 할 때에는 늘 사냥을 즐겼다. 일례로 1860년대 미국을 방문했을 때 그는 사냥을 목적으로 당시 서부의 오지라고 할 수 있는 세인트루이스까지 갔다.[24] 사냥이 유행함에 따라 인위적인 공간이 조성되기도 했는데, 영국 샌드링엄에 있는 왕령지에는 사냥을 즐길 수 있도록 엄청난 금액이 투입되었다. 한편 사냥한 짐승의 고기를 처리하기 위해 당시 세계에서 가장 큰 고기저장소가 만들어지기도 했다.[25] 코디의 서부활극이 영국에서 특히 귀족들에게 선풍적인 인기를 끌 수 있었던 것은 이러한 사회적인 분위기 때문이었다.

영국 왕실뿐만 아니라 대영제국의 식민 및 제국주의 정책을 수행하는 사람들에게 야만과 원시의 타자들을 통치하는 수단은 다름 아닌 총을 통한 사냥이었다. 빅토리아 여왕이 통치했던 영국은 100개의 반도, 500개의 곶, 1000개의 호수, 2000개의 강, 1만 개의 섬을 지배했다. 이 수치는 전 지구의 25%에 해낭하는 것으로 영국은 이를 지배히기 위해 총의 문화와 총에 대한 숭배가 필요했다. 버펄로 빌 쇼가 그 문화의 중심에서 선풍적인 인기를 구가하게 된 배경을 여기서도 찾을 수 있다.

영국인은 이 서부극을 통해 판타지를 느끼게 되었으며 버펄로 빌 쇼는 가장 웅장한 시대적 소명을 제시하는 것이었다. 쇼의 주제와 메시지는 극의 전개 과정에서 웅장한 스케일로 현장감 있게 전달되어 관객들은 그 극에 깊이 빠져들었다.[26]

일찍이 미국에서 저가소설을 통해 영웅으로 신화화된 코디는 백인 제국 건설의 소명을 실천하는 인물로 보였다. 그는 서부극을 통해 서부가 야만의 세계이며 백인 문명 세계가 정복하고 개화해야 할 공간임을 보여주었다. 그의 서부극은 관객의 뇌리 속에 그것이 미국의 서부에 한정되는 것이 아니라, 그 사례를 통해, 지금 한창 활발하게 전개되는 아프리카 초원과 아시아 대지의 정복에 대한 정당성을 심어주었다. 관객들은 불쌍한 미개인의 공간을 어떻게 조정하여 장대한 서구 문명의 품으로 끌어들이는지 엄숙한 마음으로 즐기고 있었다.[27]

그런 문명의 상징과 코드를 코디의 활극을 통해 확인할 때 그들의 기쁨은 배가되었다. 그것은 또한 제국주의 이데올로기에 이미 심취하고 있던 그들에게 한층 더 이해의 폭을 넓히는 메타포로 작용하였다. 관객은 극이 단지 미국의 서부 프런티어에서 일어나는 국지적인 싸움이 아니라 그들에게 닥친 전쟁을 대변하는 것으로 생각했다. 코디의 서부활극은 백인과 문명 세계의 빛으로 인도하는 위대한 정신의 승리 드라마로 부각되었다.[28] 결국 대서양 양편에서 공연된 모든 서부활극에 그려진 인디언의 야만적인 상징을 통해 백인 문명은 문명의 선구자로서, 진보의 개척자로서 그 위상을 되새기게 된 것이다.

3. 영국과 인디언

1) 영국인의 미국 서부 인디언관 형성

코디가 인디언을 소재로 한 서부활극을 유럽에 소개하기 전에 인디언에 대한 유럽인의 인식은 매우 간접적이고 간헐적이었다. 유럽인이 인디언과 최초로 접촉한 것은 콜럼버스의 항해를 통해서였다. 콜럼버스는 최초 여행에서 인디언 남자와 여자 그리고 아이를 데리고 와서 백인 세계에 전시했다. 그로부터 약 100년 후 포카혼타스가 영국을 방문했고 영국에서 천연두로 죽었다.

18세기에 들어서면서 인디언에 대한 유럽인들의 호기심이 증가하고 일반 대중에서 귀족에 이르기까지 야만에 대한 여러 가지 이야기들을 접하게 되었다. 이러한 분위기에서 일단의 인디언들이 유럽에 왔을 때 유럽의 군주들은 그들을 초대하여 초상화를 그리기도 하고, 특별한 손님으로 연극과 음악회에 초대하기도 했다. 그들이 거리를 지날 때에는 구경꾼들이 놀라움과 신비로움을 가지고 항시 뒤를 따랐다. 1765년 영국의 한 흥행업자는 두 명의 모호크족 인디언을 전시하여 돈을 번 일로 신랄한 비판을 받기도 했다. 그러나 이러한 초기의 우호적인 상황은 점차 약해졌다. 1818년에 오면 인디언을 대상으로 하는 영리 목적의 흥행 사업이 일반적인 현상으로 이해되었다. 이후 오네다, 세네카 족 인디언들은 영국 리버풀과 런던의 극장에서 공연하여 선풍적인 인기를 끌었다. 이들을 데리고 온 쇼 흥

행업자들은 "이리 호에서 온 야만인 인디언"이라고 광고했다.[29]

흥행업자들은 인디언에 관한 문화 및 생활 풍속 정보를 유럽인에게 소개하는 긍정적인 역할을 했다. 그러나 인디언 문화에 대한 유럽인의 관심과 이해는 차츰 호기심과 흥행에서 비롯된 본래의 의도와는 다르게 변질되었다. 이러한 변화의 대표적인 경우는 1840년 미국인 화가 조지 캐틀린(George Catlin)의 서부 소개였다. 그는 오랜 기간 서부에 심취했으며 특히 인디언의 생활과 풍습을 연구했다. 그는 인디언에 대한 해박한 지식을 영국인에게 소개하고 강연하기도 했다. 그의 열정은 런던 피카딜리에 있는 화랑 이집트홀을 빌려 인디언 문화를 영국에 소개했던 사례에서도 잘 나타난다. 그는 화랑에서 인디언 추장들의 모습을 담은 그림을 전시하고, 인디언의 생활양식, 그들의 독특한 복장, 그 외의 예술품을 포함해서 인디언 문화제전을 열었다. 사실 이것은 유럽인들에게 이국 문화를 소개하고 새롭고 살아 있는 지식을 심어주는 교육과 계몽적인 차원에서의 노력이었다.[30]

그러나 유럽인들에게 인디언 문화를 전달하려는 캐틀린의 노력은 흥행에는 성공하였지만, 그의 본래 의도였던 교육적인 측면에서는 정반대의 결과로 나타났다. 관객이 관심을 갖는 것은 타 문화에 대한 예의 바른 공부가 아니었고, 특히 인디언의 문화에 대한 교육은 더욱 그러했다. 유럽인들은 '고귀한 야만'의 세계에 대한 학습자 역할에 만족하지 않고 쇼나 흥행을 통해 열등 민족의 문화를 드러냄으로써 자기 문화의 우월성을 과시하는 대리만족에만 몰두했던 것이다.

캐틀린은 기존 방식과 달리 연극 형식을 차용하여 인디언의 춤과 노래를 실연하는 배우들을 고용했다. 그러다가 1844년에 흥행업자의 꾐에 빠져 영국으로 건너온 오지브와(Ojibwa) 인디언 부족들을 선발해서 쇼에 출연시켰다. 단순히 여흥을 위한 이러한 인디언의 참여는 성공을 거두어 그 규모가 확대되었다. 그는 과거 인디언 문화의 학습 과정에서 알고 지내던 아이오와(Iowa) 부족까지 등장시켰다. 이후 그들은 백인들을 매혹시켰고 백인들은 그들을 통하여 '야만의 세계'를 '관람'하는 매혹에 빠져들었다. 외래문화를 소개하면서 인디언의 생활상을 실제로 보여주는, 반半 흥행 쇼를 방불케 하는 이 전시 공연을 빅토리아 여왕, 프랑스의 루이 필립 국왕, 벨기에 국왕도 참관하기에 이르렀다. 이어 파리 루브르에서 개최된 전시회는 빅토르 위고, 조르주 상드(Geroge Sand), 훔볼트 남작(Baron Humboldt)도 관람했다.[31]

흥행업자 바넘(Phineas Taylor Barnum) 또한 인디언을 유럽에 소개하는 데 있어 교육과 흥행 측면을 잘 조합했던 사람이었다. 그도 처음에는 인디언의 민속과 전통을 유럽에 소개하는 데 주로 관심을 가졌지만 한편으로는 백인들에게 '진귀한 구경거리'를 보여주었다. 그것은 작고 왜소한 용모 때문에 '톰 엄지 장군'(General Tom Thumb)이라고 불린 인디언의 춤과 음악 공연이었는데 조지 캐틀린의 흥행 방식을 철저하게 모방한 것이었다. 캐틀린이 피카딜리의 이집트홀을 빌려 인디언 문화를 소개함으로써 백인들의 시선을 끈 방식과 왜소하고 비정상적인 인디언을 쇼에 소개함으로써 백인의 시선을 끌어 모은 방식은 인디언의 문화 및 전통을 사실 그대로 소개하는 교육의 장이라고는 결코 볼 수 없는 것이었다.[32]

백인들은 '고귀한 야만'을 가지고 있던 인디언의 고유한 전통을 사실 그대로 이해하려고 하지 않았으며, 스스로를 우월한 문화의 보유자로 간주하며 멸시와 경시에 찬 눈으로 특이한 인간들을 구경하는 데 열중했다. 그리고 백인들의 욕구를 해소시켜 주는 역할을 한 사람들이 바로 캐틀린이나 바넘 같은 반半 흥행업자들이었다. 2년 후인 1846년에 바넘은 런던에서 개최된 두 번째 전시회에서 유럽 백인을 만족시키기 위해 인디언의 특징에서 볼 때 특별히 예외적인 인물을 선보였다. 바넘은 그를 일컬어 인류의 진화 과정에서 잃어버린 고리를 연결하고 문명과 야만을 이해할 수 있는 좋은 사례가 되는 인물이라고 했다. 바넘은 이 기괴한 모습의 인디언을 런던 피카딜리의 이집트홀에 전시하면서, "캘리포니아의 숲에서 발견했다"면서 "대초원에서 볼 수 있는 야만인"이라고 칭했다. 그러나 이후 알려진 사실이지만 문제의 그 인디언은 진짜 인디언이 아니라 흑인이었으며 바넘 자신도 뒤에 잘못을 시인하였다.[33]

2) 버펄로 빌 쇼와 서부 이미지: 인디언 만들기

코디와 함께 서부활극을 준비해 온 솔즈베리는 일찍이 바넘이 유럽에서 성공적인 데뷔를 한 사실을 알고 있었다. 버펄로 빌 쇼가 미국에서 인기를 끌고 있을 때 바넘은 직접 쇼를 관람했고, 코디가 유럽으로 진출하려 할 때 축하 메시지를 전달하기도 하였다. 그런 면에서 버펄로 빌은 이전의 인디언 문화 소개자이자 흥행업자에게 직간접적으로 영향을 받았을 것이다.[34]

코디의 런던 공연은 이런 상황 아래에서 준비되었다. 1887년 3월 31일 뉴욕 항에서 영국으로 출발하면서, 쇼의 중추적인 역할을 수행할 코디와 97명의 인디언들은 거친 대서양을 두려운 눈으로 바라보고 있었다. 항해가 시작되자 인디언들이 '큰물'(Great Water, Big Water)이라고 부르던 소용돌이가 일어났다. 뱃멀미뿐만 아니라 전통적인 믿음도 그들을 괴롭혔다. 그들은 전통적으로 바다를 건너면 신체가 여러 부분으로 절단된다고 믿고 있었기 때문이다. 이 여행에서 인디언 팀의 명목상 대표를 맡았던 붉은셔츠(Ogilasa)는 아침마다 자기 몸이 제대로 붙어 있는지 확인했을 정도였다.[35]

버펄로 빌 쇼 공연단은 영국에 도착하자마자 미국 서부를 재현하기 위한 제반 시설을 준비하였다. 박람회가 열리는 런던 서부 켄싱턴의 얼코트(Earl's Court)에는 미국 서부가 급작스럽게 자리를 잡아가고 있었다. 인부들은 로키산맥을 만들기 위해 마차 1만 7000대 분의 바위와 흙을 옮겼으며, 숲을 만들기 위해 영국 중동부 지방의 잘 자란 나무들을 옮겨 심었다. 놀라운 사실은 이러한 대토목공사가 단지 10일 만에 이루어졌다는 것으로, 런던의 한 신문은 영국인들에게 이 공연장 방문을 권하기도 했다. 그 신문은 아직까지 문명의 세계가 주는 세련미가 나타나기 전 야만의 거대

한 힘이 상실되기 전의 "대초원이 탄생시킨 자손"들을 볼 수 있을 것이라고 적었다.[36]

이국적인 야만의 얼굴을 가진 인디언은 도처에서 인기를 독차지했다. 인디언들 역시 대서양 건너 문명의 중심에서 새로운 인상을 받았음을 보여주었다. 인디언을 대표하는 붉은셔츠는 인디언보호구역에서 벗어나 새로운 세계에서 받은 느낌을 이야기했다. 그는 자신이 보았던 큰 집들(선박)과 큰물, 그리고 끝없이 늘어선 집들과 그 속에서 '한여름의 벌레들처럼' 떼지어 다니는 창백한 얼굴의 런던 시민들을 언급했다. 그리고 이 모든 놀라운 사실들을 인디언보호구역의 동료들에게 이야기해주겠다고 말했다. 한편 그는 인디언이 새로운 세계에 적응해야 한다는 것도 이야기했다.[37]

공연이 시작되기 전부터 인디언들은 새로운 인종으로서 영국인들의 관심을 끌었는데, 특히 사회 상위 계층 사람들의 관심이 컸다. 수상을 역임한 후 야당 당수로 있던 윌리엄 글래드스턴(William Gladstone)도 그 가운데 한 명이었다. 당시 보도에 의하면 "미국의 황량한 서부"에서 온 이 "종족의 솔직함"에 글래드스턴이 흥미를 가졌다고 한다.[38]

4월 28일 공연단이 글래드스턴과 만난 이후 공식 공연이 시작되기 4일 전인 5월 5일에는 영국 언론의 관심을 보다 집중적으로 받게 된 사건이 일어났다. 그것은 황태자 웨일스 공의 방문으로, 왕실 가족인 알렉산드라 공주와 그의 세 딸, 알렉산드리아 공주의 남동생인 덴마크의 프레더릭 공을 위시하여 수많은 유럽의 궁정 귀족들이 함께 했다. 이 특별 공연은 당시 영국 사회에서 초미의 관심사가 되었다. 관객들은 인디언의 야만성과 기괴함에 놀라움을 금치 못했으며, 이방인 종족이 마치 "악마처럼 괴성을 지르면서 숲 속에서 튀어나와 회오리바람처럼 주위를 둘러싸는" 모습에 흥분을 금치 못했다. 웨일스 공은 그 장면을 가까이서 보기 위해 자리를 박차고 일어나기까지 했다. 극이 끝난 후 감명 받은 웨일스 공은 인디언들 및 붉은셔츠와의 만남을 청했고 그들에게 가지고 있던 시가와 시가박스를

선물로 주었다.³⁹

셰필드 시의 신문 『리더』(Leader)와의 인터뷰에서 붉은셔츠는 미국 정부 및 백인들과 인디언들의 관계에 대한 입장을 표명했다. 그는 미국 내 인디언의 상황이 계속해서 변하고 있다고 말했다. 특히 인디언의 중요 식량 자원인 버펄로와 사슴의 숫자가 감소하고 있고, 백인들의 서진이 급속도로 진행되고 있다면서, 자신들에게 닥친 위기를 슬퍼했다. 그는 백인의 이러한 모습을 적대적으로 보면서도 그 백인들을 대표하는 정부에 대해서는 다음과 같이 다르게 언급했다. "미국 정부는 비록 우리의 땅을 빼앗아가고, 백인들은 우리의 사슴과 버펄로를 다 잡아가지만, 그래도 정부는 우리가 굶어죽지 않게 식량을 제공하고 있다. 또한 그들은 우리 자녀들을 가르치고, 농업 시설과 기구들을 사용하도록 돕고 있다. 이제 우리 자손들은 백인의 문명을 배우게 될 것이며, 그들과 함께 살 것이다." 이 인터뷰를 통해 그가 자신의 영토를 침범하는 백인들과 그들을 대표하는 정부를 완전히 다른 시각으로 보고 있다는 사실을 알 수 있다.⁴⁰

대서양 양측의 백인들은 인디언 공연단을 대표하는 붉은셔츠의 언급으로 무한한 우월감과 자신감을 얻었다. 그들은 세계로 확장하는 자신들의 정복을 찬미하고 정당화하는 인디언의 목소리를 들었을 때, 스스로 이루어 놓은 진정한 진보의 힘을 느낄 수 있었다. 그들은 인디언의 목소리로 백인이 이루어온 진보를 확인받은 것에 흥분하면서, 스스로 이룩해 온 업적을 증명해주는 공연에 매료될 수밖에 없었다. 그러므로 버펄로 빌 쇼를 준비하고 흥행을 책임진 담당자들은 붉은셔츠를 위시한 공연단 인디언들의 교육적인 역할을 특별히 부각시키고 강조하여 관객들을 끌어들이려고 하였다.⁴¹

그러나 이처럼 백인들에게 알려진 정보는 상당 부분 왜곡된 것들이었다. 그들은 인디언의 언어를 원하는 방식으로만 이해했다. 붉은셔츠의 이야기 또한 사실과는 상당히 다르게 백인들의 의도에 맞추어 정리된 것이었다. 추장 붉은셔츠는 인디언이 백인의 문화를 완전히 학습하게 될 것이고 결국 백인 문명으로 인디언이 개화되고 동화될 것이라고는 말하지 않았다. 기사 내용과 달리 그는 인디언 문화도 다른 여타의 문화처럼 여러 변화를 겪어왔고 시대적인 조건 아래에서 변화를 계속할 것이라고 전망한 것이었다. 그리고 그는 백인들이 만족할 답변만 언급한 것은 아니었다. 붉은셔츠는 인디언의 민족적인 전통성, 결코 버릴 수 없는 인디언의 정체성을 유지할 수 있을 것이라는 내용을 부연하였다. 그러나 대서양 건너편의 백인들은 추장의 이러한 도도한 이야기를 결코 듣고 싶지 않았고, 따라서 기사에 내보내지도 않았다.[42]

인디언과 백인의 만남의 비극적인 대비를 보여주는 또 다른 경우가 있다. 5월 9일 런던에서 버펄로 빌 쇼가 공식적으로 막을 올렸다. 그러나 정작 영국 귀족에서부터 대중까지 사람들의 관심은 빅토리아 여왕의 버펄로 빌 쇼 참관에 있었다. 당시 배우로 참여했던 검은사슴(Black Elk)이라는 인디언이 여왕과 만난 기억은 후대 역사가들에게 관심의 대상이 되었다. 여왕은 검은사슴이라는 인디언을 비롯하여 공연에 참여한 인디언들과 만났다. 여왕은 일렬로 서 있는 인디언들과 일일이 악수하면서 "전 세계의 인종을 만나 보았지만 특별히 미국 인디언과의 만남에 감명받았다"고 언급했다. 검은사슴의 회고에 따르면, 이어서 여왕은 "만일 짐이 당신들과 같은 훌륭한 인디언을 소유하게 된다면 결코 이와 같은 쇼에 참여케 하지 않을 것이다"라고 하면서 사람을 짐승처럼 다루는 공연단을 간접적으로 비판했다고 한다.[43]

그러나 검은사슴의 기억은 사실과는 상당히 다르다. 이 문제를 끈질기게 탐구한 리타 네이피어(Rita Napier)는 검은사슴이 그러한 감상적인 기억을 갖게 된 이유를 잘 설명해주고 있다. 네이피어에 따르면, 오글라라(Oglala) 부족의 점성술사였던 검은사슴은 자기 부족이 사라져가는 한편 남아 있는 부족들 또한 여러 갈래로 분열되고 있는 현실 때문에 여왕의 언사를 자신의 상황에 만족스럽게 해석하고 기억할 뿐이라는 것이다. 즉 그는 '정치적인 순진함'으로 여왕의 찬사와 걱정을 기억하고 싶었던 것이다. 비록 지각력이 뛰어난 검은사슴이었지만 당시 여왕이 사용했던 정치적인 복선의 화술인 '만일 짐이 당신들과 같은 훌륭한 인디언을 소유하게 된다면'이라는 말의 의미를 정확하게 파악하지 못했던 것이다. 네이피어에 따르면 여왕과 귀족들이 인디언에게 보여준 각별한 애정은 인디언에 대한 진정한 사랑에 기반을 둔 검은사슴의 감상과는 완전히 다른 것이었다. 여왕은 그저 당시 대중적인 인기 대상에 대한 관심의 표현으로 수사학적인 완곡어법을 사용한 것에 불과했다. 검은사슴의 감명과 달리 빅토리아 여왕은 공연단의 인디언이나 미국에 있는 인디언들에게 한낱 대중적인 관심 이상의 것을 갖고 있지 않았고 이들을 아프리카, 인도, 아시아의 수많은 유색인종과 동일하게 다루었을 뿐이었다.[44]

여왕이 윈저 성으로 돌아온 후 일기장에 남긴 인디언에 대한 평가도 검은사슴의 언급과는 상당히 달랐다. 여왕은 카우보이 쇼의 장관을 언급하고 난 후 얼마나 흥분되었는지 자리에 가만히 앉아 있을 수 없었다고 적었다. 그런데 카우보이들을 "매우 멋지게 생긴 사람들"(a fine looking people)이라고 지적한 반면 인디언에 대한 평가는 결코 그렇지 못했다. 여왕은 "얼굴에 이상한 색칠을 하고, 머리에는 깃털장식을 했으며, 거의 옷을 입지 않은 모습"에 놀라움을 금치 못했다면서 그들에게서 야만인의 잔인함을 느꼈다고 했다. 특히 공포를 유발하는 북소리와 피리소리를 내는 인디언의 승리의 춤(War Dance)에 놀랐다고 했다. 이어 그들이 "이상야릇한 표정을 짓고, 무시무시한 비명을 지르며 가까이 다가올 때는 공포를 느낄 정도"였다고 언급하고 "수족 추장 붉은셔츠와 아기를 업은 인디언 여자들이 다가와서 인사를 하였다"라고 기록했다.[45]

인디언과 여왕의 만남은 이것으로 끝이 아니었다. 체임벌린 수상은 윈저 성에서 여왕을 위해 또 한 번의 기회를 제공했는데, 여왕은 성의 동쪽

테라스에서 관람했다. 한편 인디언들은 여왕 등극 50주년 공식 기념식을 거행하기 위해 미리 귀빈 자격으로 입장해 있던 유럽 귀족들의 모습을 보고 놀라움과 즐거움을 느꼈다.[46]

런던 공연 이후 버펄로 빌 쇼「문명의 전진」은 더욱 철저한 메커니즘으로 대중에게 다가갔다. 그리고 극의 주제와 소재는 모두 백인의 총으로 인하여 서부가 어떻게 변화될 수 있는가에 초점이 맞추어졌다. 인디언은 그 위대한 문명 진보의 장애물로서 총에 희생되어야 하는 슬픈 타자였다.

공연의 주요 테마가 된「문명의 전진」은 결정적으로 코디 극의 상징물이 되었다. 이후 코디의 서부활극에서 가장 드라마틱한 테마로 자리 잡은「문명의 전진」은 '옐로핸드'와의 결투를 배경으로 한 활극으로 발전했다. 그 결투는 1876년에 일어난 역사적 사실로, 코디의 명성이 미국 전역으로 퍼지는 계기가 된 사건이었다. 실제 이 결투가 어떻게 일어났는지, 어떤 사실적 내용이 담겨 있는지 아무도 증명할 수 없고 따라서 역사가들에게는 논란이 되는 사건이다. 그러나 중요한 것은 이 사건이 코디의 서부 경험의 진실성을 확인해주는 중요한 사례로 다루어졌고, 그 결과 버펄로 빌 쇼에 도입되어 미국인들과 유럽인들이 이 극을 서부의 사실적인 역사로 받아들이게 되었다는 것이다.[47]

그 결투가 일어난 이유는 대략 다음과 같다. 당시 코디는 여름에는 주로 서부에서 인디언에 대한 정보를 제공하는 군대 스카우트로 활동했다. 물론 겨울에는 자신이 치렀던 인디언과의 치열한 전투를 부대 밖으로 옮겨 활극으로 재현하는 생활을 했다. 그 해 6월 초에 그는 과거에 몸담았던 와이오밍 주 샤이엔의 제5기병대에 귀속되었다. 그는 셰리든 장군 지휘하에 수족을 토벌하여 인디언보호구역으로 몰아넣는 작업을 하고 있었다. 이러한 일련의 군사 작전은 시팅 불이나 크레이지 호스와 같은 주도적인 저항 세력과 보호구역의 인디언과의 접촉을 차단하는 것을 목적으로 하고 있었다.[48]

당시 제7기병대를 지휘하던 커스터 중령도 동일한 작전에 참여하고 있었다. 커스터는 또한 코디와 함께 러시아 대공 알렉세이의 버펄로 사냥에 동행한 적이 있었다. 그는 순간적인 판단 잘못으로 6월 25일 리틀빅혼 강변에 있는 대규모 인디언 집단을 공격했다. 이 전투에서 커스터와 215명의 기병대가 전멸했고 인디언에 대한 백인들의 분노가 폭발했다. 연방의회는 대규모 인디언 토벌 작전에 필요한 전쟁 자금을 승인했고 그해 여름이 끝나기 전에 수족은 항복을 선언했다.[49]

코디는 전투 당시 멀지 않은 지역을 정찰하면서 제7기병대가 전멸당한 현장을 발견하고 제5기병대에 연락했다. 그리고 인디언에 대한 제5기병대의 복수전이 시작되었다. 샤이엔 부족이 보호구역을 벗어나려는 것을 계기로, 코디와 그가 속한 연대는 행동을 개시했다. 전투는 승리로 끝났고 코디는 옐로핸드라는 인디언 전사를 죽였다. 결과적으로 인디언들은 보호구역으로 복귀했다. 코디의 용감무쌍한 수훈의 결과는 그 인디언 전사의 머리 가죽이었다. 이것이 미국 백인들에게 상징하는 이미지는 매우 강력했다. 백인들은 커스터와 그의 기병대의 희생으로 촉발된 분노를 일시에 해결할 수 있도록 인디언 전사의 머리 가죽을 획득한 코디를 백인의 영웅으로 치켜세울 필요가 있었다. 영웅만들기는 언론이나 저가소설과 같은 매체가 주도했다. 인디언과의 이러한 생생한 결투는 코디의 마음을 자극했고, 그는 그것을 웅장한 드라마로 적극 활용했다. 그 이후 인디언을 침략자로 규정한 극 형식은 더욱 체계적으로 만들어져 「문명의 전진」에 첨가된다.[50]

「문명의 전진」은 인디언에 대한 백인과 백인 문명의 위대한 승리를 보여주었으며, 그 활극을 만드는 데 결정적으로 기여했던 극작가 스틸 매카이의 의도 또한 바로 그것이었다. 극의 주인공인 코디에게서도 그러한 모습을 찾을 수 있다. 그는 자신의 영국 공연이 자신만의 긍지가 아니고 미국과 백인 문화의 긍지를 보여주는 것이라고 했다. 그는 백인의 고귀한 의

무를 위해 자신을 따라온 인디언들을 적극적으로 활용했다. 그는 훗날 자서전에서 그 인디언들을 백인과 백인 문화의 우월 앞에 굴복할 수밖에 없었던 '야만적인 적들'이라고 적었다. 그는 "인디언들은 나와 함께 고향을 떠나 5000마일이나 되는 대서양을 건너게 되었고 영국에서 활극을 통해 그들 스스로 인디언들의 종말을 생생하게 보여주기 위하여 여행을 함께 하였음"을 지적했다. 코디는 인디언이 "거대한 미국 대륙"인 서부가 이제 "최종적으로, 그리고 효과적으로 영어권 인종과 민족 앞에" 정복되고 정착되었음을 "전통적인 세계 문명의 중심"에서 알리게 하기 위해 "미지의 바다"를 건너게 되었다고 하였다.[51]

런던 공연은 선풍적인 인기를 끌었다. 5월과 6월 동안 매일 3~4만의 영국인들이 버펄로 빌 쇼를 관람했다. 인디언들은 런던의 자랑거리가 되었다. 이후 그들은 버밍햄, 맨체스터, 헐 지역으로 이동했고 그들의 인기 역시 상승했다. 그 해 영국 공연의 대성공은 전설이 되었고 이들의 활동과 반향은 이후 모든 사람의 관심을 지속적으로 끌기에 충분했다. 따라서 활극에 참여했던 인디언의 역할과 공로에 대한 보상이 필요했다. 코디를 비롯한 주최 측은 인디언에게 특별히 보상했다고 한다.[52]

그러나 그 이후의 과정을 보면 쇼의 흥행 성공으로 극에 참여한 인디언들에게 어떤 행운이 주어졌는지는 의문이다. 분명한 것은 그들이 자신의 독창적인 '고귀한 야만'의 문화를 백인의 의도에 맞게 변용하여 '잔인한 야만'으로 각색된 활극에 참여했다는 것이다. 그들은 민족의 정체성을 저버리는, 결코 의도치 않은 역할을 했다. 자신의 문화를 왜곡하는 역할에 적극 참여하는 그들의 모습은 비극적이었다. 그것은 서부활극에서 자신의 인종과 문화는 사라져야 함을 보여주어야 하는 비애였다. 더불어 결코 존재하지 않는 '상상의 인디언'을 보여줌으로써 자신의 문화에 대한 백인의 시선을 왜곡시켰다.

4. 영국 공연의 유산

　버펄로 빌 쇼는 규모나 관객 동원력, 극의 기술적인 처리 능력에서 현대 대중 예술의 진화에 결정적인 역할을 했다. 특히 서부극의 전통적인 플롯이나 서사 구조의 기원은 코디의 서부활극에서 기원을 찾을 수 있다. 19세기 말 빅토리아시대의 유럽인들이 버펄로 빌 쇼를 통해 보았던 미국 서부의 기억을 20세기 현재 유럽인들도 동일한 감정으로 기억하고 싶어 한다. 오늘날 유로디즈니가 중점적으로 보여주고자 기획했던 테마 가운데 하나가 유럽인의 호기심을 자극하는 버펄로 빌 쇼이다. 그 쇼에서는 카우보이, 인디언, 살아 있는 서부의 동물들이 참여하여 유럽인들이 바라는 서부의 역사를 다시금 재현하고 있다.

　이 전통은 빅토리아시대 말에 시작된 코디의 영국 투어에서 기원한다. 당시는 제국의 시대로 버펄로 빌 쇼는 영국과 유럽의 제국주의자들에게 미국 서부 정복의 위대한 드라마를 제공했다. 그들은 이러한 자연과 원주민의 정복을 다루는 드라마를 갈구했으며 이것이 서부활극의 성공을 이끈 원동력이 되었다. 대영제국의 확장을 주장하는 국왕을 비롯한 모든 왕족과 귀족까지도 버펄로 빌 쇼에 매료되었다. 일반 대중도 예외는 아니었다.

　그러나 그 서부활극에서 재현한 서부는 결코 서부의 진실을 담아낸 것은 아니었다. 서부는 정복되어야 할 장소이며 그곳의 인디언은 잔인하고 무자비한 야만인으로 묘사되었다. 이 서부활극에서 주인공은 백인이자, 카우보이이며, 무력으로 잔인하게 살육을 자행하는 총이었다. 백인 문명의 전진을 위해 장애가 된다면 인디언들은 위대한 문명의 도구인 총칼을 사용해서라도 정복해야 한다는 메시지가 버펄로 빌 쇼에 담겨 있었다.

　그러므로 이 서부활극에 참여하여 유럽으로 건너간 공연단의 인디언들은 이러한 백인의 문명관에 각색된 자신과 서부의 역사를 연기하는 비애를 겪어야 했다. 이들 인디언은 '잔인한 야만인'으로 각색된 활극에 참여하여 자신과 민족의 정체성을 저버리는, 결코 원치 않았던 역할을 했다. 더불어 공연단의 인디언은 결코 존재하지 않는 '상상의 인디언'을 보여줌으로써 자신의 문화에 대한 백인을 시선을 왜곡시키는 데도 일조했다.

버펄로 빌 쇼가 영국에서 보여준 서부의 역사는 백인의 입맛에 맞게 설계된 가상의 서부 역사였다. 그러한 서부 이미지의 역사를 이후 유럽인들은 계속 기억하였고 이것은 필요할 때 재생되는 모델이 되어 오늘날까지도 그들을 자극하고 있다.

제3장
버펄로 빌 코디의 서부활극과 계급

　버펄로 빌 코디의 서부활극이 처음부터 체계적이고 완벽하게 탄생한 것은 아니었다. 앞에서도 언급했지만 원래 코디의 극은 실내극에 기초하고 있었다. 그것이 어느 순간 체계적이고 독특한 야외 서부활극으로 발전했다는 점을 볼 때, 그 놀라운 도약과 발전의 저변에 무엇이 깔려 있는가? 그리고 관객들이 어떤 이유에서 그토록 서부활극에 끌렸는가? 지금까지 역사가들이 공통적으로 코디의 초기 서부극에 영향을 끼쳤다고 보는 것은 저드슨을 중심으로 하는 저가소설의 주인공들이었다. 코디의 서부 영웅화 작업은 서부에서 벌어지는 인디언과 기병대 간의 갈등, 생생한 극적 요소와 사실성, 문명과 야만의 대결 등에 큰 영향을 받았다.
　그러나 고려해야 할 또 다른 측면이 있다. 코디가 거둔 성과에서 결코 놓치지 말아야 할 것은, 당시 미국 내부의 중요한 측면이었던 계급적 갈등을 잘 조절해서 극의 수정과 발전에 활용한 코디의 적극성이었다. 그는 계급적인 문화 소비층에 맞추어 극을 수정 보완했으며, 결과적으로 수준 높은 서부극을 만들려고 했다. 그는 그런 노력을 통해 중산계급 이상의 문화 소비자들에게서 호감을 얻었고, 문화의 방향을 결정하는 평론가들로부터 인정을 받았다. 그러나 그는 거기에 만족하지 않고 재차 문제점들을 찾아 전폭적인 개혁을 함으로써 오늘날의 야외 서부활극의 모습을 갖추는 혁명적인 전환을 시도했다. 그것이 우리가 알고 있는 서부활극 와일드 웨스트 쇼의 탄생 배경이다. 다시 말해, 그는 미국 사회계층의 동향에 대한 철저한 분석을 토대로 무대극에서 야외 서부활극으로 전환함으로써 초기 서부극에 대한 기성 문화 소비층의 반대를 극복했으며, 나아가 전체 계급을 아우르려는 혁명적인 시도를 함으로써 포용적인 야외 서부활극의 콘텐츠를 구성했던 것이다.

이러한 코디의 노력 과정을 보면 당시 연예 흥행 면에 있어서 미국 사회의 여러 전통적인 질서들뿐 아니라 산업화 속에서 새롭게 나타나는 측면도 확인할 수 있다. 더불어 당시 문화를 지배하던 계급이 특정 예술을 허용하거나 허용하지 않았던 기호 또한 이해할 수 있다. 이처럼 격변하는 동부의 오락과 무대 시장에서 새로운 정체성을 확보함과 동시에 기존 소비층의 관심을 끌려고 했던 코디의 노력을 확인하는 것 자체가 매우 흥미로운 발견이 되는 셈이다. 코디는 초기 연극무대에서 폭력과 인디언에 대한 무자비한 살육을 보여주어 당시의 주요 문화 소비층인 신흥 중산계급과 상층계급, 또는 문화비평가들로부터 매우 혹독한 평가를 받았다. 그는 새로운 문화 소비자로 등장하던 대중들로부터는 열렬한 환영을 받았지만 문화 기득권층의 멸시와 무시는 끈질기게 그를 괴롭혔다. 그는 문화 기득권층을 의식하지 않을 수 없었다. 그는 그들을 무시하고 자신만의 새로운 무대극을 전파하는 모험을 할 것인지, 아니면 그들의 흥미와 관심을 얻기 위해 극을 철저히 수정할 것인지 결정해야 했다. 그것은 서부활극의 초기 시절 그의 가장 큰 고민거리였다. 그러한 흔적을 더듬어보는 것은 그 시대의 문화 공간에서 이루어지던 계급 충돌과 변화를 확인해보는 흥미로운 작업이 될 것이며, 코디의 서부활극이 몇 가지 혁신적이지만 단순한 노력의 산물이었다는 기존의 해석을 수정하는 데 도움이 될 것이다.

1. 버펄로 빌의 서부활극 와일드 웨스트의 성장 배경
- 버펄로 빌 쇼의 출현과 당시의 문화 구조 -

역사가들이 버펄로 빌 쇼의 성공 요인으로 꼽는 것들 중에서도 가장 중요한 것은 서부의 현장감을 생생하게 무대에 옮겨 놓은 코디의 천재성이었다고 할 수 있다. 그것은 바로 코디의 천재적인 예술 감각과 창의성을 의미한다. 그러나 무대극은 무대 위로 시선을 집중하고 있는 관객과의 호흡을 필요로 한다는 한계가 있었다. 시간과 비용을 아끼지 않고 기꺼이 자리를 함께 하려는 관객들의 열의가 없다면, 무대극은 결코 성공적인 결과를 얻을 수 없었다.

관객들이 코디의 메시지에 기꺼이 빠져들 수 있었던 가장 큰 이유는 미국의 중소 계급 대중들이 생활에 어느 정도 여유를 갖게 되었다는 사회 경제적 배경이라 할 수 있다. 사실 백인들이 서부에서의 승리라는 꿈에 깊은 애착을 가졌던 근본적인 이유도 마찬가지로 경제적인 여건의 변화에서 찾을 수 있는 것이었다.

역사가들의 평가에 의하면, 일반적으로 1870년대 미국 극장은 그다지 인기 있는 예술 시장이나 오락물이 아니었다. 그러나 미국인들은 점차 극장을 미국 사회와 도시 생활의 중요한 부분으로 인식해가고 있었다. 새롭게 부상하는 중산계급은 그런 변화 속에서 자신의 신분 상승을 느낄 수 있었던 것이다. 그들의 계급 상승의 안정감을 가장 적나라하게 느낄 수 있는 공간이 바로 극장이라는 문화 공간이었다.[1]

당시 미국은 동부를 중심으로 산업주의 시대의 최고 번영기를 구가하고 있었다. 그러나 이것은 상당한 문제점을 내포하고 있었다. 국민 모두가 그러한 번영을 구가하고 수용하고 있었는가 하는 것은 별개의 문제였다. 중요한 것은 전통적인 농업사회에서 큰 비중을 차지하던 자영농의 가치는 새로운 사회의 가치들인 대량 생산과 판매로 하나씩 대체되고 있었다는 것이다. 당시 미국 사회는 기독교적인 가치 체제를 유지하고 확대하는 문화를 당연하게 받아들이고 있었다. 그러나 이제 미국인들은 새로운 사회에서 새로운 삶의 방식을 찾아, 자신을 강력하고 분명하게 표현하며 자신의 장점들을 확보하고 그 과정에서 정교하고도 민감한 의도와 술수를 사용해야 할 필요가 있었다. 그들은 단순하고 소박한 삶에서 벗어나 좀 더 복잡하고 의심스러운 사회에서 살면서 본심을 숨긴 채 점잖고 신사적인 면모를 보여주어야 했다. 좀 더 정교한 에티켓이 출현한 것도 이때였다. 그러나 그 정교한 에티켓의 이면에는 남을 속일 수 있는 함정도 있었다. 역사가 홀트넨(Karen Halttunen)은 미국인들이 점차 "자신을 보다 복잡하고 세련되게 표현하는 방식"을 배우게 되었다고 말했다.[2]

1850년대를 전후한 시점에 미국에서는 이런 분위기로 인해 중산계급에 어울리는 새로운 오락과 문화가 인기를 끌었다. 그리고 여태껏 전통적인 미국 농업사회가 가지고 있던 여러 문화양식들은 멸시받고 무시당했다. 새로운 세계는 새로운 문화를 요구했던 것이다. 과거의 단순한 문화적 취향은 새로운 사회, 즉 복잡한 감정의 세계에는 어울리지 않게 너무 단순했다. 그런 취향을 구체적으로 나타내고 새로운 질서에 의한 신분 상승의 분위기를 느낄 수 있던 곳이 바로 무대였다. 그러나 새로운 중산계급이라는 신분의 정체성을 확인받고 싶은 사람들은 이런 공공 오락 시설에만 만족하지 못했다. 나아가 그들은 가정에서도 그것들을 적극적으로 실현하고 싶어 했다. 그 결과 공공 생활의 인공적이고 인위적인 장소를 집안으로 가져왔다. 그것이 응접실이었다. 그들은 응접실이 자기 계급에 어울리는 품위 유지에 필요한 장소라고 생각했다. 따라서 응접실은 더 이상 사적 생활 장소라고만 할 수 없게 되었다. 응접실이란 공간은 마치 연극무대처럼 자신의 솔직한 감정을 감추고 정치, 경제, 사회적인 여러 요구와 의도를 확인하고 실천할 수 있는 곳이었다. 가정 안의 연극무대였던 셈이다.[3]

이후 가정의 응접실은 점점 연극무대로 변신해 갔다. 중산계급의 신분 상승에 어울리는 복잡한 세계를 재현하는 여러 가지 기능을 했다. 응접실을 연극무대 같은 분위기로 꾸밀 수 있는 장치들이 나타나기 시작하였다. 가정에서 소규모의 연극을 상연할 수 있는 장치들이 개발되었던 것이다. 커튼, 장식 기구 세트, 프롬프터(prompters: 배우에게 대사를 가르쳐주는 장치) 등이 바로 그것이었다. 또한 무대장치의 핵심이 되는 다양한 조명 장치들도 나타났다. 그리하여 '응접실 무대극'(parlor theatricals)의 운영에 손색없는 제반 시설이 갖추어지게 되었다.[4]

'응접실 무대극'의 확대는 특정 지역에 한정되는 현상이 아니었다. 미국 전역에서 이러한 유행이 일어났다. 새로운 시대에 새로 일어난 신흥 중산계급은 사회적인 관계 유지와 확대를 위해 연극을 상연했다. 이러한 무대극들이 그들의 지위 상승을 확보해준다는 성격을 갖고 있었던 것이다. 따라서 그들의 이중적인 행동을 보장하기 위한 보다 복잡해진 사회 매너와 사기술이 나타났다. 그리하여 사기술의 교묘함을 보여주는 여러 계급적인 의식과 예절들이 '허울 좋은 사기'로 지적되기도 한다. 이러한 점들은 "인생은 속임수에 불과하다"(Life is a charade)라는 말에 본질적으로 잘 나타나 있다.[5]

코디의 서부극과 이후의 야외 서부활극 와일드 웨스트는 이러한 분위기로 인해 빛을 발할 수 있었다. 코디는 이 추세에 대응하기 위해 다양한 소재를 적용했으며, 새롭게 부상하는 중산계급의 문화에 어울리는 극예술을 고안하려고 노력했다. 이런 신흥 중산계급의 요구와 역동적인 성향을 잘 표현했다는 점에서 코디는 시대에 적절히 대응했다고 할 수 있다. 그런 면에서 독특하다고 평가받아온 서부활극도 시대가 낳은 작품일 뿐, 코디의 독창적인 작품이라고 말하기는 어렵다. 그의 무대극에 등장하는 배역들은 현실에 존재하는 서부 사나이들을 그대로 재현한 것이라기보다는, 중산계급의 복잡한 문화적인 요소들이 투영된 존재였다고 할 수 있다.[6]

따라서 시대적 배경에서 새롭게 부상하는 중산계급에게, 특히 남성들에게 코디와 그의 극은 엄청난 인기를 끌었다. 그들은 거의 광적으로 코디의 극에 몰입했다. 그들은 연극을 즐기는 관객의 위치에 만족하지 않았다. 그들은 실제로 자신의 응접실에서 코디의 역할을 직접 연기하기도 했다. 그것은 전국적인 현상이었다. 서부 변방에서도 그 열기는 굉장했다. 1874년 포트에이브러햄링컨이라는 외딴 변경 지역에서도 코디의 극은 대단한 인기를 끌었다. 그곳에서 극의 인기를 주도했던 인물이 유명한 조지 암스트롱 커스터였다. 커스터야말로 새롭게 부상하는 중산계급의 상징이라고 할 수 있는 인물이었다. 그는 자신만의 버펄로 빌 서부극을 만들었고, 직접 연기를 주도했다. 이러한 분위기는 포트맥퍼슨이나 캔자스 주 위치타에서도 마찬가지였다.[7]

코디의 극이 중산계급에게 인기를 끌었던 이유는 무엇일까? 우선 그는 전형적인 무대극에 안주하던 풍토를 새로이 부상하는 중산계급에게 어울리도록 과감하게 탈바꿈시켰다. 당시에는 연극이 예술과 오락의 중심적인 역할을 수행하고 있었다. 역사가 홀트넨이 이야기했듯이 "유동적인 사회구조에서 개인의 행동 양식은 마치 연극무대 배우들의 무대행동과 유사한 경향"을 나타낸다.[8] 그러므로 당연히 코디의 쇼도 이러한 추세를 따라야 했다. 무대극이 대세였기 때문이다. 그의 무대극은 철저하게 코디 자신을 중심으로 하여 극적인 주인공의 이야기를 풀어갈 수 있는 극이었다. 그러나 그는 결국 이러한 연극무대에서의 공연을 과감하게 뿌리쳤다. 그리고 자신만의 독특한 야외극, 다수가 주인공이 되는 와일드 웨스트 쇼를 개발하여 인기를 독차지했다.

그는 새로운 중산계급에게 지금보다 더 호소력을 갖고 이들 신분에 더 어울리는 극을 창출하기 위해 모험을 감행했다. 장차 거대해질 시장 개척의 가능성을 다른 측면에서 발견하고 있었기 때문이다. 사실 그것은 위험 천만한 일이었다. 미국 사회를 주도해왔던 청교도적인 사고방식에서 현실의 경건성과 사회의 진정성을 해치는 허구의 공간이던 연극무대가 이제 사회적으로 공공연히 인정되고 수용되는 공간으로 자리 잡은 것이었다. 그러므로 코디가 그런 무대를 벗어나서 새로운 계획을 꿈꾸었던 것은 일반적으로 쉽게 받아들여질 수 없는 일이었다. 또한 사회의 '존경받는' 중산계급이 더 이상 무대극을 회피하지 않는 안정적인 상황이 왔는데도, 코디는 그 안정적인 사업을 저버렸던 것이다. 코디가 그러한 시대적인 추세에서 벗어났던 것은 다분히 그의 모험정신에 기인한다. 지금까지의 무대극은 거의 하나의 특정 계급만 목표로 했다. 비평가들 또한 신문이나 각종 매체에서 특정 계급만을 염두에 두고 비평문을 썼다. 비평가들은 관객의 성분을 평가하고 기존의 고급스러운 관객이나 새로운 중산계급 관객들을 대상으로만 비평을 쓰려고 했던 것이다.[9]

일반적으로 미국의 중상위층 계급 사람들은 노동자 계급과 함께 연극을 보려 하지 않았다. 계급의식에 젖어 있었기 때문이다. 그들은 극장에서 창녀나 빈민들과 마주칠까봐 두려워했다. 반면, 아주 수준 높은 유명 극장들도 있었다. 그러나 그러한 극장들은 소수였을 뿐만 아니라 중산계급이 출입하기에는 너무나 비쌌다. 더욱이 19세기 말에 이르자 고급 극장들의 입장료가 더욱 비싸졌다.[10]

당시 극장 출입을 할 수 있는 능력은 역사가 데이비드 나소(David Nasaw)의 말에서 잘 나타난다. 그는 19세기 말 극장의 입장료가 '평균 1달러'라면서 이 돈은 "도시 임금노동자 일당의 2/3 수준"이라고 했다. 따라서 도시 노동자가 이러한 거금을 지불하고 극장에 출입하기란 사실 불가능했다.[11]

일반적으로 대도시의 밤은 부자들만 즐길 수 있는 시간이었다. 젊은 부자들만이 방탕을 즐길 수 있었다. 평범한 사람들은 대도시의 밤 문화를 향유할 수 있는 금전적인 여유도 없었고, 사회적 지위의 제약을 받기도 했다. 그러한 이유 중 하나는 하층계급이 새로 미국에 유입된 이민자들이었기 때문이다. 따라서 그들이 밤의 주흥을 즐길 수 있는 방법은 값싼 선술집에서 맥주를 마시거나 살롱에서 술을 마시며 간단한 쇼를 구경하는 것이었다. 당시 유행하던 가벼운 풍자극(vaudeville)을 보기도 했다. 그러나 서민들이 출입하는 오락의 장은 단속이 심해서 대중들은 오락을 즐기기가 쉽지 않았다. 물론 박물관에 갈 수도 있었다. 그러나 여기에도 제약이 있었다. 출입할 때 여러 가지 엄격한 규율을 적용하는 바람에 대중의 취향과 기준에 맞지 않았던 것이다. 사회에서 경멸하는 창녀나 주정뱅이는 입장이 금지되었으므로 대중들은 쉽게 접근할 수 없었다. 새로운 중산계급의 경우 그보다는 쉽게 극장에 갈 수 있었지만, 대도시의 고급스런 밤 문화는 어디까지나 부를 소유한 계층에게만 허락되는 공간이었다.[12]

그러므로 코디는 이러한 조건들을 감안하여 중산계급을 대중문화의 가운데로 끌어들이는 작업을 시작했다. 그는 그것이 흥행과 수입의 관건이라고 생각했다. 그리고 그 속에는 중산계급으로의 신분 상승 의지가 내재하고 있었다. 코디가 젊은 시절에 그토록 열심히 일했던 것도 사실은 중산층에 편입되려는 노력의 일환이었다. 코디는 열심히 노력했다. 남북전쟁 이후 코디의 활동은 자신과 가족의 약화된 지위를 회복하려는 눈물겨운 투쟁이었다. 그는 포니익스프레스에서, 철도 공사 현장에서, 기병대에서 신분 상승을 위해 필사적으로 노력했다. 특히 그는 캔자스나 네브래스카에서 상승된 지위를 유지하기 위해 중산층 이상의 계급과 밀접한 관계를 맺었다. 장교 및 기업가들과의 긴밀한 관계를 유지하도록 늘 노력했던 것도 그러한 이유에서였다. 특히 로체스터에서 거주할 때에는 자녀들을 상류층 자제들이 다니는 사립학교에 입학시키기까지 했다. 또한 사회 유명

인사만이 보유할 수 있을 정도의 대저택을 가지려고 했다. 그는 유명 인사로서 미국 사회 중상위층에 해당하는 연예인 신분을 유지하려고 했다. 그는 한결같은 마음과 행동으로 스카우트 활동을 했으며, 서부의 황량한 오지에서 백인 민병대를 인디언의 공격으로부터 지켜내는 위대한 백인의 상징이었다. 그는 무대에서 그런 역할을 자연스럽게 연기함으로써 안정적인 백인 중산계급이라는 기반이 왜 사회를 지탱하는 데 필요한지 정확하게 보여주는 인물이 되었고, 무대 밖에서도 그러한 이미지로 비춰지는 인물이 되었다. 적어도 서부에서만이라도, 그는 중산계급의 위상을 높이고 안정감을 지키는 상징적인 인물 역할을 했다.[13]

그러나 동부 대도시에서는 코디가 서부에서 보였던 노력과 위상이 쉽게 먹혀들지 않았다. 그는 한층 더 노력해야 할 시점이라고 판단했다. 동부에서 코디는 주로 노동자 계급을 중심으로 큰 인기를 끌고 있었다. 버펄로 빌 쇼에 대한 그들의 광적인 관심은 놀라울 정도였다. 그들은 극장으로 돌진하다시피 했다. 그런데 그들은 오직 코디를 보기 위해 광적으로 돌진한 것이었다. 그들은 연극이라는 매체를 통해 보이는 버펄로 빌 쇼를 단지 하나의 극으로 볼 준비가 되어 있지 않았다. 그들은 아직까지도 극이 현실을 그대로 반영한다는 믿음을 간직하던 가장 솔직한 19세기적 사람들이었다. 서부 인디언에 대한 공포와 생생한 뉴스가 대도시의 무대에서 사실 그대로 재현되고 있는 것이라고 그들은 생각했다. 특히 그 유명한 버펄로 빌 코디가 직접 출현한다는 사실은 그들에게 신비로운 서부를 있는 그대로 옮겨다 놓은 듯한 느낌을 더욱 강하게 만들었다.[14]

그러나 그들이 기대하는 버펄로 빌 쇼는 버펄로 빌이 재현하려는 쇼가 아니었다. 그들은 그 쇼가 사회적인 구속에서 자유롭게 벗어날 수 있게 해주는 서부극이 되기를 바랐다. 그러므로 코디가 한층 열광적이고 흥분되는 서부극을 만들어주기를 기대했다. 그들은 무대를 소란스럽게 하고 광적인 괴성을 지르면서 흥분의 절정을 맛봄으로써 현실에서 받던 압박감을 해소하고 싶었던 것이다. 1873년 메인 주 포틀랜드 공연장에서는 노동자들의 그러한 요구가 특히 잘 나타났다. 그 극을 본 어떤 비평가는 다음과 같이 썼다. "연극에서 죽는 역을 맡았던 한 배우가 살아 있는 것을 알자, '저 독일 놈이 아직 죽지 않았어! 그가 죽을 때까지 계속해!' 하며 난폭한 관중들이 광적인 흥분을 나타내는 것을 보고 놀라움을 금할 수 없었다." 1875년 공연에서는 코디가 곰과 대결하는 장면에서 관객들이 곰의 숨통을 끊어 놓으라고 소리치기도 했다.[15]

버펄로 빌 쇼를 평가하는 비평가들도 격렬함에 있어서는 대중들과 다를 바 없었다. 단, 방향은 달랐다. 그들은 버펄로 빌 쇼의 수준과 양식을 문제 삼았다. 선동적이고 저질적인 극을 하는 코디는 당시 유행하던 수준 높은 고전극의 대명사 에드윈 부스(Edwin Booth)를 따라갈 수 없다는 비판이 나왔다. 미국의 대표적인 극단과 연극이 그들 눈에는 소란스러운 오락을 하는 수준 낮은 존재로 비쳤던 것이다. 프랑스 출신의 유명 배우 찰스 페흐터(Charles Fechter) 또한 비평가들이 코디의 비교 대상으로 즐겨 삼던 인물이었다. 비평가들은 여러 가지 면에서 코디가 고전적이고 수준 높은 프랑스 배우의 기량을 따라갈 수 없다면서 그의 대중주의를 비판했다.[16]

수준 높은 예술의 수호자라고 자처하는 지도적인 비평가들의 버펄로 빌 쇼에 대한 잔인하고 통렬한 비판은 실로 가공할 정도였다. 「대평원의 스카우트」는 대중적으로는 많은 인기를 끌었지만, 저명한 비평가들로부터는 참을 수 없는 혹평을 감수해야 했다. 비평가들은 처음부터 곱지 않은 눈초리로 이 작품을 봤다. 그들은 "결코 참을 수 없는 최악의 쓰레기"라면서 그런 극은 수준 높은 전통 고전극이 상연되는 장소에서 추방해야 한다고 주장했다. 그리고 코디의 극은 저질극을 주로 상연하는 '바우어리가' (Bowery Street)나 '우드 박물관'(Wood's Museum)에서 상연해야 마땅하다고 했다. 대중들과 하층계급이 점차 극장을 즐겨 찾는 것에 대해서도 비평가들은 매우 불쾌하게 생각했다. 그들의 시각에서 볼 때 버펄로 빌 쇼 같은 극에 관심을 갖는다는 것은 결국 '결코 참을 수 없는 현상'으로서 대중들이 순수예술을 오염시키는 것이었다.[17]

그렇다고 해서 버펄로 빌 쇼가 처음 상연될 때의 관객이 대중들과 하층계급뿐이었다고 단정할 수는 없다. 일부 상층계급 사람들도 기꺼이 참여하여 서부 재현에 탐닉했다. 그러한 사람들로는 군인 특히 고급 장교들이 눈에 띄었다. 사냥을 즐기는 높은 신분의 인물들도 그런 관객의 일부였다. 그들은 코디의 초연에 참여했을 뿐만 아니라 이후에도 버펄로 빌 쇼에 지속적이고 적극적인 관심을 가졌다. 물론 거기에는 코디와 서부에서 맺었던 인연도 중요한 역할을 했을 것이다.[18]

비평가들의 눈에는 이러한 사회 상층부의 인물들이 보이지 않았다. 그들은 코디의 진정한 팬이 아니라 특별한 이유에서 예의를 표하려 했던 인물들로 간주되었다. 비평가들은 미국 상류사회의 문화를 와해시키고 속물스러운 대중주의의 광기를 생산하는 극의 대표적인 사례로만 버펄로 빌 쇼를 평가하고 싶어 했던 것이다. 어떤 비평가는 버펄로 빌 쇼를 비판한 뒤 "그러므로 사회 하층 출신의 100만 명이" 이 극을 보고 "즐거움과 환희를 만끽하였고", 반면 "사회 상층부의 1만 명 정도는 단지 시간을 때우고 있었다"며 과격하고 부정적인 평가를 했다.[19]

버펄로 빌 쇼의 초연을 기점으로 해서 나타났던 일련의 비판들은 이러한 예술 장르에서의 비평가들에게만 국한된 것이 아니었다. 사회 각층에서 쏟아졌던 분노와 비판의 목소리는 결코 비평가들만 그 극을 염려한 것이 아니었음을 잘 보여주었다. 덧붙여 말하자면, 전통적인 미국 사회의 가치를 보호하고 지탱하는 인물들에게 이러한 극은 새삼 이해할 수 없는 대중주의와 영합한 것으로 비추어졌다. 그러므로 그 극에 대한 공격의 화살이 전면적으로 쏟아져 나왔다고 할 수 있다.[20]

특히 비판의 공통적인 측면은 대중적 취향의 흥분과 탄성을 야기하는 극의 질적인 문제였다. 더불어 그런 극이 사회의 도덕성을 어떻게 망가뜨리는가에 대한 신랄한 언급도 있었다.

한편, 비판의 또 다른 축은 사회 개혁가들의 곱지 않은 시선이었다. 도덕과 질서가 충만한 세계를 꿈꿈과 동시에 악의 전파와 도시의 부패로부터 미국인의 정서를 보호하는 파수꾼으로 자처하여 개혁의 선봉에 섰던 사람들에게 버펄로 빌 쇼는 결코 용납할 수 없는 도덕적 타락의 신호탄일 뿐이었다. 그들은 먼저 버펄로 빌 쇼의 기원이 되는 '저가소설'부터 비판했다. 이 소설들에 기원한 값싼 멜로드라마는 전통적인 미국 정신의 타락을 보여주는 가장 결정적인 모습이라고 단정하였다. 그들은 그 드라마에서 보이는 야만적인 폭력은 결코 미국적인 것이 아니며 그런 폭력에 노출될 경우 일반인들의 정서에 부정적인 영향이 있을 것이라며 통탄했다. 코디의 절제되지 않는 극은 인간의 가장 '본능적인 감정'을 자극하는 선정적인 작품으로 치부되었다.[21]

이런 개혁가들이 두려워했던 것은 그뿐이 아니었다. 그들은 원초적인 자극을 강조하는 드라마가 사회적인 억압 속에서 살아가는 노동자들의 숨겨진 분노를 자극하여 궁극적으로 노동자들을 폭발하게 만들까봐 두려워했다. 그들은 사회의 안정적인 지탱과 유지를 위해 버펄로 빌 쇼가 없어져야 한다고 생각했다. 이 개혁가들은 공통적으로 자기들이 노동자들보다 우월한 존재라고 생각하고 있었으며 그로 인해 버펄로 빌 쇼에 거부 반응을 나타냈던 것이다. 그런 우월감은 그들이 주장하는 개혁의 시발점이자 개혁을 지탱하는 힘이었다. 개혁가들이 볼 때 노동자들이란 인디언과 별로 다르지 않은, 우수한 백인 문화에 제대로 길들여지지 못한 야만인들이었다. 그들은 유럽의 여러 국가에서 대서양을 건너온 지 얼마 안 되는 불손한 세력으로서, 개혁가들의 손에 의해 미국적인 교육을 받아야 할 존재들이었다. 더욱이 그들은 비미국적인 요소들을 많이 가지고 있었다. 실제로 이민자들은 비미국적인 사상과 감정을 쉽사리 버리지 못하고 있었다. 이것은 개혁가들이 볼 때 위험했다. 언제라도 폭발할 수 있는 시한폭탄이나 마찬가지였던 것이다. 실제로 이러한 이민 출신의 노동자들은 도시와 공업 지역에서 노동조합과 파업으로 새로운 위기를 만들고 있었다.[22]

그런 상황에서 개혁가들은 야만적인 인디언 문화까지 어린 아이들에게 전파된다는 공포를 갖게 되었다. 저질 문화가 장차 미국을 짊어질 후손들에게 끼칠 해악은 불을 보듯 뻔했다. 그들은 "전 도시의 어린아이들, 그리고 더 한심하게 어른들까지도" 인디언과 백인 기병대가 서부에서 벌이는 싸움을 길거리에서 흉내 내는 현상을 이해할 수 없었다. "그들은 괴성을 지르면서 인디언 흉내를 내고" 다녔다. 버펄로 빌 쇼에서 보았던 무시무시한 전투 기법을 즐겨 흉내 냈다. 그들의 눈에는 거리가 온통 "버펄로 빌 코디나 텍사스 잭(Texas Jack) 흉내"로 가득 찬 것처럼 보였다. 이러한 현상은 밤이 되어도 계속되었다. "밤이면 밤마다 소름끼치는 비명이 거리에서 들려온다." 이러한 소리에 잠을 자던 시민들은 경악을 금치 못했다. 시민들은 그것을 "평화로운 시민들을 혐오스럽게" 하는 결코 이해할 수 없는 현상이라고 말했다. 법과 질서, 공공의 안정을 지키는 경찰에게도 이러한 현상은 난처한 문제들이었다. "지금 받은 보고에 의하면 4지구 파출소의 한 경찰이 거의 귀가 먹을 뻔 했다"라는 기록이 있다. 그 경찰관을 귀먹게 했던 것은 "마치 지옥을 연상케 하는 괴성"이었다.[23]

2. 미국 국민 끌어안기

코디의 초기 서부극은 특별히 동부 지역의 중산계급과 비평가들로부터는 이와 같은 신랄한 평가를 받았다. 코디는 자신의 명성과 극의 수준을 끌어올리기 위해 적극적으로 노력했다. 그는 거시적인 관점에서 문제를 풀어내려고 했다. 우선 자신의 역할과 이미지를 제고하여 자신에 대한 평판을 수정하는 것이 시급했다. 그러기 위해 그가 시도한 노력 중 하나는 우선 가족 중심으로 극을 재구성하여 일반적인 미국인들의 정서에 호소하는 것이었다. 그는 그렇게 함으로써 결국 미국 사회를 염려하는 시선들로부터 자유로워질 수 있으리라고 생각했다. 이러한 노력은 초기 극의 발전 단계에서부터 버펄로 빌 코디가 심각하게 고민했던 문제였다. 원래 그의 원대한 꿈은 미국을 대표하는 상징적인 극을 만드는 것이었다. 그리고 궁극적으로 그는 이러한 미국적인 극을 통해 미국의 대통합을 실현하려는 의도를 가지고 있었다.[24]

코디의 초기 노력은 궁극적으로 비평가나 사회개혁가들로부터 높은 평가를 받을 뿐 아니라 미국 전체의 대중을 품에 안을 수 있는 것이었다. 그 노력은 구체적으로 남북전쟁에서 벗어나 남북을 통합하려는 의지로 나타났다. 그 첫 번째 중요하고도 결정적인 노력은 남부군 출신 인물들을 극에 끌어들이는 것으로 나타났다. 그는 그를 통해 미국 통합을 상징적으로 나타내고 싶어 했다. 그가 끌어들였던 인물은 그 유명한 텍사스 잭 오모훈드로(Texas Jack Omohundro)였다.[25]

상처를 씻고 하나의 국가로 통합하여 국가의 소명과 약속을 이끌어내려는 적극적인 노력을 보여줌으로써 그는 그 무수한 비판들에서 순식간에 빠져나갈 수 있었다. 노력에 대한 평가는 상당히 호의적이었다. 우선 비평가들이 그의 노력을 환영했다. 버펄로 빌 쇼는 남과 북을 전쟁의 상처에서 벗어나 하나의 국가로 단합하게 만들려는 노력의 상징으로, 코디는 미국의 정체성을 회복하고 위대한 문명 개척의 선봉에 선 인물로 평가받았다. 그는 "남부와 북부를 조화롭게 통일하는 위대한 정신의 소유자"이며, 장차 "미국의 장래에 어울리는 인격의 상징"이라는 찬사를 받았다.[26]

코디 자신과 그의 극의 위상을 확보하기 위한 노력은 그의 초기 시절에 결정적인 도움을 줬던 저드슨과 관계를 단절한 데에서도 잘 나타난다. 그가 저드슨으로부터 벗어났다는 것은 대단히 위험스럽고 결정적인 모험이었다. 그러나 그는 결단을 내렸다. 그것은 그가 국민적인 영웅이자 명망

출처: Buffalo Bill Historical Center, Cody, Wyoming

1872년 버펄로 빌 코디는 한 출판업자(James Gordon Bennett)의 초청으로 뉴욕을 방문했다. 뉴욕에서 그는 소설가 저드슨의 요청으로 바우어리극장의 버펄로 빌 공연에 참관했다. 이것이 계기가 되어 그는 제3기병대의 스카우트로 활동하면서 공연 배우로서 무대에 섰다. 그가 최초로 무대에 서게 된 연극(The Scouts of the Prairie)은 저드슨이 극본을 쓴 것으로, 코디가 주인공을 맡았다. 이 무대에는 또 한 사람의 기병대 스카우트인 텍사스 잭 오모훈드로와 이탈리아 출신의 주세피나 몰라치도 참여했다. 사진은 1870년경 찍은 것으로 왼쪽부터 저드슨, 버펄로 빌 코디, 몰라치, 오모훈드로이다.

있는 인물로 거듭나려는 필사적인 노력이었다. 물론 저가소설의 대명사인 인기 작가와 단절한 데에는 그 외에도 여러 가지 이유가 있다. 그러나 그 일은 그가 미국적인 시각에 입각해서 전국적인 영웅으로 자리잡기 위해 추진하였던 노력의 일환이자 극의 새로운 평가를 얻기 위해 내렸던 과감한 결단이었다.[27]

원래 저드슨에 대한 코디의 시선은 쉽게 이해할 수 없는 것이었으며 단순한 이해관계를 초월하여 존재하는 것이었다. 사실 저드슨은 특정 계급을 우선하던 당시의 사고방식에 강한 적개심을 갖고 있었다. 따라서 코디가 중상위층 계급에 영합하겠다는 결심을 하는 순간, 저드슨과의 이별은 이미 예정된 것이었다. 저드슨은 당시의 철저한 계급주의적 풍조를 비판 공격하였고, 그 문제를 정치화하여 강조하고 실천하던 인물이었다. 한편, 그는 이민 세력에 대해서도 매우 부정적인 견해를 갖고 있었다. 그는 일찍부터 유명 극작가로 이름을 날렸지만, 기행을 일삼기로 유명했다. 또한 정치적인 면에서도 미국 사회의 기인이자 이단아라는 평가를 받고 있었다. 그는 이민에 대해서 미국 사회의 근본과 기초에 대한 회의를 가중시키는 결과를 초래할 수도 있다고 생각했으며, 여하튼 그는 이민 문제에 대해 지나치게 예민하게 반응하는 경향이 있었다.[28]

미국의 많은 지식인 및 언론인들뿐 아니라 버펄로 빌 코디까지도 그의 철학적인 본질과 정치적인 토대가 무엇인지 의구심을 품게 되었다. 그는 결국 미국 사회의 계급주의적인 문제점을 비판하고 공격하기 위해 민중을 선동하는 위험 인물로 낙인찍혔다. 사실 코디도 비슷한 평가를 받고 있었지만, 저드슨 정도는 아니었다. 급기야 그는 그러한 이념을 실천하기 위해 정당도 창설하였다. 무지당(Know-Nothings)이라는 별명을 얻은 아메리카당(American Party)은 사실 그가 주도한 것이나 마찬가지였다. 그는 일찍이 1850년대에 이 당의 창설과 설립 발전에서 중요한 역할을 했다.[29]

버펄로 빌 코디가 저드슨과 거리를 유지하고 독자 행보를 취하기로 한 결정적인 이유는 한 마디로 저드슨의 편협한 인종주의였다. 초당적이고 범국민적인 사회 문화 공간을 만들기로 결심한 버펄로 빌 코디는 더 이상 그와 함께 할 수 없었던 것이다.

그리고 코디는 저드슨이 그러한 편협한 정당 활동을 시작하기 전부터 이미 그의 독특한 언행에 놀라고 있었다. 저드슨은 심각한 사회적 혼란을 초래했던 1849년 5월 10일 애스터광장오페라하우스사건(Astor Place Opera House Riot)의 실질적인 주모자였다. 수천 명 뉴욕 노동자들이 일으킨 이 폭동의 배후에는 저드슨이 있었다. 저드슨은 영국 출신 배우(William Charles Macready)를 주인공으로 선택한 「맥베스」 공연에 반대하여 공연장 바깥에서 노동자들을 끌어 모아 적극적으로 항의하였다. 그리하여 결국 민병대와 대치하는 불상사가 발생하기까지 했다. 이러한 소란 속에서 그가 궁극적으로 원했던 것은 영국 세력의 침투에 대해 미국 시민들에게 경고를 보내는 것이었다. 그와 그의 동료들은 이러한 "영국숭배주의"(Anglophilia)의 위험성을 주장했다. 그런데 그들의 주장 속에는 미국 사회의 다른 인종과 민족에 대한 공격성도 숨어 있었다. 구체적으로 말해, 그들은 미국 사회에서 토착주의적인 태도를 고수하면서 "비미국적인 계급의 질서"가 존재하는데 대한 반감을 노골적으로 터트리고 있었던 것이다. 애스터광장오페라하우스사건은 그러한 배경에서 일어났다. 그 항의는 결국 폭동으로 변질되었다. 결국 민병대는 대중을 향해서 총을 쐈고 31명의 사망자와 100여 명의 부상자가 발생했다.[30]

저드슨이 관련되었던 애스터광장오페라하우스사건은 미국 연극 역사에서도 큰 의미를 갖는다. 이 사건으로 상층계급의 고급 극장 문화와 하층계급의 상대적으로 저속한 극장 문화가 결정적으로 분리되었기 때문이다. 계급 갈등의 문화적인 분리가 일어난 것이다. 대중적이고 하층 중심적인 극장 문화의 주도적인 인물이 바로 저드슨이었다. 버펄로 빌 코디 자신도 저드슨의 오락 중심 문화에 집중적으로 매달렸다. 그러나 결국 버펄로 빌 코디는 저드슨의 세속적이고 대중적인 취향에 대해 의외의 태도를 보였다. 버펄로 빌 코디는 과도하게 대중적인 속성은 결국 극의 행태에 큰 문제를 야기할 것이라고 생각했던 것이다.[31]

저드슨은 이 사건으로 인해 약 1년 간 감옥생활을 하게 되었다. 그러나 버펄로 빌 코디를 놀라게 한 것은 그것이 끝이 아니었다. 저드슨은 또 다시 문제를 일으켰다. 1852년 그는 독일 이민자들에 대한 강력한 적대감을 표현하며 대중운동을 주도했다. 그 해는 마침 선거가 있는 해였다. 그는 선거 기간 동안 반독일적인 정서를 생산하여 결국 유혈사태로 이르게 만들었다. 그는 다시 기소되었고 세인트루이스로 도주할 수밖에 없었다. 그러나 문제는 그것으로 일단락되지 않았다. 약 20년 후 코디는 텍사스 잭과 함께 세인트루이스를 방문하여 공연을 준비했다. 그때 저드슨도 이 공연 준비에 참여했는데, 결국 그는 20년 전의 범법 행위로 인해 이때 체포되었다. 이것은 당시 큰 문제로 여겨졌다. 그것은 버펄로 빌 코디의 극에 대한 비평가들의 의심이 한층 심화되는 계기가 되었다. 버펄로 빌 코디는 자신의 공연과 아무 상관이 없는 문제로 다시 암초에 부딪힌 것이다. 그리고 그것은 그가 선동적이고 파당적인 저드슨과 동행했기 때문에 생긴 문제였다. 그는 그 점을 직시했다. 당시 비평가들은 저드슨과 버펄로 빌 코디를 한데 묶어 생각했고, "약 20년 전의 그 사건에 참여했던 인물인 번틀러(저드슨)"가 이제 다시 버펄로 빌 코디와 함께 나타났다는 것은 바로 "이번 주 공연의 목적이 사실은 무려 20년에 걸쳐 치밀하게 준비했던 큰 계획이었음을 증명한다"고 주장했다.[32]

코디는 저드슨이라는 인물에 의한 분파적이고 속물적인 공연에 끌려다니다가는 결국 자신의 장래에도 엄청난 차질이 생길 것으로 보았다. 더군다나 반이민운동처럼 미국 사회에 혼란을 야기하는 문제를 일으키는 점에 대해서는 도저히 못 본 척할 수 없었다. 그는 미국 사회의 통합을 통해 장차 미국 사회의 모든 구성원에게 문화적 영웅으로 인정받기 위해서는 이러한 인물과 반드시 단절해야 한다고 생각했다. 그의 계획은 미국의 중추인 시민들 및 새로운 산업 세력에게 인정받는 예술인으로 거듭나서 장래를 보장받는 것이었는데, 그런 점에서 저드슨이라는 존재는 가장 큰 장애물이었던 것이다. 우선 저드슨과 단절해야만 미국의 여러 계급의 지지와 남북의 화해, 이민 세력의 통합, 인종의 통합에 기여하려는 자신의 뜻을 이룰 수 있었다. 그것은 일찍이 코디를 연구해온 사람들이 놓치고 간과하였던 측면이기도 하다.

또 다른 측면에서 볼 때, 그가 미국 중산계급에 호응하는 극예술을 만들어내기 위한 노력은 아주 흥미로웠다. 그는 중산층 가정을 표본으로 한 화목한 가정을 보여주기 위해 노력했다. 그는 극을 시작한 후 거의 1년 반 동안 거의 항상 부인을 데리고 다녔다. 그의 부인 루이자 코디는 때로는 극단 재봉사로서 힘든 일들을 도맡기도 했다. 그의 부인뿐 아니라 다른 가족이나 자녀들도 동행하는 경우가 많았다. 그의 세 자녀 아르타(Arta), 오라(Orra), 키트(Kit)는 직접 공연에 참여했고, 그에 따라 관객들과 비평가들은 그의 극이 단지 흥행만을 목적으로 하지 않고 미국의 훌륭한 가정을 보여주는 화기애애한 극이라는 인상을 갖게 되었다. 즉 가족주의 정서가 반영되었다고 판단한 것이다. 코디 자신이 직접 미국의 전형적인 중산계급 가장의 이미지를 보여줌으로써 그 자신과 극단은 미국의 전형적인 가족극의 상징으로 자리매김될 수 있었던 것이다. 그런 면에서 중산계급으로부터 인기를 얻는 데 성공했는지 여부를 떠나 그의 노력은 놀라운 것이었다고 할 수 있다.[33]

나아가 그는 자신의 드라마를 가족 중심의 프로젝트로 만들기 위해 여러 가지 간접적인 방법들을 동원해 당시 사회적으로 존경받던 여인들을 끌어들이려고 했다. 특히 가족적인 분위기를 위해 극의 상연도 주로 마티네(matinees)라는 낮 공연으로 이루어졌다. 가족들이 함께 극을 구경하기에는 낮 시간이 적당하다고 생각했기 때문이었다. 또한 공연에서 중요한 역할을 맡은 사람들인 텍사스 잭, 몰라치, 저드슨, 버펄로 빌 코디 자신의 캐비닛판 사진(cabinet photographs)을 공연을 보는 모든 숙녀들에게 무료로 제공하였다.[34]

3. 와일드 빌 히콕의 방출

코디가 초기의 성공적인 데뷔를 꿈꾸며 가족 중심적인 극으로 방향을 전환하고 미국적인 영웅을 형상화하여 미국 중산계급의 마음을 사로잡으려 했던 노력은 다른 경우에서도 분명하게 나타났다. 그것을 상징적으로 보여주는 일이 당시 서부 사나이의 신화로 알려졌던 와일드 빌 히콕과의 결별이었다. 버펄로 빌 코디는 이 시무룩한 성격의 전설적인 주정뱅이를 끌어들여 흥행에 기여하게 했다. 그럼에도 결국 그와 결별했던 이유는 과연 무엇이었을까? 그가 그 위험스런 모험을 감행했던 것은 이 야만적인 서부 사나이를 방출해야 공연단의 수준이 올라가고, 궁극적으로 중산계급의 관심도 증폭시킬 수 있다는 생각 때문이었다.[35]

코디가 왜 그런 결정을 했는지 이해하기 위해서는 우선 이 서부 사나이 히콕에 대해 어느 정도 이해할 필요가 있다. 히콕의 폭력에 대한 평판은 일찍이 잘 알려져 있었다. 서부에서 벌였던 여러 결투에 관한 소문으로 그는 이미 악명을 떨치고 있었다. 그리고 버펄로 빌 코디도 그 모든 것을 잘 알고 있었다. 물론 근거 없는 이야기들이 많았지만, 결코 허튼 소문으로 치부할 수 없는 것들도 있었다. 서부에서 그의 평판은 실로 놀라운 것이었다. 때로 그는 무자비하게 주먹을 사용했다. 또 때로는 여러 명과 홀로 대적해서 싸우는 멋진 서부 사나이기도 했다. 결론적으로 그는 신화 속의 인물이었다. 그는 미주리에서, 캔자스에서, 네브래스카에서 결투를 해서 많은 희생자들을 낸 인물이었다.[36]

그가 세상에 크게 알려지게 된 것은 1865년 7월 25일의 사건 때문이었다. 그것은 일반적으로 서부의 결투라고 일컬어지는 것들 중에서도 가장 고전적이고 상징적인 것으로 자리매김된 사건이었다. 당시 그는 데이브 터트(Dave Tutt)를 총으로 쏘아 죽였다. 장소는 미주리 주 스프링필드의 시장에 붙어 있는 광장이었다. 아직도 미국인들의 머리 속에는 그 결투가 전형적인 서부영화식의 결투, 즉 전형적인 신사도가 가장 모범적으로 적용된 것으로 남아 있다. 서로가 멀리에서 서서히 걸어와 규칙에 따라 총을 쏘는 그런 전형적인 결투였던 것이다. 그러나 현실 속에서는 낭만적이고 규칙에 따르는 서부의 결투는 거의 존재하지 않았다. 그런 것은 상상과 신화 속에서나 존재했으며, 훗날 영화를 통해 낭만적으로 묘사된 것이었다. 즉 사람들에게 익숙한 서부의 결투 장면은 잘못된 이미지이다. 실제로는 아주 야만적인 결투가 빈번하게 일어났고, 그것이 서부에서 일어나는 결투의 전형적인 모습이었다. 그러나 스프링필드 결투는 그런 야만적인 기습 살인에서 예외적인 사건이었으므로 유명해질 수 있었던 것이다.[37]

대체로 서부의 결투들은 먼지 나는 광장이나 마을 어귀에서 질서정연한 규칙하에 이루어지는 신사적인 게임이 결코 아니었다. 오히려 야만적이고 비겁한 총기 살해라고 말할 수 있는 경우가 많았다. 그것은 무질서에 의한 야만적인 행동들이었다. 결투라고 불린 총기 살인은 공정하고 넓고 밝은 장소보다는 주로 술집에서 발생했다. 어두컴컴하고 정돈되지 않는 공간에서 야만적이고 비겁하게 상대편이 알아차리지 못하고 있을 때 총으로 쏴 죽이는 것이었다. 술에 만취한 상대를 쏴 죽이는 이 비이성적인 행위는 역시 주로 찰나적인 감정상의 문제로 논쟁을 벌이다가 일어나는 경우가 많았다. 상대편의 등 뒤에서 무지막지하게 총질을 해대는 경우도 많았다.[38]

그럼에도 서부에는 결투에 대한 전형적인 규칙이 있었으며 또한 실천되었다고 전해진다. 만일 그런 유산이 존재하고 또 의미를 갖기 위해서는 그 기원이 무엇인지 확인해보아야 한다. 왜냐하면 고전적이고 가장 모범적인 동시에 아주 예외적이기도 한 '신사의 규칙'(code of honor) 혹은 '결투의 규칙'(code duello)에 의해 스프링필드광장 사건이 일어났기 때문이다. 그러므로 이 예외적인 전통의 기원을 찾아보는 것은 매우 흥미로운 작업이 될 것이다. 이러한 결투의 도가 서부에 어떻게 들어왔는지 이야기할 때 가장 일반적으로 채택되는 학설은 미국 남부의 이민자들이 가져왔다는 것이다. 즉 남부의 문화적 전통의 한 부분이었던 셈이다. 남부 상류층에서는 일찍이 논란과 갈등을 해결하는 나름의 방법이 있었다. 그리고 그 기원은 유럽 중세의 기사도에까지 거슬러 올라간다. 그런데 19세기 중반에 오면 이런 전통은 거의 사라졌다. 즉 갈등과 적대적인 관계를 꼭 이러한 결투라는 해결책을 통해 풀어내는 일이 드물어진 것이다. 설령 있었다고 해도 몇몇 예외적인 경우에 지나지 않았다. 그러나 이러한 남부의 전통은 훗날 미국 서부에서 발생하는 합법적인 결투의 전통을 형성하는 기원이 되었음이 확실해 보인다. 미국 서부에서 나타나던 결투의 규칙들은 철저하고 고정된 것들이었다. 첫째, 명예나 생명을 지키기 위해 결투를 할 경우 6연발 권총을 기본적으로 사용하도록 되어 있었다. 둘째, 이러한 결투가 합법적으로 이루어지기 위해서는 상대편도 동일한 무장을 하고 있어야 했다. 셋째, 상대방이 먼저 문제를 일으키고 위협을 가하는 바람에 할 수 없이 생명과 명예를 방어해야 했다는 사실을 증인들로부터 증명 받아야 했다. 이런 조건들이 모두 충족되었을 경우에는 결투에서 사람을 죽여도 법의 처벌을 받지 않았다.[39]

이러한 규칙을 준수하면서 이루어졌던 서부의 결투가 과연 얼마나 될 것인가? 규칙대로라면 전형적이지만, 현실에서는 예외적이었던 경우가 바로 악명 높은 와일드 빌 히콕의 초기 시절에 나타났다. 즉 히콕의 경우는 상당히 모범적인 사례였다고 할 수 있다. 이 뛰어난 총잡이는 미주리 주 스프링필드에서 근근이 생계를 유지하고 있었다. 그러던 어느 날 그는 데이브 터트와 싸움을 벌이게 되었다. 터트는 과거 북부 연방군 출신이었다. 위대한 결투의 전형이 된 이 결투의 이유가 무엇인지는 아직까지 정확하게 밝혀지지 않고 있다. 그러나 아무튼 그 결투는 모범적인 결투의 전형에 따르기 위해 즉석에서 이루어지지 않았다. 물론 결투라는 이름을 달고 있는 대부분의 싸움들은 아무런 경고 없이 총을 난사하는 무자비한 경우가 많았다. 그러나 이 경우는 달랐다. 그들은 공정한 결투를 위해 다음 날로 약속을 정했다. 다음 날 저녁 석양이 지자 결투가 시작되었다. 이것은 단지 두 사람만의 문제가 아니었다. 많은 사람들이 이 세기의 결투이자 전형적이고 모범적인 '신사도'를 구경하기 위해 모여들었다. 히콕과 터트는 마을 광장을 사이에 두고 서서 마주보았다. 터트가 약 75야드까지 접근했을 때 히콕이 큰 소리로 외쳤다. "데이브 더 이상 가까이 오지 말게." 그러자 터트는 신경질적으로 리볼버권총을 뽑았다. 발사된 총알은 허공으로 날아갔다. 반면 히콕은 냉정함과 침착함을 끝까지 유지하였다. 그는 침착하게 왼손으로 리볼버권총을 터트를 향해 겨냥하였다. 그리고 총알은 정확하게 터트의 가슴에 명중했다. 이 용감한 '결투의 모범'에 의해 그는 이 결투에 대한 법의 처벌을 면할 수 있었다. 그가 자유로울 수 있었던 것은 바로 '서부의 규칙'(the code of West)에 충실하였기 때문이었다. 그렇다고 해서 그가 항상 모범적인 결투만 했던 것은 결코 아니었다. 그가 당시에 비일비재하던 폭력의 희생자였다는 점이 그러한 사실을 정확하게 증명해 주고 있다.[40]

히콕의 경우에도 이 경우를 제외하면 결코 '신사의 규칙'이라고 할 수 없는 야만적인 폭력 행위를 저지르는 경우가 많았다. 특히 그의 명성을 빛나게 한 것 중에 하나는 1869년 캔자스에서 일어난 폭력 사건이었다. 당시 히콕은 캔자스 주 엘리스카운티 헤이스시티의 임시 보안관이었다. 그 지역에는 악당으로 통했던 새뮤얼 스트로훈(Samuel Strawhun) 일당이 있었다. 9월 29일 한밤중에 그들은 술에 취해 시내와 술집을 난장판으로 만들었다. 이에 보안관 히콕이 도착해서 사태를 해결하던 중 문제가 발생했다. 보안관 히콕이 소란 중지를 명령했으나 그들은 말을 듣지 않고 오히려 보안관을 공격하려고 했다. 이에 격분한 히콕이 그들 가운데 한 명의 머리를 향해 총을 발사했다. 그의 정확한 솜씨에 상대편은 현장에서 즉사했다. 그러나 그의 무시무시한 사태 처리로 인해 보안관에 대한 언짢은 분위기가 퍼졌다. 그의 뛰어난 사격 실력은 일찍이 소문이 파다한 상태였다. 시민들은 그의 실력과 결투에서 보여준 냉정한 성격을 높이 사서 그를 보안관으로 삼았지만, 실상을 눈으로 보고 나서는 그의 과격함에 몸서리를 쳤다. 시민들은 이 도시 위치상 비일비재했던 버펄로 사냥꾼이나 군인들의 소란을 막기 위해 키가 훤칠한 이 인물을 임시 보안관으로 선택하였지만, 그 임시보안관이 더욱 공포스러운 존재임을 깨달은 것이었다. 문제는 이 사건이 발생하기 몇 주 전에도 그가 반항하는 군인을 사살했었다는 것이었다. 사람들은 그가 보안관이 된 지 불과 5주 만에 두 사람이 죽어나가는 꼴을 보자 보안관으로서의 그의 자질을 의심하게 되었다. 그는 결국 폭력적인 처리 방식 때문에 3개월 만에 보안관직에서 물러날 수밖에 없었다. 안전을 보장하는 도구라는 명분을 잃은 그의 총은 그저 위험한 도구에 지나지 않았던 것이다.[41]

스프링필드 사건이 있은 지 11년 후, 그는 카드놀이에 열중하다가 한 젊고 비겁한 총잡이에게 등 뒤에서 총을 맞고 최후를 맞이했다. 그 장면은 서부 폭력의 가장 비겁하고 일반적인 경우였다고 할 수 있다. 장소는 다코타 준주의 데드우드였다. 와일드 빌 히콕은 칼 만(Carl Mann)이라는 사람이 경영하던 술집에서 카드놀이를 하고 있었다. 그때 잭 맥콜(Jack McCall)이라는 부랑자가 뒤에서 다가왔다. 그리고 비겁하게도 뒤에서 콜트 45구경 권총을 히콕의 귀에 대고 발사했다. 그는 왜 그토록 비겁한 짓을 했는가? 그러나 다시 생각해보면 그런 장면이야말로 서부에서 벌어진 다툼의 가장 일반적인 모습이었다. 당시 주변에 있던 사람들은 이 비겁한 행위에 대해 그를 힐난했다. 그와 자웅을 겨루고 싶다면 정정당당하게 증인 입회하에 결투할 것이지 왜 비겁한 방식을 택했느냐는 것이었다. 그에 대한 맥콜의 대답이 걸작이었다. 공정한 결투를 하는 것은 "마치 자기 목숨을 스스로 끊는 것과 마찬가지"라는 것이었다.[42]

서부에서부터 히콕에 대한 소문은 정말로 문제가 많았다. 그는 거칠고 급한 성격 때문에 소위 점잖은 미국인들의 경멸을 받고 있었다. 미주리, 캔자스, 네브래스카와 같은 지역에서의 유혈 폭력이 그런 면을 상징적으로 보여주고 있었다. 반대로 같은 서부 사나이면서도 버펄로 빌 코디는 상당히 다른 평가를 받았다. 물론 이런 모든 평판 즉 히콕의 잔인성과 대비되는 코디의 정의감이나 자애로움은 헛소문일 수도 있었다. 하지만 어쨌든 그가 상당히 다른 평가를 받고 있었다는 사실은 중요하다. 그에게는 히콕에게서 풍기던 무시무시한 느낌이 없었다. 그에게는 밝고 긍정적인 이미지가 풍겼다. 쾌활하고 사교적인 그의 성격은 대중들의 우호적인 대접을 받을 수 있게 해주었다. 코디가 그러한 평가를 받게 된 것은 서부에서의 그의 활동과 매우 깊은 연관성이 있기도 하다. 그는 스카우트로서, 버펄로 사냥꾼으로서, 자신의 행적에 대해 항상 공정성을 유지하고 정의로움을 실천하는 사람으로 인정받았다. 그는 히콕과 달리 주먹다짐을 벌인 일이 거의 없었다. 싸움을 했더라도 잔인하게 진행했다는 이야기도 나오지 않았고, 오히려 정의롭고 타협적인 결론을 냈다는 이야기가 널리 퍼져 있었다. 그는 우호적인 신화의 주인공이었던 것이다.[43]

히콕의 어둡고 무시무시한 폭력 성향을 확인할 수 있는 사례가 또 있다. 당시 언론인들이 그에게 다음과 같은 질문을 한 적이 있다. 그가 죽인 백인의 수가 과연 얼마나 되는가 하는 것이었다. 히콕은 과장하기를 좋아하는 사람이었고, 정말로 엄청나게 과장해서 말하였다. 다른 한편으로 그는 말을 흐리면서 "죽일 이유가 없는 사람은 결코 죽이지 않았다"고 중얼거린 적도 있다고 한다. 비슷한 질문을 받았던 버펄로 빌 코디는 히콕과 달리 말했다. 1875년 뉴욕 주 웨스트체스터에서 한 변호사가 코디에게 사람을 총으로 죽인 적이 있느냐고 질문했다. 그는 자기가 말한 것은 백인이며 인디언은 해당되지 않는다고 부연하였다. 그러자 갑자기 버펄로 빌 코디는 성난 표정으로 "도대체 그런 질문이 어디 있느냐?"면서 화를 냈다.[44]

이와 같이 이 두 명의 서부 사나이들은 여러 가지 면에서 차이를 보여주고 있었다. 우선 히콕은 서부의 폭력과 그 문화의 초기 형태를 보여주었다. 그런 면에서 그는 총기 문화의 대명사였다. 그는 서부에서도 거의 오지라고 할 수 있는 지역에서 주로 활동했다. 미국의 대중 영웅의 신화를 추적해보면 이러한 초기의 오지 영웅에 대한 관점이 시간이 지날수록 많이 바뀐다는 것을 알 수 있다. 히콕 같은 영웅적인 총잡이의 정신과 신화 즉 '싸움꾼들'(brawlers or rasslers)의 신화는 주로 하층계급으로부터 큰 관심과 사랑을 받았다. 바로 히콕이 그런 인물이었다. 그는 사회에서 유린되고 착취당하는 계급으로부터 특히 사랑받았다. 그것이 히콕과 버펄로 빌 코디의 차이점이었다.

히콕은 조금 다른 관점에서 서부를 보는 계급에게는 부담을 느끼게 하는 인물이기도 했다. 그 계급이 속한 지역은 동부와 중서부 지역이었다. 그들은 대량으로 생산되는 시장에서 길들여진 사람들로서 다른 관점에서 서부의 영웅을 그리고 있었다. 쉽게 말해 새로운 산업사회에 따라 나타나는 위기의 측면에서 서부 영웅의 모습을 다시 그려내고 있던 것이었다. 물론 동부와 중서부 지역의 중산계급이 무시무시한 서부 총잡이 이야기에 전혀 관심을 갖지 않은 것은 아니었다. 서부 소식을 동부로 중계했던 잡지 (*Harper's New Monthly Magazine*)에 빠져드는 경우도 많이 있었다. 그럼에도 불구하고 서부극에 대한 이 중산계급의 시선은 적극적으로 거침없이 총을 사용하는 서부의 영웅보다는 어쩔 수 없는 특별한 경우에만 총을 사용하는 영웅들에게로 향해 있었다. 이런 영웅관의 변화는 동부와 중서부 사회의 급격한 변화에서 그 원인을 찾을 수 있을 것이다. 당시 도시와 산업의 폭발적인 발전과 함께 부차적으로 나타나던 노동계급의 폭력성에 대한 염려와 공포가 그 직접적인 원인이 될 수 있는 것이었다.[45]

이런 분위기를 재빨리 파악한 버펄로 빌 코디는 중산계급의 지지를 확보하기 위해 히콕과 동행하는 것을 재고해야 한다고 생각했다. 처음에는 기꺼이 그를 받아들여 흥행을 노렸다. 그러나 시간이 지날수록 그와의 관계를 청산할 필요성이 커졌다. 그러한 이유들 가운데 하나는 코디 가족과의 불화였다. 그가 히콕의 야만적인 폭력에 대해 고민하다가 결국 히콕과 거리를 두게 된 결정적인 이유는 바로 자기 부인과 히콕의 불화였다. 코디의 부인과 히콕이 같은 기차를 타고 같은 호텔에 투숙하고 같이 생활한다는 것은 사실 상상할 수 없었다. 이러한 갈등은 코디 사후에 그의 부인이 펴낸 자서전에 잘 나타나 있다.[46]

한편 히콕은 계속해서 공연단 내에서 많은 문제를 일으켰다. 그는 코디 부인뿐만 아니라 공연단의 다른 사람들과도 좋은 관계를 맺지 못했다. 게다가 버펄로 빌 코디의 급성장과 인기에 대해 매우 시기하고 있었다. 그러므로 히콕은 항상 문제아로 나타나고 있었다. 그것은 공연단이 투어를 다니면서 더 노골적으로 나타났다. 한 번은 그가 당구장에서 한 무뢰한과 말썽을 일으켜 큰 소동을 벌인 적이 있었다. 그의 천박하고 야만적인 성격과 문제점은 일찍이 소문으로 회자되어 공연단에 큰 피해를 줘왔다. 버펄로 빌 코디는 공연단의 품위 유지를 위해 히콕에게 늘 사려 깊고 신중한 언행, 그리고 자제력을 요구했다. 그러나 또 이러한 문제를 일으키고 그 소문이 파다하게 퍼지면서 버펄로 빌 코디도 참을 수 없게 되었다. 공연단의 대중적인 쇼에서 항상 중산층의 위상을 염두에 두고 있던 코디에게는 히콕이야말로 가장 큰 문젯거리였다. 특히 사소한 폭력이 끝없이 이어진다는 것이 결정적으로 그를 괴롭히고 있었다. 코디는 이에 대해 여러 번 경고했지만 문제는 계속 발생했다.[47]

히콕이 저지르는 사소한 폭력은 늘 문제를 일으켰다. 같은 공연단에 소속된 배우를 공포에 떨게 했던 때도 있었다. 그는 아무 이유 없이 주로 인디언 역할을 하는 배우 가까이에서 일부러 총을 쏴댔으므로 그 배우가 큰 사고를 당할 뻔한 적도 있었다. 모두들 그에게서 공포를 느끼고 있었다. 버펄로 빌 코디는 이러한 문제들을 결코 잊지 않고 있었다. 히콕의 폭력성은 그가 공연단을 떠난 후에도 코디를 심리적으로 괴롭히는 문제였기에 코디는 히콕을 기억할 때마다 항상 그의 부주의하고 야만적인 폭력성을 언급했다. 코디는 단호한 결정을 내려야 할 순간을 맞이했다. 대중들 특히 미국 중산계급에 대한 공연단의 가치를 확보하기 위해 나설 수밖에 없었다. 히콕은 최후통첩을 받았다. 마지막으로 코디는 히콕에게 공연단에서 다시는 폭력을 사용하지 않을 것인지 아니면 이대로 떠날 것인지 선택하라고 했다. 히콕은 공연단을 떠나기로 결정했다.[48]

문제아이자 악당이었던 히콕은 1874년 3월 11일 로체스터에서 공연단을 떠났다. 사실 히콕과의 결별을 가장 염려하고 있던 사람은 바로 버펄로 빌 코디 자신이었다. 그는 히콕이라는 존재를 통해 미국 사회 하층계급의 폭발적인 인기를 끌었음을 잘 알고 있었다. 공연단의 수준을 올리기 위해서는 폭력에 관한 소문의 대명사인 그의 방출이 필수적이었다고 해도, 당시 상황으로서는 가히 모험이라고 할 만한 결단이었다. 다시 살펴보면, 그 모험적인 결정에서 분명하고도 정확하게 버펄로 빌 코디가 의도했던 바를 읽을 수 있다.[49]

4. 동부 중산계급 끌어안기 - 인디언 살육 이미지 제거

중산계급 이상에 속하는 사람들을 지금보다 더 많이 끌어들일 수 있는 매력적인 극을 만들고 그들로부터 보다 좋은 사회적인 평판을 이끌어내기 위한 코디의 노력은 실로 힘든 역정이었다. 버펄로 빌 코디 역시 야만적인 서부 인디언과의 투쟁 속에서 그 영웅적인 인기를 모았다는 점도 걸림돌이 될 수 있었다. 그러므로 자신의 출발점에서 벗어나는 결정, 결과적으로 서부 사나이로서의 이미지를 완전히 제거하게 될 수도 있는 결정은 상당한 위험을 수반하는 것이었다.

그가 고민하는 궁극적인 가치는 바로 '인디언 사냥꾼'이라는 그의 이미지를 유지할 것인가 아니면 새로운 생각에서 그의 이미지를 완전히 벗고 새롭게 극을 만드는가에 있었다. 이제 판단해야 할 시간이 다가왔다. 여러 가지 상황에서 볼 때 당시 미국인들은 이 문제에 대해서 통일적인 시각을 가지고 있지 않았다는 점도 코디가 선뜻 결정을 내리지 못하게 하는 요인이었다. 한편에서는 인디언에 대한 극단적인 정책에 대해서 불쾌감을 느꼈다. 공연단에서 재현되는 무지막지한 인디언 토벌전은 한편으로 백인의 야만성을 실토하는 것이었다. 또 다른 한편에서는 강경론과 공격성을 주장하면서 인디언과의 대결을 문명 대 야만의 대결로 정의하고 그러한 내용이 극에서 나타난다는 사실에 큰 만족감을 느끼고 있었다. 그들은 총과 대포를 가지고 이러한 야만을 제거하고 백인 문명을 건설한다는 데 무한한 영광과 자부심을 가지고 있었다. 그들은 바로 그러한 점들에서 희열을 느끼면서 이 시대 최고의 인종으로서의 자신감을 즐기고 있었다.[50]

코디의 극에서 특히 이러한 문제가 가장 노골적으로 나타났으며 미국 사회에서 논란이 일어나게 했던 것이 바로 커스터와 인디언과의 관계였다. 특히 "커스터 제단에 바친 최초의 인디언 머리 가죽"(first scalp for Custer)라는 이름이 붙은, 인디언의 머리 가죽을 벗기는 장면이 문제였다. 버펄로 빌 코디는 상당히 복잡한 입장에 처했다. 소위 인디언 '옐로헤어의 머리 가죽 벗기기'(Yellow Hair's scalp)는 코디의 영웅적인 신화를 만들어내는 결정적인 모습이었지만 다른 한편으로 인디언과 다를 바 없는 야만적인 복수극을 보여준 '인디언적 백인' 즉 '백인 인디언'(white Indian)

이라는 이미지를 만들었던 것이다.[51]

당시 백인 사회를 요동치게 하였던 그 사건은 도대체 어떠한 사건이었기에 주인공 버펄로 빌 코디를 영웅화하고 또 한편으로 그를 저질 속물로 보는 이들이 그 야만화의 상징으로 '백인 인디언'이라는 이미지를 만들어냈는가? 1870년대 미국 정부의 인디언 정책은 인디언 집단을 한 지역으로 몰아넣어 통합적으로 유지 관리하는 것을 목표로 하고 있었다.[52]

물론 이러한 정책 목표는 미국의 건국 이후로 지속적으로 추진되었던 것이었다. 미국 역대 대통령의 인디언 정책을 보면 그 목적이 궁극적으로 동부 지역에서 인디언을 완전히 제거하는 것임을 분명하게 확인할 수 있다. 조지 워싱턴은 '만리장성'(Chinese Wall)을 쌓아 백인과 인디언을 분리하려고 하였다.[53]

1803년 루이지애나 매입 이후 토머스 제퍼슨은 인디언 부족을 미시시피 강 서안 지역으로 이주시키려고 했다. 제퍼슨 대통령은 인디언 정책에 있어서, 인디언에 대한 그의 시각에서 볼 수 있는 것과 같이 하나로 정의할 수 없는 이중적인 태도를 취했다. 그는 때에 따라 변화무쌍한 견해를 나타냈으므로 그의 인디언관을 간단하게 말하기는 어렵다. 그는 어떤 경우에는 인디언이 지구상에서 가장 문명화된 인종으로, 표준 인종이라고 할 수 있는 백인에 결코 뒤지지 않는 능력을 보유하고 있다고 주장했다. 또 어떤 경우에는 미국 문명의 영원한 진보를 보장받기 위해 이 야만스런 인디언들을 새로 구입한 미시시피 강 서안으로 강제 이주시킬 필요가 있다고 역설했다. 그러나 제퍼슨은 결정적인 순간마다 인디언은 결코 문명과 동화될 수 없는 사라져야 할 인종이라고 감히 주장했다. 물론 그의 이중적인 태도는 단지 도덕적인 차원에서만 파악할 수는 없는 측면이 있다. 그의 주된 관심은 문명과 진보를 위해 이러한 원시 단계를 뛰어넘는 인종으로서 정치경제학적인 실천이라는 임무를 맡은 백인과 대비되는 부분으로 인디언을 상정시키는 것이었을 뿐이다. 그러므로 그에게서 인디언은 극복해야 할 '자연'이며 극복해야 할 '과거'이며 극복해야 할 '서부'이며, 결국 '절멸' 될 것이고 또한 되어야 할 존재였다.[54]

제임스 메디슨(James Madison)은 1821년 전쟁 후 당시 육군장관 캘훈(John C. Calhoun)과 협조하여 강력한 인디언 제거 정책을 수행함으로써 이른바 '1825년 인디언 부족과의 조약'을 체결했다. 이후 잭슨 시대에는 보다 체계적인 인디언 이주 정책이 실시되었다. 잭슨은 백인과의 충돌을 피하기 위해 미시시피 강 동안에 거주하는 인디언 부족을 서안으로 옮기고 안정적으로 영원히 살 수 있도록 연방정부가 보장해야 한다고 생각했다. 이러한 정책은 그 후 지속적으로 추진되었다. 그러나 이러한 연방정부의 정책에 맞서 인디언 부족들은 자주권을 확보하기 위해서 여러 가지로 노력해왔다.[55]

그러므로 이 국가 정책에 인디언이 순종한다는 것은 사실 불가능했다. 그 대표적인 인디언이 바로 시팅 불과 크레이지 호스였다. 그들은 당시 중령이던 조지 커스터가 이끄는 기병대와의 일대 결전을 통해 분노를 표출하고 불복종 운동을 전개했다. 그 유명한 전투가 바로 제7기병대의 결전이었다. 리틀빅혼 전투로 알려지게 되는 이 전투는 연방 정책 및 미국인의 부당한 대우에 맞서 인디언이 거둔 위대한 승리였다. 당시 수족 추장이었던 시팅 불과 크레이지 호스는 인디언의 위대한 힘을 과시함으로써 미국 백인 사회를 충격의 도가니로 몰아넣었으며, 결국 이 전투 때문에 미국 정부의 당초 계획은 10년간 연기될 수밖에 없었다.[56]

인디언들은 미국의 원주민이었지만 백인이 온 이래로 결코 주인일 수 없는 삶을 살았다. 그러한 그들이 백인 세력에게 요구하는 오직 한 가지는 그들의 생활방식을 유지할 수 있게 해달라는 것이었다. 그러나 백인들의 서진이 진행되면서 충돌은 필연적으로 나타나게 되었다. 당시 수족과 샤이엔족은 인디언 부족들 가운데에서도 연방정부의 정책에 비교적 협조적인 부족이었다. 그러나 연방정부가 서로 간의 타협을 악용하고 모든 약속을 저버리자 이 부족들마저도 상실감으로 인해 분노를 느낄 수밖에 없었다. 그들이 가장 분노했던 것은 그들이 약속받았던 인디언보호구역의 면적이 상당히 줄어들게 되었다는 것이었다.[57]

그러나 인디언과 백인과의 갈등을 더더욱 증폭시키는 데 결정적으로 기여한 인물은 당시 인디언 접경 지역의 기병대장 커스터 중령이었다. 그와 인디언의 계속적인 무력 충돌, 그리고 결정적으로 커스터 기병대의 전멸은 동부 백인사회에 큰 반향을 일으켰다. 이후 인디언에 대한 백인의 적대감은 미국 사회의 이민, 노동문제와 결합하여 독특한 인종적 히스테리를 야기했다.[58] 커스터는 미국이 대륙횡단철도의 건설을 통하여 서부로 팽창하던 시기에 서부와 인디언에 대한 미국인의 시각을 상징하는 인물이었다. 당시 백인들이 인디언 문제에 대한 가장 효과적인 해결 방법으로 고려하고 있었던 것들을 그를 통해 확인할 수 있다. 물론 그 최종적인 해결이라는 것에 슬픔이 있는 것이다.[59]

사실 커스터만큼 인디언 문제에서 아이러니를 보여주는 인물도 흔치 않을 것이다. 그는 일찍이 인디언을 "고귀한 인종"(noble race)이라고 묘사했다. 유럽인들이 미국에 처음 도착했을 때의 인디언들은 "평화와 여유"를 가진 "자연이 만든 가장 우호적인 아들들"이었다는 찬사를 아끼지 않았던 인물이 바로 그였다. 그는 인디언에게 "서부를 호령하는 위대한 군주로서"의 능력이 있음을 알았다. 나아가 이들은 "자유롭게 태어난 자랑스러운 위엄"을 가진 인종으로서 "타고난 힘과 미를" 가지고 있다고 경탄하였다. 이어서 그는 이러한 인디언의 문화가 백인들의 정착과 함께 "살육의 공포" 속에서 사라지게 되었음을 한탄했다.

커스터의 이러한 우호적인 인디언관은 미국이 직면하고 있는 현실로 인해 가슴 아프게도 인디언들이 사라져야만 한다는 이상한 결론으로 이르게 된다. 동부를 중심으로 활발하게 일어나는 산업화와 철도로 상징되는 기술 혁명의 단계에서는 결코 인디언들과 함께 할 수 없다고 그는 생각했다. 그러므로 인디언들에게 서부의 자연을 진정으로 제공할 수 없다면, 그들에게 인디언보호구역을 설치한다는 것은 결코 적절한 방식이 아니라고 보았다. 그리고 그러한 방식은 위대한 자연에 친화적인 문명을 가진 인디언 자신들도 원하지 않을 것이라고 생각했다.[60]

우선 문제는 1874년에 발생했다. 커스터 중령은 수족 본거지에 해당하는 사우스다코타의 블랙힐스를 탐험했다. 그가 이 지역을 탐험한 이유는 이전부터 이 지역에서 금이 많이 발견되었다는 소문을 직접 확인하기 위함이었다. 커스터의 원정대는 이 지역에 실제로 금이 다량 매장되어 있다는 것을 확인하고 돌아와 그 사실을 알렸다. 이에 미국인들은 블랙힐스 지역을 백인들이 자유롭게 이용할 수 있는 방안을 궁리했다. 이윽고 백인들은 인디언으로부터 이 지역 토지임대권을 받는 방안을 구상하여 곧바로 인디언에게 제의하였다. 인디언은 이 제의를 거절했다.[61]

1875년부터 결정적인 문제가 발생하였다. 미국 군대가 인디언 부족과 체결한 조약을 무시하고 노골적으로 인디언이 신성시하는 영역인 블랙힐스를 침범했다. 이에 인디언은 걷잡을 수 없이 분노했다. 지금까지 미국 정부의 정책에 협조적이었던 샤이엔족과 수족은 보호구역에서 벗어나 몬태나 주에서 추장 시팅 불과 크레이지 호스를 중심으로 뭉쳤다. 그들은 결전을 치를 태세가 되어 있었다. 그들은 결코 물러설 수 없다는 의지를 불태웠다. 1875년 말에 미국 군대는 몬태나 지역의 인디언에게 미국 정부 정책에 순종하지 않으면 적대적인 위험 요소에 대한 예방 조치 차원에서 적극적인 행동에 들어가리라고 위협했다. 한 마디로 즉각 보호구역으로 돌아가지 아니하면 군대로 공격하겠다는 것이었다. 분노에 찬 인디언 지도자들은 당연히 이러한 위협을 무시했다. 그리고 그들의 투혼은 거기에서 끝나지 않았다. 그들은 이번 기회에 인디언의 단합된 힘을 통해 백인들에게 야만적인 처사에 대한 복수와 응징이라는 교훈을 주리라고 결심하였던 것이었다.[62]

그들은 백인에 대한 복수를 준비하면서 새로운 전략을 시도했다. 인접한 다른 여러 인디언 부족들을 하나로 모아 백인과의 결전을 벌인다는 것이었다. 그들은 인접 지역의 여러 수족 분파들을 끌어들였고, 샤이엔족, 아라파호 부족까지 참여시키려고 했다. 인디언들은 매우 단결된 모습을 보여주었다. 1876년 늦은 봄 무려 1만 명으로 불어난 그들은 자신의 입장을 행동으로 보여주기 위해 몬태나 남쪽 하천 주위의 리틀빅혼(Little Big Horn) 지역에 집결하였다.[63]

여기서 지도자 시팅 불이 동포들에게 연설을 했다. "우리는 일치단결하여야 합니다. 그렇지 않으면 우리는 그들에게 하나씩 죽임을 당할 것입니다." 그는 단결을 호소했다. 백인의 야만적인 침략을 물리칠 수 있다고 주장함과 동시에 그 방안을 제시하는 것이었다. 오직 단결만이 살 길이며, 흩어지면 음흉한 백인의 전략으로 '각개격파' 당하리라는 것이 그 요지였다. 그는 이어서 미국 연방 백인 군대는 "오직 총을 쏘기 위해" 여기로 오고 있다고 말했다. 이어서 그는 그들이 여기에 오는 이유는 오직 "전쟁을 위한 것"이라고 소리쳤다. 그렇다면 우리 인디인은 어떻게 해야 하는가? 우리에게 주어진 방안이 무엇이란 말인가? 시팅 불은 외쳤다. "그렇다면 좋습니다. 우리도 그들이 우리에게 하려는 그 야만적인 무력을 똑같이 되돌려주어야 할 것입니다."

6월 17일 조지 크룩(George Crook) 장군 휘하의 제1대연대가 수족과 샤이엔족에 의해 큰 피해를 입었다. 이 위대한 전투에서 불멸의 인디언 영웅이 탄생했다. 그가 바로 이 전투에서 결정적인 활약을 한 크레이지 호스(Craze Horse)였다. 얕잡아보던 인디언의 용감성에 충격을 받은 것은 백인 군대뿐이 아니었다. 동부에 살면서 서부에서 일어나는 '문명과 야만의 대결'에 관심을 가졌던 일반 대중들도 크게 놀랐다. 어쨌든 이러한 예상 외의 인디언 병력과 그 잔인성에 충격받은 크룩 장군은 철수할 수밖에 없었다.

그러나 크룩 장군의 다른 부대들은 이러한 사실을 모르고 있었다. 크룩 장군 휘하의 제2대연대, 제3연대는 계속 리틀빅혼으로 진군했다. 6월 22일 제2연대를 지휘하는 테리(Alfred Terry) 장군은 조지 커스터 중령에게 명령을 하달했다. 기병대를 이끌고 인디언 지역으로 초기 정찰을 다녀오라는 것이었다. 커스터 중령은 리틀빅혼으로 정찰을 나갔다. 1876년 6월 25일 이른 아침, 스카우트들은 심상치 않은 보고를 커스터에게 전했다. 리틀빅혼 계곡에서 엄청난 수의 인디언들을 발견했다는 것이었다. 커스터는 스카우트의 보고 내용을 믿지 않았다. 그렇게 많은 인디언들이 모여 있을 수 없다고 생각한 것이다. 그는 그 보고가 심하게 과장된 것이므로 무시해야 한다고 생각했다. 사실 숫자상에서 약간의 과장이 있었을지는 모르나, 인디언들이 적게는 수천 명에서 많게는 1만 명 이상 모여 있었다는 점에는 거의 모든 역사학자들이 동의하고 있다. 어쨌든 커스터는 자신의 목적, 즉 영웅적인 업적을 달성하는 것이 불가능해질까봐 걱정에 휩싸였다. 그는 인디언에 대해 자신의 대업적을 이루어내는 영웅적인 전투를 위한 존재라고만 생각했다.[64]

그러므로 그는 '사냥 목표물'이 사라져가는 것을 결코 좌시할 수 없었다. 그는 영웅적인 행동을 통해 자신의 입지를 세워야 했다. 그는 독단적인 작전을 준비했다. 그것은 치명적인 실수였다. 그는 지원군을 기다렸어야 했다. 그는 상관에게 인디언의 상황을 즉각 보고했어야 했다. 그러나 그는 영웅심 때문에 독자적인 행보를 선택했다. 커스터는 그 외에도 또 다른 결정적인 실수를 저질렀다. 한낮에 공격을 개시한 것이다.[65]

커스터의 기병대는 대낮에 리틀빅혼 강의 계곡으로 돌진해 들어갔다. 커스터는 600명 정도의 기병을 네 개 대대로 편성했다. 그리고 215명을 떼어 자신이 직접 통제했다. 그러나 커스터는 얼마 지나지 않아 자신의 모든 판단이 어긋났다는 것을 알게 되었다. 우선 인디언의 숫자가 예상했던 것보다 너무나도 많았다. 그곳에는 엄청난 숫자의 인디언이 있었다.

약 1만 1000명의 인디언들이 리틀빅혼 계곡을 에워싸고 있었던 것이다. 인디언들은 발 빠르게 사태를 이해하고 침략자에 대항하기 시작하였다. 이 인디언 집단을 이끌던 시팅 불은 실제 전투에 참가하기에는 너무 나이가 많았다. 그는 주로 전사들을 모아서 여성과 아이 그리고 노인들을 보호하기 위해 고군분투하였다. 젊은 크레이지 호스는 전투를 준비하였고, 침략자에 대항해서 인디언을 재빨리 전투대형으로 결집시켰다. 커스터의 명령에 따라 각각 리틀빅혼으로 접근하던 커스터의 부대들은 놀라운 사실을 발견했다. 자신들이 엄청난 숫자의 인디언들과 맞닥뜨리게 되었다는 사실이었다. 그제야 비로소 커스터는 스카우트의 보고가 과장이 아니었음을 깨달았다. 그는 어지러운 상황에서도 지휘관으로서의 냉정을 유지하려고 노력하였다. 그러나 이 사태에서 그가 할 수 있는 판단과 선택은 그렇게 많지 않았다. 그의 군령은 다급하고 급작스러우면서도 뻔했다. 그는 예하 부대들을 자신을 중심으로 모으려고 했다. 그러나 다른 부대들도 커스터 자신이 직접 이끄는 부대와 마찬가지로 인디언의 무서운 공격 앞에서 아무것도 할 수 없는 상태였다. 그들 또한 인디언의 굉장한 공격을 예상하지 못했으므로 커스터를 도울 수 없었다.

  당시 커스터가 직접 지휘하던 부대 215명이 상대한 인디언의 숫자는 정확하게 알 수 없다. 그러나 여러 가지 정황으로 보면 적어도 3000명 정도로 추측된다. 게다가 그 인디언들은 다른 어떤 인디언 부족과도 비교할 수 없는 강한 정신력으로 무장하고 있었던 듯하다. 커스터와 그 부대는 불과 1시간이라는 짧은 시간 안에 전멸하고 말았다. 그렇다면 커스터의 명령에 의해 분리되었던 다른 부대들은 어떠했는가. 그들도 물론 심각한 피해를 입었다. 그러나 커스터의 직속부대보다는 사정이 나았다. 다행히 다음날 인디언들이 철수함으로써 커스터의 다른 부대들은 위기를 벗어나 일부 병력이 살아 돌아올 수 있었다. 모든 미국인들에게 가장 잘 알려진 백인 기병대와 인디언의 전투 즉 리틀빅혼 전투는 결국 인디언의 큰 승리로 막을 내렸다. 그것은 그때까지 미국 군대 역사에서 나타나는 몇 안 되는 치욕적인 패배였다. 그리고 소위 평원인디언전쟁(Plains Indian War)이라는 지루하고 피비린내 나는 인디언과의 갈등의 역사에서도 결코 잊지 못할 치욕으로 백인들의 가슴에 새겨지게 된다.

　이 사건으로 백인들이 받은 충격은 심각했다. 그들은 지금까지 이 대평원의 전쟁에서 자신감을 잃은 적이 없었다. 그들의 인종적인 구분에 의하면 인디언은 야만인이며 백인 자신들은 최고의 문명과 진화를 대표하는 인종이었다. 그러므로 그들이 그런 야만인에게 패배했다는 것은 결코 이해할 수 없는 일이었다. 이 패배의 기억은 단지 한 시대의 이야기로만 끝나지 않고, 훗날 문학, 역사, 예술을 통해 백인들을 경계하고 각성시키는 데 사용되었다.

　이 패배에 대한 미국 정부와 군대의 대응 방식은 복수 그 자체를 목표로 했다는 느낌이 든다. 미국 정부는 우선 군의 증강에 목표를 두었다. 그리하여 인디언을 길들이거나 백인의 진보의 힘의 상징인 무력을 보여줘야 한다고 생각하였다. 그것은 줄기차게, 그리고 적극적으로 실행되었다. 불과 5년도 지나지 않아 위대한 평원인디언전쟁은 거의 끝이 났다. 인디언의 생명을 대표하던 위대한 수족과 샤이엔족은 다시 보호구역으로 강제 수용되었다. 그리고 백인에 대한 인디언의 적개심의 상징이었던 시팅 불과 크레이지 호스 또한 백인의 손에 의해 제거된다.[66]

　그 과정에서 커스터의 복수를 위한 희생물이 필요했다. 그가 바로 옐로핸드였다. 그는 잔인한 인디언 전사를 상징하게 되었다. 그는 백인에게 있어서 모든 문제들을 해결할 수 있는 대안적인 희생양이었다. 그는 마치 중세 십자군 전쟁기와 흑사병 시기의 유대인이나 마녀와도 같은 존재였다. 동부 백인 문제에서 이제 막 파생되어 나오는 이민 문제, 노동계급 문제 등으로 복잡해진 현실 세계에서 대중의 분노와 억압을 해결할 수 있는 좋은 대상이 바로 옐로핸드였다. 그들은 이 불손하고 잔인한 붉은 짐승을 제거하는 거룩한 문명의 전사를 찾고 있었다. 그런 역할을 수행한 인물은 모든 미국인들의 영웅으로 등장하게 될 것이었다. 그런 역할을 담당할 인물이 과연 누구인가? 그가 과연 어떤 인물이기에 이 위대한 작업을 해낼 수 있는가?

5. 옐로헤어냐 옐로핸드냐

이러한 결정적인 사건과 코디의 영웅화 작업은 어떤 경로를 통해서 이루어졌는가? 코디는 1875년 가을과 1876년 봄에 「대평원의 스카우트」를 공연하면서 다른 한편으로 기병대 스카우트로 활동했다. 그때 그에게 하나뿐인 5살배기 아들이 성홍열로 위독하다는 비보가 전해졌다. 그의 슬픔은 매우 컸으나 그는 이를 악물고 로체스타로 돌아와 다시 무대에 올랐다. 개인적인 슬픔을 뒤로 하고 무대인으로서의 본분을 지키려 했던 것이다. 그때 그는 밀스(Anson Mills) 대령으로부터 크룩 장군을 위해 스카우트로 활동해 달라는 부탁을 받았다.[67]

처음에 그는 고사했다. 그러나 아들 키트 카슨(Kit Carson)이 죽고 거의 6주가 지나서 그는 공연을 조금 일찍 마쳤다. 그는 관객들에게 서부에서 진짜 인디언과 싸우기 위해 공연을 일찍 끝낸다고 말했다. 코디의 인생 전체를 보면 개인적으로 심각한 고민이 생길 때마다 그는 모든 것을 털어버리고 마음의 고향이라고 할 수 있는 서부로 달려가서 마음을 달래곤 했다는 것을 알 수 있다.[68]

그러나 이번 서부행은 그의 일생에서 가장 큰 모험이 되었다. 한편으로는 인디언 사냥꾼으로서의 그의 이름이 영웅으로 자리매김되는 계기가 마련되고 다른 한편으로 그의 잔인성을 볼 수 있는 대표적인 사건이 일어나기 때문이다. 뿐만 아니라 이후 그는 미국 백인 중심 세계에서는 문명에

출처: photographic mural by Kaufmand & Fabry Co. Buffalo Bill Historical Center, Cody, Wyoming

1876년 7월에 발생한 옐로핸드와의 결투는 버펄로 빌 코디의 영웅 신화를 확대 재생산하는 데 결정적으로 기여했다. 제7기병대의 커스터 중령은 잘못된 판단으로 리틀빅혼 강변의 대규모 인디언 집단을 공격했다가 참패를 당하여 그와 예하 부대원 215명이 전멸했다. 이 참혹한 패배로 미국 국민과 정부는 큰 충격을 받았다. 그런 상황에서 코디가 희생된 부대원들에 대한 복수를 해냈다. 코디는 유명한 인디언 전사 옐로핸드(사실 정확한 이름은 옐로헤어)를 죽이고 그의 머리 가죽을 전리품으로 가지고 와 커스터의 원한을 풀어주었다. 이 사건으로 인해 그의 영웅 신화는 한층 더 강화되었다. 사진은 1872년경에 찍은 것으로 추정된다. 왼쪽부터 커스터, 러시아 대공 알렉세이, 버펄로 빌 코디

대항하는 야만적인 인디언에 대한 복수의 대명사로 기억되었다. 그는 결코 잊을 수 없는 커스터의 비극과 슬픔을 단칼에 해결해주는 위대한 영웅이 된 것이다. 그것으로 끝이 아니었다. 그는 이때 겪은 인디언과의 전투를 생생하게 재현함으로써 극이 성공하는 데 결정적으로 기여했다. 즉 그 자신이나 극의 성공, 미국인의 인디언에 대한 복수, 그리고 동부에서 발생하는 모든 문제를 '한방'에 해결하는 치료제 역할을 했던 것이 바로 커스터의 복수전으로서의 옐로핸드의 머리 가죽 벗기기였던 것이다.

일찍이 코디는 인디언과의 용맹한 싸움으로 명성이 자자했다. 그가 1868년 제5기병대에서 모든 스카우트의 총책임자로 있을 때부터 인디언과 14번 넘게 싸운 것으로 알려졌다. 지금까지의 싸움은 거의 그의 용감무쌍한 능력으로만 소개되었다. 그러나 지금까지의 그 모든 것보다 잘 알려진 싸움이 바로 인디언 전사 옐로핸드와의 싸움이었다. 그 사건에 대한 백인들의 관심이 얼마나 굉장했는지는 그 사건에 붙은 명칭의 가짓수나 그 사건에 대한 진실 논쟁을 봐도 알 수 있다. 우선 그 사건에 대한 이름은 '워보닛에서의 결투'(The Duel on the War Bonnet), '옐로핸드의 죽음'(The Death of Yellow Hand), '커스터 제단에 바친 최초의 인디언 머리 가죽'(The First Scalp for Custer) 등으로 다양하다. 이 사건과 관련된 논쟁은 그 역사적인 일을 해낸 인물, 즉 인디언의 머리 가죽을 벗긴 인물이 정말 코디였는가 하는 것이다. 그러나 전체적인 자료들을 볼 때 옐로핸드를 죽이고 머리 가죽을 벗긴 사람이 코디였다는 것은 거의 확실한 것 같다.[69]

지금까지 서부 역사를 전공하는 여러 역사가들이 공통적으로 지적하는 것은 우선 이 사건이 여러 문학 작품에서 묘사된 것처럼, 또는 떠버리들의 이야기처럼 진정한 결투였는가 하는 의문이다. 이 사건은 일반적으로 알려진 것처럼 결코 워보닛에서 일어나지 않았다. 이 사건의 한쪽 당사자인 인디언의 정확한 이름은 옐로핸드가 아니라 옐로헤어(Yellow Hair)였다. 여기에서 또 하나, 인디언과 코디의 그 역사적인 만남과 싸움은 오늘날 네브래스카 주 몬트로즈(Montrose) 근처의 햇크리크에서 일어났다. 옐로헤어의 인디언 이름은 헤이오웨이(Hay-o-wei)였다. 그는 샤이엔족 추장 컷노스(Cut Nose)의 아들이며 부추장이었다. 많은 역사적인 논쟁이 있었지만, 이 유명한 인디언 옐로헤어를 죽인 사람은 코디였다. 그는 이 사실을 자서전에서 분명하게 밝혔을 뿐만 아니라 여러 자료를 통해서 그것이 증명되고 있다. 그러나 그의 영웅적인 이야기는 여러 면에서 덧칠되었다.[70]

이 드라마틱하고도 무시무시한 장면은 그 후 코디 극의 단골 메뉴가 되었으며 극의 사실적인 묘사와 현장감을 살려주는 명장면으로 자주 이용되었다. 또한 코디의 용감성의 상징으로 대중들에게 기억되었다. 그는 한때 커스터를 위해 일한 적이 있었다. 러시아 알렉세이 대공이 사냥하러 서부에 왔을 때 동행했던 부대 책임자가 커스터였고, 코디는 그 밑에서 대공에게 사냥을 지도했다. 이제 그는 모시던 상관의 죽음을 용감하게 복수함으로써 자신의 본분을 다한 정의의 사도로서 다시 태어나게 되었다.[71]

코디의 영웅적인 신화에서 가장 중요한 것은 서부의 사실적인 이야기를 그대로 무대에 옮겨 놓는 그의 능력이다. 그는 서부의 진면목이라고 할 수 있는 인디언 토벌전의 명장면들을 동부에서 재현했다. 그뿐이 아니었다. 그 역사적인 장면의 장본인이 직접 등장함으로써 코디는 완벽하게 영웅이 되었으며, 미국적인 기업가 기업가 정신이 가장 투철한 인물이 되기도 했다. 그는 현대 연예계의 선구자로서, 사실의 역사와 허구의 무대를 부담 없이 오가면서 역사적인 사실을 허구의 무대로 옮기는 타의 추종을 불허하는 능력을 발휘했다. 서부의 역사뿐만이 아니었다. 그는 무엇이든 미시적인 역사적 사건을 거시적인 사건으로 전환시키는 재주를 가지고 있었다. 그는 서부로 가서 스카우트로 봉사하고 다시 그 경험을 무대로 가져오기를 반복하면서 인기를 끌었다.[72]

그런데 미국인들이 인디언 머리 가죽 벗기기를 어떻게 생각했기에 그것이 버펄로 빌 극에서 논란과 흥미의 대상이 되었을까? 왜 코디는 이 잔인한 머리 가죽 벗기기에서 벗어나 그의 이미지를 완전히 바꾸려고 했을까? 당시 버펄로 빌 극의 잔인성에 대해 미국의 주류 비평가들이나 중상류 계급에서는 상당한 불만을 표현했고 코디를 잔인한 도살자로 보기까지 했다. 코디는 중상류 계급의 호감을 사기 위해 방향 전환을 시도하기까지 했다. 코디의 방향 전환 시도를 이해하기 위해서는 머리 가죽 벗기기에 대한 기원과 그 내용을 알아보아야 한다.

서유럽에도 머리 가죽 벗기기에 대한 기록이 있고 아시아에서도 그런 습관과 전통이 있다는 기록을 찾아볼 수 있다. 그러나 일반적으로 머리 가죽 벗기기라 함은 북미 대륙의 백인들과 인디언의 관계 속에서 나타나는 경우를 말한다. 그러나 전통적으로 미국인들은 인디언 머리 가죽 벗기기를 습관적으로 사용하지 않았다. 그것은 인디언과의 결투에서 백인들이 승리한 후 기념물의 한 가지로 챙기는 엽기적인 습관이 결코 아니었다. 미국 건국 이전 식민지 시대에 벌어진 인디언과의 투쟁을 추적해 보면 그런 일이 거의 발생하지 않았음을 알 수 있다. 기록에 나타나는 첫 번째 사례는 1725년 2월 20일에 발생한 사건이었다. 당시 뉴햄프셔 의용군들은 야영 중이던 인디언들과 조우하여 그들을 습격했고 적어도 10명의 머리 가죽을 벗겼다는 기록이 있는데 이것이 최초의 중요한 기록이라고 할 수 있다. 당시 보스턴에 있던 식민지 감독청은 인디언의 머리 가죽 1장당 100파운드의 상금을 지불했다.[73]

머리 가죽 벗기기의 가장 전형적인 방식은 정수리 부근의 피부를 벗기는 것이다. 그리하여 희생자는 결정적으로 생명을 잃게 된다. 이러한 행위는 일종의 전리품 챙기기였다. 미국을 개척하던 초기 백인들은 위험한 환경에서 변경 인디언과의 충돌을 피할 수 없었다. 그 과정에서 복수를 할 경우, 그 사실을 증명하고 자신의 용감성을 확인받기 위해 이러한 전리품을 노리는 문화가 생겼을 것이다. 그러나 머리 가죽 벗기기가 승리의 차원에서 요구되었던 것만은 아니었다. 당시 인디언과 대결하여 획득한 머리 가죽을 지니면 죽은 자의 정령의 힘을 소유하여 초인적인 힘을 얻을 수 있다는 미신이 있었다. 또한 식민지 시대 초기 인디언과의 투쟁에서 백인들은 머리 가죽 벗기기를 통해 인디언에 대한 복수를 감행했던 것으로 보인다. 근처에 위협적으로 자리 잡고 있는 인디언에 대한 토벌의 중요성과 경각심을 키우기 위해 식민지 정부들이 머리 가죽에 포상금을 걸었던 것도 머리 가죽 벗기기가 자행된 중요한 이유 중에 하나이다.[74]

다른 주장을 하는 역사가들도 있다. 이 모든 악행은 백인보다는 인디언의 습관이었다는 주장으로 이러한 행동과 습속은 백인들의 책임이라고 할 수 없다는 것이다. 그러나 이런 주장은 여러 가지 역사적인 사례들을 볼 때 신빙성이 없다. 그 풍속의 기원은 스페인들에게서 찾을 수 있기 때문이다. 미국 초기 식민지 시대에 사냥이나 전쟁을 잘 한 사람에게 '늑대꼬리 선물'(wolf-tail bounty)을 주는 풍속이 점차 인디언 머리 가죽 벗기기 풍속으로 변질되지 않았가 싶다. 그 끔찍한 행위가 인디언의 풍속에서 비롯되지 않았다는 것은 인디언들이 부족 간 전투를 벌였을 때에는 전혀 그런 적이 없었다는 사실로도 뒷받침된다. 전통적인 인디언의 투쟁과 부족 간의 전쟁에서 나타나는 비슷한 현상은 소위 '선접촉권'(counted coup)이라는 것이다. 이 전통은 인디언 고유의 전투 양식 중 하나였다. 즉 전투 중에 제일 먼저 적과 마주쳐서 적의 몸을 전투용 막대기로 때리는 사람에게는 큰 영광과 명예가 주어지는 것이다. 물론 예외적으로 인디언이 머리 가죽 벗기기를 했던 적이 있다. 특히 북동 지역에서 그런 경우들을 볼 수 있다. 그 대표적인 부족이 이로키 부족(Iroquois)이다. 주로 세인트로렌스 강 하류 지방에서 거주하던 이 인디언들은 유럽인이 도착하기 전 즉 식민지 시대 이전에 이미 고유 전통으로 머리 가죽 벗기기를 실시했다. 그러나 그들이 이 전통을 계속 유지했던 것은 유럽인들의 이주에 큰 영향을 받았을 가능성이 매우 높다. 식민지 당국이나 기구들은 우호적인 인디언 부족이 적대적인 부족의 머리 가죽을 벗겨올 경우에도 포상했기 때문이다. 그러므로 이런 풍속이 사용되었다고 하더라도 사실 아주 예외적이었으며, 이 풍속은 백인과의 관계 속에서 확대되었던 것이다. 결과적으로 영국과 프랑스의 전쟁이라고 할 수 있는 프랑스-인디언 전쟁에서 머리 가죽 벗기기가 주로 나타났다.[75]

구체적인 내용은 다르지만 비슷한 사례가 마오리족에게서도 나타난다. 현재까지도 전 세계 20여 개 박물관에는 약 30개의 마오리족 머리 문신 가죽이 남아 있다. 사실 마오리족은 위대한 전사를 기억하고 추모하기 위해 머리에 문신을 새겨 소중하게 보관하는 것이었으므로 북아메리카에서 나타났던 머리 가죽 벗기기와는 본질적으로 완전히 다른 풍속이었다. 그러나 19세기 유럽의 탐험가들에게 이러한 차이는 아무런 의미도 없었다. 19세기 유럽의 탐험가와 제국주의자들에게서는 이러한 흔적이 백인 문명의 위대성을 확인하는 증거가 되었다. 즉 정복을 정당화하는 수단으로 삼았다. 그래서 그들은 밀림과 오지에서 획득한 신체 일부분을 '문화재'로 정의하여 고국으로 가져갔다. "머리 가죽 수집에 대한 관심이 커지자" 마오리족은 그들의 전통이 왜곡되고 있음을 인식하게 되었다. 즉 "마오리족 출신 노예들은 산 채로 머리에 문신이 새겨졌고 상처가 아물면 목이 잘려 유럽으로 팔려갔다." 이러한 전통의 완전한 변질은 결국은 백인과의 접촉의 결과였다. 그런 과정을 통해 전달된 미라는 결국 모랭-드사이(Morin-Desailly) 루앙 시 문화담당 부국장이 말했듯이 "다른 종족은 우리보다 열등하다는 (잘못된) 믿음을 보여 주는" 것이었다.[76]

코디의 경우도 이러한 전통에 의해 결정적으로 세간의 관심을 끌게 되었던 것이다. 여기에서 코디의 인디언 머리 가죽 벗기기는 문제를 새삼 복잡하게 만들었다. 사람들은 코디가 실행한 커스터의 복수에서 큰 만족과 쾌락을 느꼈지만 다른 한편으로는 이토록 무시무시한 일을 저지른 인물이 그렇게 인기를 끌 수 있는가에 대해 의문을 갖게 되었다. 그리고 어떻게 연극 같은 고상한 무대에서 인간의 희로애락이라는 감정의 순화를 느낄 수 있을지 고민하고 비판하기 시작했다. 코디가 옐로핸드의 머리 가죽을 벗긴 사건은 미국 사회에 큰 논란을 일으켰다. 대다수 미국인들은 코디의 행동에 큰 충격을 받았지만 한편으로는 이 사건의 원인은 전적으로 인디언들에게 있다고 보았다.

  백인들은 코디가 인디언의 머리 가죽을 벗겨 커스터의 원한을 갚았다는 사실에 대해 사실적인 느낌과 무대적인 느낌을 동시에 가질 수 있었다. 그러나 그러한 위험한 사건을 재현했을 때 미국 사회가 능동적이고 자연스럽게 거기에 동의하고 적극적으로 환영했다고 생각하면 큰 오산이다. 코디의 서부활극에서 나타난 인디언 머리 가죽 벗기기는 여러 가지 이유로 미국 사회 중상류 계급에 상당한 충격을 주었다. 그러므로 이 비인간적인 행위를 영웅적인 행동으로 보기보다는 혐오와 염려의 반응이 더 많았다. 코디는 이 문제를 해결해야 했다. 그가 가지고 있는 기왕의 이미지를 새롭게 가꿔 보다 아름답고 고귀한 무대극을 보여주어야 동부의 언론이나 평론가 및 중상류 계급으로부터 '문명극'이라는 칭호를 받을 수 있었다. 이러한 방향 전환을 할 수 있었던 그의 모험심 또는 흥행가로서의 전략을 통해 그의 극은 모든 사람들을 끌어들일 수 있는 서부극으로 자리매김될 수 있었다. 물론 그러한 전환이 완전히 성공하지는 못했으나 그가 이런 노력을 통해 서부극의 잔인성 몇 가지를 제거함으로써 다수 대중들의 기호에 극를 맞추려 했던 의도를 알아보는 것은 매우 의미 있는 일이다.

  그의 극에서 나타나는 야만성에 대한 비난은 주로 동부 지역, 특히 뉴잉글랜드 지역에서 격렬하게 나타났다. 그곳의 사회 개혁가들은 지나친 생동감을 용납하기 힘들었다. 백인의 영웅은 백인의 영광이 되므로 긍정성과 공정함을 가진 멋진 행동을 보여주어야 한다고 보았다. 이에 더하여 그가 흥행을 목적으로 매번 서부극을 개시하기 전에 전시했던 인디언 머리 가죽은 금세 사람들의 입방아에 올랐다. 결국 보스턴에서는 머리 가죽 전시가 금지되었다. 이러한 분위기는 쉽게 사그라지지 않았다. 당시 커스터의 비극적인 최후로 인해 인디언에 대한 적대감이 매우 강했으므로 그런 잔인한 행위들이 별로 문제되는 않았을 것이라는 견해는 다분히 결과론적인 해석에 지나지 않는다. 현실은 달랐다. 커스터의 죽음에 가장 적극적으로 애도를 표했던 『뉴욕헤럴드』(New York Herald)조차도 그 행위가 지나친 보복이라고 보았다. 신문 편집진은 코디의 인디언 머리 가죽 벗기기를 맹렬하게 비난했다. 그리고 백인으로서 즉 최고의 문명을 향유하는 종족으로서 결코 해서는 안 될 '문명의 수치'를 저질렀다고 폄하하며 비판했다.[77]

물론 이러한 분위기가 대세는 아니었다. 『뉴욕헤럴드』의 비판을 비난하는 여론도 있었다. 아무튼 이 문제에 대해 통일된 여론이 쉽게 형성되지 않았던 것은 분명하다. 그래도 이 잔인한 행동에 대해서는 누구나 안타까워하는 분위기였다. 그러한 증거는 커스터 및 그의 복수 작전과 밀접하게 연관되어 있는 군대에서도 나타났다. 커스터 사건 이후 군의 동요는 매우 컸다. 그러나 커스터의 희생에 대한 복수전에 직접 관련된 제5기병대의 인물들까지도 이 문제에 비판적인 시각을 보였다. 예를 들어 덴마크계 이민자인 크리스 매드슨(Chris Madsen)은 이 사건을 회상하면서 코디가 인디언의 머리 가죽을 벗기는 것을 보고 몸서리쳤다고 하였다. 매드슨은 코디에게 어째서 그런 잔인한 짓을 저질렀는지 항의했다고 한다. 그러나 코디는 옐로헤어의 머리 가죽을 벗긴 것에 대해 아무런 수치심을 느끼지 못하고 있었다고 한다. 그의 설명에 의하면, 그 샤이엔 전사는 머리에 여자의 머리 가죽을 두르고 있었고, 또한 미국 국기를 허리에 두르고 있었음을 코디가 지적하면서 그에 대한 정당한 분노의 표출이라고 생각했다는 것이다.[78]

코디가 자신을 변호하는 논리는 간단했다. 인디언의 가혹하고 야만적인 행동에 대한 당연한 반응이라는 것이었다. 그러나 머리 가죽을 벗긴 것은 그렇게 간단하게 이해하고 넘어갈 문제가 아니었다. 장차 흥행을 위해 새로운 계획을 세우고 있던 코디는 백인의 영웅으로서 거듭나기를 고대하고 있었다. 그 무리한 행동으로 인해 그는 많은 것을 얻었다. 특히 유명해진 데에는 그 행동의 역할이 컸다. 그러나 점차 그에 대한 논의가 이상한 방향으로 흘러가고 예상하지 못한 방식으로 확대되는 것을 목격하면서, 그는 새로운 대안을 추구하는 차원에서 대중들 특히 소위 문화층이라고 알려진 지식인 계층을 끌어들이려고 했다. 특히 당시의 일부 고급 언론이나 비평가들의 환심을 사서 그의 극이 야만적이고 조잡한 것이 결코 아니라는 것을 확인받으려고 하였다.

  그의 변화를 결정적으로 확인해볼 수 있는 공간이 있다. 그는 자신과 자신의 극을 가장 심하게 폄하하는 비평가들의 시선부터 바로잡기로 했다. 이들의 눈에 들기 위해 코디는 보다 부드러운, 가족적인 드라마에 승부를 걸었다. 그러한 극에서는 과도하게 폭력적이고 잔인한 장면을 줄이고 생략하는 방식을 취했다. 그 전략은 상당히 성공적이었다. 일부 비평가들을 중심으로 코디의 새로운 시도를 높이 평가하고 좋은 시선을 보내주었다. 결국 '사회의 상층계급'도 충분히 즐길 수 있는 가치 있는 드라마라는 칭찬도 받게 되었다. 그것은 「초원의 버펄로 빌」(Buffalo Bill at Bay)이라는 작품이었다.[79]

  코디 극의 수준을 의심하던 비평가들이 극적으로 태도 변화를 보였던 경우는 여러 곳에서 찾을 수 있다. 코디의 방향 전환의 대표적인 작품이라고 할 수 있는 「초원의 버펄로 빌」에 대한 어떤 비평가의 논평은 극찬에 가까웠다. 코디는 지금까지 그러한 평가는 거의 받아보지 못했었다. 극 음향을 담당하는 "오케스트라는 최고의 수준이었다…. 무대에서는 (과거에 빈번하게 들려오던) 총소리가 이제는 들리지 않았다. 딱 한 번 들렸다." 총소리는 극 중간에 코디가 보여주는 멋진 사격술 시범 한 번으로 한정되었다. 그러므로 전체적으로 그의 극은 과거보다 상당히 평화적인 드라마가 되었다. 이것은 코디의 의도가 방향 전환에 집중되었음을 잘 보여주는 것이었다. 이 극에서는 "과도한 폭력이 결코 나타나지 않았으므로 마음 여

린 수줍은 아가씨들이 보아도 문제될 것이 없을 것"이었다.[80]

코디의 다른 극에서도 이러한 현상은 분명하게 나타났다. 1877년 「메이 코디」(*May Cody; Or, Lost and Won*)에서도 폭력성을 절제하려는 코디의 노력이 확연히 나타났다. 이 극은 버트(Major Andrew Sheridan Burt)가 쓴 극본을 기초로 무대에 올려졌다. 과거 무대극에서는 늘 코디가 주인공이었다. 그리고 폭력이 난무하는 장면을 보여주었다. 그러나 「메이 코디」에서는 코디의 여동생 메이(May)가 주인공으로 등장했다. 극의 시작도 과거와는 달랐다. 과거 코디의 서부활극에서는 광활한 서부와 폭력을 보여주었다. 「메이 코디」에서는 뉴욕 5번가의 어떤 집 응접실에서 극이 시작된다. 그리고 장면은 점차 서부로 이동한다. 장면이 이동함에 따라 극의 주인공들 또한 뉴욕에서 서부로 자연스럽게 움직인다. 또한 「메이 코디」에서는 과거와 달리 "사회의 상층부의 존경받을 만한 가치가 있는 사람"들에게 쇼를 보여주겠다는 목표를 세웠다. 그런 의도는 극의 광고지에 분명하게 나타났다. 광고지에는 "지금까지의 어느 누구도 만들지 못했던 가장 세련되고 칭찬할 만한 뛰어난 드라마" 같은 표현이 등장했고 지금까지 서부극의 "진부하고 쓰레기 같은" 틀에서 완전히 벗어났다고, 작품성을 강조하기도 했다.[81]

1879년에 「메이 코디」는 또 다른 극 「대평원의 기사」(*The Knight of the Plains; or, Buffalo Bill's Best Trail*)와 교대로 무대에 올려졌다. 「대평원의 기사」에서는 은연중에 기사와 그 무훈담을 연상시키는 제목에서 볼 수 있듯이 서부 변경의 스카우트를 기사 계급과 같은 품격으로 간주하였다.[82]

1880년 초에는 「대평원의 기사」도 적절한 평가를 받을 수 있었다. 특히 이 극에서 코디의 연기력이 월등하게 향상되어 좋은 평가를 얻을 수 있었다. 과거에 비해 상당히 발전한 그의 연기력은 동부 언론에게도 높은 평가를 받았다. 그러나 가장 결정적인 변화는 불필요한 폭력 장면의 제거였다. 따라서 그 작품은 코디가 자기 절제력을 보여주려고 노력했다는 점에서 가장 큰 의의를 찾을 수 있다. 거기에는 코디의 일시적인 결정과 노력으로 치부할 수 없는 점들이 나타나고 있기 때문이다. 코디에 의해 시도되는 '이러한 새로운 출발'은 전국 어디를 가나 남녀노소를 불문하고 선풍적인 인기를 끌었다. 특히 과도한 폭력으로 인해 지금까지 회피해왔던 여성들 특히 '점잖은 부인'들에게도 인기를 끌 수 있었다. 이러한 현상은 단지 여성에게서만 나타나는 것이 아니었다. 다른 점잖은 관중들을 끌어들이는 데 성공함으로써 최고의 문화적인 소양을 갖춘 인물들이 버펄로 빌 쇼를 찾아왔다. 그리고 극의 인기는 거의 폭발적으로 되었다. 한 비평가는 코디의 극이 '혁명적인 변화'를 보여주고 있다고 말했다.[83]

극이 유혈과 폭력이 낭자하던 초기 형태에서 벗어나 한층 부드러워지자 코디는 행동도 조심했다. 그는 공개적인 자리에서 상당히 부드러운 신사로 보이도록 노력했다. 즉 프런티어의 호기심을 자아내는 인물 중심의 성격에서 뭔가 실질적인 인격을 가진 사람으로 자신을 나타내려고 했다. 그리하여 그에 대한 평가도 새삼 달라졌다. "거의 교육 기회를 가지지 못한 버펄로 빌 코디는 오직 인간에 대한 직접적인 관찰을 통한 공부"로 "사회생활에 필요한 예절과 규칙을 배워서 이제 어디에 내놓아도 결코 뒤지지 않는 신사가 되었다"라고 신문에서 평가한 것도 이때쯤이었다. 그는 신사로서 또한 사회 지도층으로서 여러 문제에 대한 관심과 상식을 가지고 있음을 여러 경로를 통해 자랑했다. 그는 또한 네브래스카에 대목장을 소유하고 있다는 것과 연극무대에서 얻은 막대한 수입을 언급했다. 사회 현안에 관심을 갖고 있다는 뜻으로, 자신의 서부극과 밀접한 관계가 있는 서부 인디언 정책에 대해서도 입장을 피력했다. 그는 '의원님'(Honorable)이라는 칭호도 사용했다. 그는 이러한 칭호를 사용하는 이유를 언급하면서 1872년 네브래스카의 주 의회의원으로 선출된 경험을 밝히기도 했다. 코디는 활동 범위를 캠프파이어에서 응접실까지, 서부서 동부까지, 서부의 인디언 전사에서 무대의 배우로 확대하기 시작했다.[84]

새로운 계급에 적응하고 그들에게 인정받는 극을 만들기 위한 그의 노력은 계속되었다. 그는 지금까지 서부극의 텍스트가 되었던 저가소설과의 관계에서 한 발 물러나기 시작했다. 지금까지 코디의 성공은 저가소설을 매개로 한 사회 하층계급과의 접촉을 통해 가능했다. 그리고 몇몇 저가소설은 그의 이름으로 출판되기도 했다. 그러나 저가소설이 대중들의 폭력을 양산시킨다는 분위기가 새삼 확대되자 그는 그런 소설의 주인공으로 나온다거나 그런 소설의 저자가 되는 일이 없도록 해야겠다고 생각했다. 대부분의 사람들이 저가소설은 바로 미국 노동계급의 천박함과 연관 있다고 생각하는 당시 분위기에서 그는 저가소설과 일정 거리를 두려고 했다.[85]

다른 측면에서 그는 자신의 인생을 정확하게 소개하고 자신의 서부 경험들을 정확하게 알릴 필요가 있음을 인식했다. 코디의 서부극이 사실에 기초한 것인가 하는 의구심, 또는 근본이 되는, 당시 유행했던 저가소설의 내용에 대한 의심을 잠재워야 한다는 생각을 갖게 된 것이다. 그 작업으로서 그는 자서전을 집필하여 자신은 극단 배우가 되기 전에 서부에서 다양한 경험을 했고, 그것은 사실 그대로라는 것을 분명히 하였다. 그래서 긴 제목을 가진 『자서전』(*The Life of Hon. William F. Cody, Known As Buffalo Bill, the Famous Hunter, Scout and Guide: An Autobiography*)이 코네티컷 주 하트포드에서 1879년에 출간되었다.[86]

물론 자서전의 내용이 저가소설의 내용과 완전히 다른 것은 아니었다. 자서전에는 서부에서의 결투나 전투에 대한 설명, 서부에서 나타나는 다양한 위험에 대한 내용, 사람들을 숨죽이게 하는 모험들이 자세하게 서술되었다. 그러나 이러한 내용들을 보여주는 목적은 과거 저가소설의 그것과는 완전히 달랐다. 코디의 극은 문학적 상상력에서 동원된 허구가 결코 아님을 증명하려고 했다. 그는 자서전에서 서부에서 발생한 주요 역사적인 사건마다 자신이 적극적으로 참여한 활약상을 보여주어 당시 사회 상층부의 의심을 단칼에 제거하려고 했다.[87]

버펄로 빌 코디의 목장이 있고 그의 정치, 사회 활동의 중심지였던 네브래스카 주 노스플랫의 전통 악단 유니폼

출처: Buffalo Bill Ranch State Historical Park, North Platte, Nebraska

출처: Buffalo Bill Ranch State Historical Park, North Platte, Nebraska

버펄로 빌 코디의 대형 4륜 마차

여기에서 그에게 행운이 따랐다. 코디의 성공을 재촉하는 중요한 사건들이 연속적으로 일어났다. 서부활극에서 그와 경쟁하던 여러 서부 영웅들이 하나씩 세상을 떠난 것이다. 오직 코디만이 서부 이야기를 들려줄 수 있는 인물로 남게 되었다. 한때 그의 동업자이면서 경쟁자였던 와일드 빌 히콕은 1876년에 살해되었다. 만일 그가 갑작스러운 죽음을 맞지 않았다면 코디의 강력한 라이벌이 되었을 것이다. 그가 죽기 얼마 전에 서커스계의 거물 아그네스 레이크(Agnes Lake)와 결혼했기 때문이다. 실제로 히콕은 결혼 후 서부극에서 돌풍을 일으키며 코디를 압박하고 있었다.[88]

히콕만큼이나 명성을 떨쳤던 텍사스 잭 또한 1880년 콜로라도 주 리드빌에서 폐렴으로 사망했다. 죽기 전 캡틴 잭(Captain Jack)은 형편없는 시인으로 전락했다. 그는 무대를 버리고 천하를 얻은 것처럼 보였다. 캡틴 잭도 그런 생활에서 행복을 얻었는지 모르겠지만, 코디에게 그의 죽음은 행운 그 자체였다. 강력한 경쟁자가 또 하나 사라진 것이기 때문이다. 이제 서부극에서의 그의 위치는 확고해 보였다.[89]

6. 대중의 인기

버펄로 빌 코디가 동부에서 선풍적인 인기를 얻은 것이 별다른 어려움 없이 이루어졌다고 생각할 수도 있을 것이다. 그러나 버펄로 빌 코디의 초기 성공과 발전의 이유로 무엇보다 그의 피나는 개혁과 자기 적응에 따른 노력을 꼽을 수 있다. 특히 야만적인 서부활극의 유쾌함을 잃지 않으면서도 폭력성과 잔인성을 배재한 시도는 대단히 성공적이었다.

코디는 무대인으로서의 명성을 확보하는 데 결정적인 성공을 이루어냈지만 다른 한편으로 그 성공은 그의 진로를 대단히 힘든 방향으로 이끌어 가는 역할을 했다. 코디 극의 본질은 무엇보다 서부의 현장감 재현이었다.

우선 무대의 주인공인 코디는 무대를 종횡무진 누비고, 기병대 스카우트로서 인디언과의 전투에 참여한다. 코디의 서부극을 비판하는 사람에서부터 칭찬을 아끼지 않는 사람들에 이르기까지 모든 사람들이 그 점은 인정했다. 다만 그 재현의 강도에서 의견이 엇갈렸다.[90]

코디는 동부 지역 시민들을 의식하여 극을 새롭게 수정 보완함으로써 더 큰 성공을 거둘 수 있었다. 하지만 미국의 사회·경제적인 요건들이 변화함으로써 서부극의 진로를 어렵게 했다. 우선 그의 신빙성을 보장해 주었던 서부 영웅들이 하나씩 죽었다. 그것은 코디 극의 리얼리즘을 손상시키는 결과를 가져왔다. 그것은 서부에서 인디언과의 투쟁의 시대가 이제 끝나간다는 반증이기도 했다. 이제 서부에서 인디언과 백인의 적나라한 갈등은 더 이상 나타나지 않았고, 따라서 동부에서 그러한 이야기들을 무대를 통해 접하는 시대도 지나가고 있었다. 코디를 중심으로 서부극을 재생산하는 공연단 사람들에게 이것은 치명적이었다. 미국 사회의 변화, 서부의 변화는 그야말로 충격적인 일이었다. 미국 대중들에게 코디의 서부활극은 서부의 뉴스를 전달해주는 역할을 맡고 있었다. 그런데 그 현장에서 더 이상 사건이 일어나지 않는다면 서부활극의 생동감과 현장감은 상실될 수밖에 없었다. 코디에게는 극단의 일개 배우 신세로 전락할 수 있는 위기의 순간이 온 것이다.[91]

코디는 생명력은 잃고 다른 평범한 배우들과 다를 바 없는 존재가 될 것인가. 이 절체절명의 위기에서 서부를 배경으로 하는 고급 멜로드라마 형태와의 차별성 부각이 중요한 현실로 다가왔다. 사람들은 코디의 역동적인 서부활극이 점차 기존 서부 멜로드라마와 비슷해져 간다고 지적하기 시작했다. 그런 차이가 없어진다는 것은 코디의 정체성 상실을 의미했다. 당시 그런 서부극들 중에서 「서부대륙횡단」(*Across the Continent*), 「지평선」(*Horizon*) 같은 작품들이 고급 시장을 휩쓸고 있었다. 이러한 극에 등장하는 일반 배우들과 코디의 차이점은 생생함에 있었다. 이제 그러한 차이가

사라질 위기에 처한 것이다.[92]

코디는 완벽한 성공을 이룰 수 있는 순간에 대위기를 맞았다. 또한 그가 중산계급을 목표로 해서 새로운 방향을 설정하고 극의 수준 향상을 꾀하면 그의 원래 신봉자들이었던 노동계급의 이탈이라는 부작용이 일어날 수 있었다. 코디는 늘 그들의 이상이자 영웅이었다. 중산계급과 가족극을 목표로 돌진하던 이 서부 사나이의 성공 신화는 딜레마에 빠져들었다.

그렇게도 노력했던 작업이 수포로 돌아간다면 그 영향이 어떠할지는 불 보듯 뻔했다. 코디의 모험은 이러한 위험한 줄타기 그 자체였다. 그가 얻었던 초기 서부극의 명성은 이러한 계급의 이중성을 적절하게 조정한 줄타기 솜씨에서 비롯된 것이었다. 그가 서부의 영웅으로 대중과 만날 수 있었던 결정적인 요인은 저가소설이었다. 또한 그는 적절한 시기에 무대극에 등장함으로써 인기를 보장받았다. 이 두 가지 측면에서 그에 대한 찬사는 주로 노동계급으로부터 나온 것이었다. 물론 다른 계급에서도 그에 대한 관심을 나타냈지만 가장 중요한 것은 어디까지나 노동계급이었다. 그들은 바로 저가소설을 열렬하게 탐독하는 계층이기도 했다. 저가소설에 대한 그들의 관심이 코디의 극으로 연결되었던 것이다. 그런데 그는 자신을 그렇게 밀어주었던 노동계급 취향의 극에서 벗어나 중산계급의 취향의 극으로 전환하려는 위험한 결단을 했다. 그것은 일단 성공적이었다. 그러나 그의 극이 중산계급 이상을 목표로 한 가족극으로 방향이 전환된 순간부터, 앞서 이야기했던 것처럼 그의 극을 지탱해주던 여러 조건들이 바뀌는 위기를 맞았다. 이제 그의 극은 서부를 배경으로 하는 전통 서부 멜로드라마와 큰 차이를 발견할 수 없게 되었다.

그러나 다른 한편으로 그의 성공에는 결코 무시할 수 없는 측면이 있다. 그의 성공은 중산계급의 관심을 끎으로서 이루어질 수 있었다는 것이다. 당시 동부 지역의 무대극 세계에서 코디는 낯선 인물이었다. 중산계급은 그를 통해 새로운 시선을 볼 수 있었고 새로운 아마추어의 풋풋함과 진

출처: Frederic Remington, sketches from Buffalo Bill's Wild West, *Harper's Weekly*, September 3, 1892.

버펄로 빌 코디의 서부활극 와일드 웨스트의 장면을 묘사한 인디언과 백인 모습실성을 느낄 수 있었다. 그는 전형적인 무대극에 나오는 프로 배우와 전혀 다른 것을 보여주었던 것이다.

성공을 위해 중산계급을 끌어안으면서도 노동계급의 이탈을 방지하고자 오락성과 사실성을 적절하게 조합하기 위해 코디가 선택한 것은 장대한 스케일로 활력적인 서부를 다시 구현하는 것이었다. 그는 폭력 장면을 제거함으로써 중산계급을 끌어안았다. 다른 한편으로 그는 극에서 다양한 서부 문화와 생활에 대한 콘텐츠를 확보했다. 이러한 콘텐츠를 보여줌으로써 대중들이 지향하는 오락성을 유지하고자 했다. 이런 전제하에서 그는 이제까지보다는 훨씬 스펙터클한 서부 서사시 연출을 시도했다. 무대에 여러 필의 말을 직접 등장시키는 등 생동감을 대폭 증가시켰다. 대신 지금까지 중심적 콘텐츠였던 폭력 장치들, 예를 들어 총과 연관된 연기는 대폭 줄였다. 무대 장치와 음향 효과는 유례 없을 정도로 세련되고 웅장해졌다. 일례로는 당시로서는 혁신적인 기술이라고 할 수 있는 전기를 이용한 다양한 특수효과를 관중들에게 보여주었다. 극의 스토리와 주제는 자연스럽게 인디언을 서부 문화의 중요한 부분으로 묘사했다. 그리고 이후에는 폭력성의 상징으로서 인디언을 설정하는 비율과 강도가 초기 극에 비해 점차 약해졌다.[93]

물론 야외 서부활극에서 인디언을 반문명의 상징으로 설정하는 이전 방식이 완전히 사라진 것은 아니었다. 이후에도 코디의 서부활극에서 인디언에 대한 인종적인 반감과 위대한 백인이라는 이분법적인 구조는 여러 면에서 확인된다. 그러나 과거와 같은 무자비한 폭력 장면 연출을 중심으로 하는 모습은 사라져 인디언을 잔인한 서부의 야만으로 묘사하는 일이 대폭 줄어든 것은 분명한 사실이다. 더불어 모든 계급으로부터 사랑받을 수 있는 서부활극으로 자리매김되었다.

7. 버펄로 빌 코디와 계급

코디의 무대극과 이후에 선풍적인 인기를 끈 야외 서부활극에서 폭력은 가장 중요한 요소였다. 그리고 그 폭력을 야만의 상징인 인디언들의 침입과 약탈로 정의하는 것은 거의 모든 극에서 나타났다. 늘 문명의 상징으로서의 백인 기병대와 스카우트, 반문명의 상징으로서 인디언이 설정되었다.

그러나 초기 작품의 폭력성과 야만으로서의 인디언에 대한 시각은 앞에서 본 바와 같이 시간이 지나면서 줄어들었다. 그리하여 야외 서부활극에서는 인디언과 폭력이 초기 무대극에 비해 상당히 줄었다. 그 이유는 지금까지 밝혀보았듯이 문화 소비층과 그 계급에 대한 코디의 의식이 작용한 것이라고 할 수 있다.

코디는 초기 무대극에서 살육을 너무 빈번하게 보여주어 문화 소비층의 주축이라고 할 수 있는 새로이 부상하는 중산계급과 예술 평론가들로부터 비난을 자주 받았다. 그러므로 폭력적인 장면이 줄어든 것은 그때까지 자신의 극의 주 고객이었던 하층계급뿐만 아니라 문화, 예술의 고급 소비층을 겨냥해서 수준을 향상시키려고 끊임없이 노력을 배가한 결과라고 할 수 있다. 이런 계급 지향적인 노력으로 코디의 극은 중요한 평론가나 신중산계급으로부터 좋은 평가를 받을 수 있었다. 고급문화를 갈구하는 문화 소비층을 끌어안는 노력이 어느 정도 성공했는지에 대해서는 논란의 여지가 있지만 적어도 일정 부분은 성공하여 이후에 야외 서부활극 와일드 웨스트 쇼에서는 모든 계급을 아우를 수 있는 콘텐츠를 보여줄 수 있었고 인기 또한 폭발적이었다.

그런 측면에서 코디의 서부활극이 무대극에서 시작하여 야외극으로 인기 절정을 이룰 때까지 일관되게 인디언을 반문명과 야만의 상징으로 정의했다는 기왕 역사가들의 해석은 의문을 갖게 한다. 물론 그의 극에서 백인과 인디언을 문명과 야만의 대립각으로 설정한 인종주의적 시각은 일관되게 나타난다. 그러나 코디의 서부활극을 인종적인 측면에서 단죄하고, 그를 인종주의자라고 정의하는 것은 서부활극 발전 과정에서 그가 보여준 인디언에 대한 복합적인 정서를 무시하는 것이며 역사학도 인종주의가 줄 수 있는 것 이상으로 폐해가 큰 학문이 될 것이다. 역사학의 장점이 시대와 공간에 대한 폭넓은 이해라고 볼 때, 그리고 그 속에서 인물의 행위를 판단하는 것이라고 볼 때 그에 대한 평가는 반드시 재고되어야 할 것이다.

제4장

서부와 인디언에 대한 미국 역사가들의 시각

　코디의 서부극과 야외 서부활극은 백인을 문명인으로 간주하고 인디언을 야만의 상징으로 지목했다. 특히 초기 서부극에서는 이러한 대립 구조를 설정하여 서부 역사를 서사했다. 그 후 야외 서부활극으로 발전하면서 인디언의 생활과 문화에 대한 상당히 우호적인 모습이 나타나지만 본질적으로는 그러한 이원론적 대립 설정 방식을 결코 저버리지 않았다. 문명의 진보와 발전을 방해하는 인디언을 문명인으로서 백인이 나아갈 길에서 제거해야 한다는 것이 그 주제였다. 그 과정에서 무력 사용도 정당화되었다. 그것이 코디의 극이 갖는 단면이라고 할 수 있다.

　문명 대 야만의 대결이 벌어지는 장소로 서부를 그린 사람은 코디뿐이 아니었다. 19세기 말에서 20세기 초까지의 미국 역사가들의 글에도 이러한 시각, 인디언에 대한 인종주의적인 시각이 농도 짙게 나타났다. 그렇다면 미국인들 즉 백인이라는 집단의 지도층이 왜 이러한 문명과 야만의 대립 구조의 해석학을 필요로 했는가? 미국의 어떤 특수 사정이 서부를 인종주의적 갈등의 장으로 정의하게 만들었는지 확인하는 작업은 궁극적으로 코디의 서부활극이 그토록 미국인들의 인기를 끈 이유를 설명하는 데도 도움이 될 것이다. 더불어서 궁극적으로는 미국인들과 당시 미국 역사가들이 설정한 인종 정의와 경계가 얼마나 작위적이었는지 확인하면서, 인종 구분의 허구성을 살펴보는 것은 의미 있는 작업이 될 것이다.[1]

한편, 미국인들이 이러한 인종관과 '상상의 지리학'으로 서부를 설정하고 정리한 것을 바탕으로 국내외 정책을 추진했던 그 과감성은 실로 놀라운 것이었다. 그들이 설정한 백인과 야만의 잣대와 인종적인 기준이 시간과 장소에 따라 달랐다는 것을 확인할 때, 그리고 그런 기준으로 정책과 외교를 집행하는 모습을 볼 때, 코디의 서부활극이 그렇게 인기를 끌었던 이유도 찾을 수 있을 것이다.

당시 미국이 경험한 인종적인 갈등과 고통은 이후 연방 정치와 외교에도 영향을 미쳤다. 그 기원은 서부와 인디언에 대한 갈등이었다. 서부에서 경험한 인디언과의 갈등을 통해 백인들은 인종적인 접근으로 문제의 해답을 구할 필요가 있다고 인식한 것이다. 다른 한편 이 시대 미국의 역사 서술과 아시아 아프리카에 대한 미국의 인식과 대응에서도 이러한 인디언관에서 비롯된 정복의 정당화가 엿보였다. 즉 백인우월주의와 문명우월론의 측면에서 문명의 동화를 요구했던 것이다.

결론적으로 필자가 강조하고 싶은 것은 백인들의 서부 정착과 인디언 정복 과정에서, 동부 지역을 중심으로 여러 이민 세력이 일으키는 문제 해결 과정에서, 노동과 자본의 충돌을 해결하는 과정에서, 정치가에서 역사학자까지 정책의 정당성을 확보하고 문제를 해석하기 위해 인종적인 갈등을 적극적으로 사용했다는 것이다. 그런 측면에서 미국 사회 최초의 인종 문제는 바로 서부에서 확인해야 한다. 19세기 말부터 나타난 급격한 이민 유입에 기인한 인종 문제 또한 서부의 경우와 마찬가지로 배척 논리를 구사할 수 있었다. 즉 당시 미국 사회가 감당할 수 없는 문제들을 모두 백인 대 인디언의 인종적인 갈등 구조와 연결시킴으로써 불만을 해소했던 것이다. 서부는 백인들의 히스테리를 해결해주는 '상상의 지리학'이었다. 또한 인디언과 서부는 미국의 제반 영역에서 발생하는 문제와 갈등의 최초의 원인임과 동시에 그 해결을 위한 희생양으로 이용되었다.

1. 인종주의적인 역사 서술의 배경

미국은 움직이는 나라였다. 특히 1860년에서 1870년대까지의 서진 속도는 가공할 정도였다. 서부라는 공간은 빠른 속도로 이동하고 있었다. 그 속도에 서부의 프런티어라는 광활한 공간이 금세 사라질 것은 명백했다.

사실 프런티어가 중요한 지리적인 경계를 뜻하는 용어로 사용된 것은 연방의회 법률안이었다. 그에 따르면 프런티어란 1평방마일 당 평균 거주자 수가 2명 이상 6명 미만인 거대한 지역을 지칭하는 용어였다. 그러나 1890년대 이후에는 이러한 규정에 적합한 영역은 더 이상 존재하지 않았다. 그러한 지역이 사라짐에 따라 프런티어는 점차 다른 의미로 기억되기 시작했다. 이제 프런티어는 '상상의 지리학'으로, 잃어버린 미국 신화의 출발지로, 낭만의 공간으로, 또 인종주의적인 시각에 의한 원시적이고 야만스러운 공간으로, 미국 역사의 모든 것을 설명해줄 수 있는 중요한 키워드로 재생되었다.[2]

이후 프런티어는 미국 역사 서술의 가장 중요한 주제가 되었다. 미국 역사가 갈등과 소란, 문제와 두려움을 분출할 때마다 역사가들은 서부 신화에서 돌파구를 찾았다. 그것은 한편으로 결코 해결되는 않는 문제를 서부에 대한 동경으로 잊으려는 것일 수도 있었다. 이러한 사실은 적어도 1890년대까지는 동부에 비해 서부에 대한 관심이 미미했다는 사실에 비추어보았을 때 더욱 흥미롭다. 사실 서양 역사를 통해 특정 개념과 그 해당 시대가 그토록 역사적인 관심과 논쟁을 일으킨 경우는 드물다. 어떤 역사가 이러한 프런티어 시대와 버금가는 경우는 '르네상스시대' 뿐이었다고 적절하게 묘사했을 정도로, 프런티어 시대는 역사가들의 논의의 '황금어장' 이 되었다.[3]

미국이 경험한 서부 인디언과의 인종적인 갈등은 이후 연방 정치와 외교에 영향을 주었다. 19세기 말에서 20세기 초까지 미국의 제국주의는 대외 팽창을 뒷받침하는 이데올로기가 필요했다. 거기에 인디언과의 전쟁이 이용되었다. 즉 인디언이 야만의 상징으로 통제받아야 하는 것과 마찬가지로 이성적인 백인 문화의 외국 진출은 식민지의 야만 문화를 통제하고 문명화하려는 시도라는 것이었다.[4]

서부에서 인디언과 갈등을 겪은 백인들은 다양한 문제를 인디언 문명과의 대결로 '투사' 하는 인종적인 접근을 이용하여 해답을 구할 필요가 있으며 또한 그것이 적절하다고 인식했다. 그리고 국내의 다양한 긴장 관계를 야만의 상징인 인디언과의 전쟁으로 치환하여 해결하는 방식이 외교에도 그대로 적용되었다. 아시아 아프리카에 대한 미국의 인식과 대응 태도에도 이러한 인디언관이 확대 적용된 것이었다. 그리하여 미국이 추구하는 팽창적인 야욕과 정복을 반문명에 대한 교육으로 정당화했다. 백색우월주의와 문명우월론의 측면에서 문명의 동화를 요구한 것이다.[5]

백색우월주의에 기초한 정책을 본격적으로 실행했던 인물이 윌리엄 매킨리(William McKinley)였다. 그는 필리핀 정책을 다분히 백색우월주의적 시각에서 다루었다. 그가 동남아시아 외교 정책에서 늘 언급하는 '자비로운 동화'(benevolent assimilation)가 바로 그러한 인종주의적 색채를 상징하는 단어였다. 이러한 시혜적인 단어 선택에는 아버지가 아직도 미성숙한 자식을 무한한 관용과 걱정을 가지고 계도하여 성장시키는 의무를 실행한다는 뜻이 담겨 있었다. 한 마디로 '부성애'(paternalism)를 보여준다

는 것이었다.⁶

매킨리의 이러한 외교적 접근 방법 근저에 미국인들의 인종차별적인 편견이 자리 잡고 있었다는 점은 매우 흥미롭다. 매킨리는 당시 미국에 새로 유입되는 이민 세력 및 서부 변경의 인디언과의 충돌로 인해 전통적인 백인들이 위협받을 수 있다고 생각했다. 이들로 인해 미국의 전통적인 도덕적, 민주적인 세계관이 위협받고 있다는 것이었다. 이런 위협에 대해 미국의 정책 담당자들이나 외교관, 역사가들까지 그들을 미국의 백인 문화에 동화시켜야 한다는 강박관념을 느끼고 있었다. 이들의 해답은 늘 백인문화우월론의 입장에서 인디언과 새로운 이민 세력을 재단하는 것이었다.⁷

그러므로 미국의 외교적인 접근 태도는 국내에서 인종적인 위기를 겪고 그로 인한 염려를 경험한 결과 나온 정의에 불과하다고 해도 크게 틀리지 않을 것이다. 외교적인 차원에서 '동화'라는 표현을 쓰고 있지만 미국 백인 주류 세력들의 본심은 그 타자들과는 결코 동화할 수 없고 필요하다면 무력을 사용해서 문제를 해결해야 한다는 것이었다. 당시 백인 문화는 전통적으로 국가의 정체성을 형성하고 안정적으로 유지하기 위해 공화주의적인 윤리관이 필요하다고 보았다. 그런 시각에서 볼 때 미국은 위기가 너무나 많아 어떻게 손을 쓸 수 없는 지경이었다. 그 모든 문제의 발단은 인종적으로 열등한 여러 요소들의 유입이었다.⁸

미국이 외부로 확장이 필요했던 시기에, 내부에서는 인디언과의 갈등이 고조되고 새로운 이민 문제들이 첨예하기 나타났다. 그런 상황에서 인구조사가 시선을 끌었다. 인구조사는 앵글로색슨족의 위기의식을 노골적으로 보여주었다. 당시 인구센서스에 대한 미국인의 흥분은 보통이 아니었다. 미국 전 국민이 몇몇 통계 수치에 그렇게 흥분하고 의미를 찾으려 노력했던 것은 인종적인 염려가 주원인이었다. 역사가 토머스 W. 히긴슨(Thomas Wentworth Higginson)이 이러한 통계를 통해 미국의 낭만을 이해하려고 했던 것이 그 한 예일 것이다. 이러한 통계를 부정적으로 생각했던 역사가도 있었다. 그가 바로 프레더릭 잭슨 터너였다. 어쨌든 미래를 암울하게 내다보고 그 대응책을 마련하고자 했던 사람들에게 그 통계의 영향력은 더욱 살벌했다. 인종주의를 기초한 우생학자들에게 이것은 바로 자신들의 의견을 지지하는 중요한 산술적인 데이터였다. 19세기 말 미국 사회의 급격한 내외적인 변화에서 가장 특징적인 현상은 바로 도시화와 이민의 유입으로 인한 인구센서스상의 인종분포도의 변화였다. 이러한 변화에 대한 미국인들의 염려와 위기의식은 결국 민주주의와 공화성의 수호사인 순수 백인 즉 앵글로색슨의 몰락으로 이어져 미국이 종말을 고할 것이라는 단정론으로 연결되었다.[9]

그렇다면 이민의 성격과 추세는 어땠을까? 남북전쟁 전후 미국 인구의 추세를 관찰해보면 다른 유럽 국가들에 비해 인구가 엄청나게 증가했음을 알 수 있다. 우선 자연증가율이 매우 높았다. 남북전쟁이 시작될 때 미국의 인구는 3100만 수준이었다. 남북전쟁이 끝나고 얼마 후 미국의 인구는 3900만으로 증가하여 1/4 이상 늘었다. 1880년대에는 5000만에 이르렀고, 1890년대에는 6200만으로 증가했다. 이러한 자연 증가가 미국 사회에서 발생하는 문제의 근원이 되는 것은 결코 아니었다. 19세기 미국 문제의 핵심에 해당하는 것은 초기 이민 세력으로서, 그들은 기득권층이었던 앵글로색슨족과 여러 가지 갈등을 야기했다. 예를 들면 1815년부터 남북전쟁 전까지 약 400만의 이민이 도착했다. 그 중에서 기존의 이민 경로였던 영국에서 50%가 들어왔지만 다른 경로들도 나타났다. 우선 아일랜드가 점차 이민의 주도적인 위치를 차지했다. 아일랜드 사람들은 이 기간 동안 이민의 40%를 차지했다. 나머지는 그 외 유럽 출신이었다. 남북전쟁이 끝날 쯤에서 시작하여 1890년대까지는 약 1000만 명이 미국으로 유입되었다. 이 유입 세력 중에서 새롭게 눈에 띄는 것은 아일랜드 외에 독일, 스칸디나비아 지역 출신들이었다. 미국은 점차 인구 압박을 강하게 느꼈고 이윽고 그들 사이에 임의적인 인종 경계를 설정해 차별 규칙들을 만들어냈다.

물론 주류 세력이며 순혈주의적인 정통 백인은 앵글로색슨이고, 다른 백인들 즉 아일랜드계나 독일계는 상대적으로 '정통'에서 제외되었으며 결국 주변인으로 타자화되었다. 앵글로색슨족은 새로운 국가인종주의를 전면적으로 체계화했다. 또한 앵글로색슨족은 그들이 보기에 잡종들인 불손 세력의 유입을 정치, 법률적인 제도를 강화하여 규제하고 문화와 역사, 연극에서 다양한 인종적인 공포를 재생산하려고 노력했다. 그런 해결책을 제시하고 실행했을 때 대중과 지도적인 세력들을 모두 만족시킬 수 있었다.[10]

이러한 측면은 역사가들의 생각과 서술에도 직접적인 영향을 미쳤다. 그들은 문제를 인식하고 설명하는 과정에서 미국의 해결책을 제시할 필요가 있었다. 그들은 미국 서부에서 발생하는 문제를 통해 인종 문제를 제시했고 그 해결책을 제공해야 했다. 그것이 바로 인디언 문제이었다.

인디언 문제가 미국의 국내 문제 해결의 단초로서 미국 역사가들의 관심을 끈 것은 바로 이러한 이유에서였다. 역사가 히긴슨은 "위대한 서진운동"(the great westward march)이라고 칭하면서 서부를 위대한 탐험가의 눈에 보이는 낭만으로 채색하고, 그 과정에서 최초의 서부인인 인디언의 종말을 예고하면서 문명의 빛으로 그들을 소독해야 할 필요를 주장했다. 그는 그것을 증명하기 위해 1880년대 미국 인구통계의 여러 좌표들을 적절하게 이용했다. 그는 문명과 야만의 투쟁 속에서 백인 문명의 신화와 흔적을 아로새기는 이러한 자료는 결국 문명의 승리와 야만의 종말을 보여주는 위대한 수치이며, 그 수치에서 역사적인 숙명론과 당위론의 서사시를 읽을 수 있다고 보았다. 그는 자신의 저서 특정 부분에 '위대한 서진운동'이라는 제목을 달았다.[11]

1910년대와 1920년대 미국 사회를 사로잡았던 우생학적인 면모 또한 이러한 국내외적인 조건에 크게 영향을 받았다. 미국 주류 백인들의 우려는 결국 열등 인종들이 미국의 인종적 순수성과 우월적인 유전자를 심각하게 훼손시킬 수 있다는 것이었다. 그것은 당시 선풍적인 인기와 관심을 끌던 역사가 프레더릭 잭슨 터너의 관점과 유사했고, 그들이 미국 사회에 대해 가지고 있던 공포와도 일맥상통했다. 그러나 우생학은 도가 지나쳐 심각할 정도로 진행되었다. 그것은 역사가들의 염려를 '무섭고 소름끼치는 방식'으로 해결하려 하였기에 결론적으로 역사가들이 언급을 회피하고 싶은 부분이 되었다.[12]

연방의회 우생학위원회(the congressional eugenics committee)의 주장을 보면 공포가 느껴질 정도이다. 그들은 일정하고 고정적인 인종 기준에 위배된다고 생각하는 인종을 적극적으로 배척하고 차별적이고 불합리한 조치들을 취했다. 체계적인 '지능검사' 실시를 계획했고, 자신들의 잣대로 분류된 '열등자나 심한 열등자'는 미국 입국 자체를 거부한다는 것이었다. 더욱이 임의적인 평가와 계산을 통해 "미국에 살고 있는 600만 이상"이 인종적으로 불완전하다고 정의한 후, 그 불손한 세력의 "참정권과 자손을 가질 수 있는 자격을 박탈해야 한다"고 거침없이 주장하는 기괴함을 보여주었다. 그들이 보기에 이 인종적인 불순 세력은 "결코 미국 땅을 밟지 말았어야 했다"는 것이었다.[13]

이러한 우생학적인 사고에서 나타나는 현상은 당시의 지리학적 상황과 결코 동떨어진 현상이 아닐 것이다. 이제 프런티어도 그 신기루적인 해결의 힘을 잃어가고 있었다. 서부 진출은 위대한 문명의 승리를 보여주었다. 그곳에서 미국 주류 백인들은 야만을 개화했다. 그런데 미국 백인들의 지도적인 성격과 위치가 자꾸만 힘을 잃어가고 있었다. 그리고 위기가 닥쳐왔다. 문제는 계몽되지 않고 덜 진화된 인종들이, 백인들이 고생 끝에 만들어놓은 '언덕 위의 도시'를 파괴하려 한다는 것이었다. 도시는 그러한 인간들로 가득 찼다. 이러한 위기에 편승하듯 서부에서는 인디언의 격한 저항이 나타났다. 또한 이 신천지에도 새로운 이민 계급이 나타나 문제를 야기하고 있었다.

결국, 미국 서부에서 인디언 정복과 정착이 완성됨으로써, 그리고 미국의 경계에서 발생하는 여러 충돌을 해결하여 어느 정도 국가의 지도가 이루어짐으로써, 인종적인 갈등과 문제가 결정적으로 나타나게 되었다는 것이다. 그러므로 이민 세력의 유입은 미국의 제반 영역에서 발생하는 모든 문제와 갈등의 주요한 최초 원인이자 중추적인 근원이었다. 즉 모든 인종적인 갈등의 중요한 원인이었다.[14]

미국 역사 전개에서 인종 문제 표출의 근거가 서부 개척이라는 독특한 문화에서 출발한다는 사실은 매우 분명하게 증명될 수 있다. 미국 독립과 국가 건설 과정에서 출발하여 미국 이민의 기준을 정하는 귀화법(naturalization law) 제정까지 살펴보면 아주 재미있는 사실을 발견할 수 있다. 중요한 것은 1790년 귀화법(이민제한법)의 '자유로운 백인'(free white persons)이라는 기준이 변화되지 않은 채 이후 지속적으로 군림해왔다는 사실이다.[15]

19세기 말에서 20세기 초에 나타나는 백인중심주의적인 시각도 여전했다. 미국 국민이 선택하는 기준, 즉 야만과 문명을 분간하는 기준에서 볼 때 그 전통에서 벗어나기는 힘들었다. 즉 백인을 중심으로 해서 국민의 순위를 정하는 작업이 매우 바람직하게 여겨졌던 것이다. 이민의 경우에도 이러한 방정식의 범위를 결코 벗어나지 못했다. 이민의 범위를 확대해야 하는 절박한 상황에서 정책의 기준은 새로운 이민을 백인과 유색인종으로 나누는 것이었다. 서부의 공포 즉 인디언의 공포를 경험했던 그들로서는, 수용해야 할 이민을 다시 한 번 분석하고 그 질서와 선택을 정리할 필요성을 강력하게 느꼈던 것이다. 따라서 이른바 코카서스 인종(Caucasians)이라는 새로운 단위가 20세기 이후에 탄생했다. 미국 국민들은 이 확대된 의미의 백인들(유대인, 레트인, 켈트족, 지중해 인종)은 이민의 긍정적인 측면으로 인정했으나 다른 인종 특히 아시아계는 무시했다.[16]

결국 백인 공간을 확대하여 백인의 스케일이 늘어나고 백인의 경계가 커짐으로써 국가 건설기에 존재했던 백인의 기준은 점차 허물어졌다. 백인 문화의 탄력적인 적용이 나타났던 것이다. 하지만 때마다 백색의 기준이 달라지기는 했지만 백색을 지향한다는 근본적인 가치는 결코 변하지 않았다. 그 결정적인 이유는 인디언 토벌 과정에서 느낀 인종적인 공포였다. 백인의 안정적인 공간인 서부의 안전판이 심리적인 치료 역할을 수행하지 못하게 되자, 이후 미국의 인종적인 염려가 나타나게 되었고, 그 속에서 다양한 가치, 정체, 우생학, 이민법 등이 차례로 발명될 필요가 있던 것이다. 그러므로 미국인의 인종주의, 특히 19세기 말에서 20세기 초의 인종주의와 우생학은 서부 및 인디언과의 갈등이 그 출발점이라는 것이 타당한 가정일 것이다.[17]

백인 대 유색인종이라는 구도에 대한 공포가 얼마나 중요했을까? 구체적으로 말해서 미국인들이 이민에 대한 공포가 아니라 인종적인 공포에서 문제를 보았음을 확인하기는 어렵지 않다. 즉 그것이 서부에 대한 강박관념에서 출발하고 있다고 할 수 있다. 1898년 험프리 데스몬드(Humphrey Desmond)가 말했듯이 새로운 백인 즉 '코카서스'를 만들기 위한 준비는 착착 진행되고 있었다. 이 새로운 백인의 조합에 결정적으로 기여한 것은 어디서 찾을 수 있을까? 그것은 비단 이민 세력의 집중적인 유입에서만 비롯된 것은 아니었다. 미국인들은 더 심각한 문제였던 '야만의 영역'에 대한 충격을 두려워하고 있었다. 이 새로운 영역에 미국이 접촉하면서 백인들의 공포는 극대화되었고 그들은 백인의 정의를 규정할 필요를 느끼게 된 것이다.[18]

구체적으로 백인들이 느끼는 공포는 어디에서 출발하는가? 그 출발점은 서부의 인디언이었다. 평원지대의 인디언과 접촉하고 충돌하면서 백인들의 공포는 점점 커졌다. 그리고 이후 세계에 대한 미국의 직간접적인 접촉도 노골적으로 나타나기 시작함으로써, 멕시코, 하와이, 사모아, 쿠바, 푸에르토리코, 필리핀과 접촉하면서 낯선 문화와 인종에 대한 미국 백인들의 공포와 위험은 증폭되어 갔다. 그들이 접촉한 미개인들은 인류 문명의 진로를 다른 방향으로 꺾어 놓을 수 있는 심각한 위험 요소로 비춰졌다. 문명의 전달자는 육체적인 진화와 정신의 향상에서 완벽한 조화를 이루어야 한다. 그런데 이 인종들은 결코 그러한 면을 갖추었다고 볼 수 없었다.[19]

앞에서 보았듯이 코디의 극이 그렇게도 미국 대중들의 흥미와 관심을 끌었던 이유는, 새 이민자의 반미국적인 문화와 그로 인한 노동 분규 등으로 인하여 인종에 대한 공포를 느끼고 서부에서의 인종적인 갈등에 주목하게 되었기 때문이다. 그들은 동부에서 느끼는 공포를 서부에 투영하여 인디언과의 갈등을 문명과 야만의 갈등으로 보게 되었는데, 마침 그런 측면을 나타낸 작품을 보고 흥분한 것이다. 그들은 인종적인 노이로제를 이러한 극에서 얻는 대리만족을 통해 풀어내려 했다. 이후 국내외 정책에서 끊임없이 언급될 수 있는 가장 적절한 인종적 수사학이 서부와 인디언에 대한 문명의 전파라는 도식 속에 나타났다.

코디의 극에서는 이 모든 인종적인 염려가 극적으로 잘 처리되었다. 미국 대중들이 특별히 이 극에 흥미를 가졌던 것은, 바로 무력이 신성화되면서 인종적인 불순 인자를 제거하는 모습이 나타났기 때문이었다. 백인 기병대는 단지 하나의 부대를 상징하는 것이 아니었다. 그들은 위대한 백인 문화, 문명의 전파자였다.

서유럽과 미국의 전통, 당시의 시대적인 조류, 그리고 상징적인 서부의 영웅이자 백인 문명의 지도자를 서술해서 보여주는 것이 코디 서부극의 역할이었다. 장교단은 백인 문명의 지도자로, 위대한 인종적 우월자로, 특별한 백인의 뛰어난 후손으로 자리매김되었다. 그들은 바로 문명의 위대한 전달자였다. 그 역할과 재현을 무리 없이 해내고, 사실과 상상의 세계인 서부를 절묘하게 그려내어 대중을 사로잡았던 인물이 바로 버펄로 빌 코디였다.[20]

예를 들어 1887년에 코디는 유명한 「커스터 최후의 저항」(*Custer's Last*

Rally))에서 이러한 군대 신화 재현에 성공했다. 뉴욕에서 막이 오른 이 와일드 웨스트 쇼에서 그는 머리카락 한 올 안 묻은 깨끗하고 잘 정돈된 제복을 입은 군대를 등장시켰다. 그 군인들은 모두 백인이었다. 인종적인 불순물을 용납하지 않았던 것이다. 그것은 현실과는 결코 맞지 않았지만 당시 분위기에서 이러한 '백색 제국'이 환영받았다. 이러한 코디의 의도를 대중들은 열렬하게 환영했다. 현실과 맞지 않는다 해도 이 백인들은 문명의 전달자로서 전 세계의 황무지와 개척지를 최고의 문명으로 개화시키는 위대한 무인들이었다.[21]

　미국인들은 전통적으로 동부에서 서부로의 확장을 거대한 이념의 전파라는 신념에 비추어 이해하려는 경향이 있었다. 또한 그들은 그 백인종의 우월한 문명 전파라는 사명을 위대한 서사시를 통해 채색하는 경향이 있었다. 과연 백인이란 어떤 인종으로 표현할 수 있는가? 적어도 미국의 백인은 바로 앵글로색슨족을 의미했다. 미국 역사에서 백인은 시대에 따라 그 범위가 달랐다. 필요에 따라 인종적인 범위를 달리했던 것이다. 그들은 일찍이 미국을 개척한 그들 선조들이 오래 전에 신대륙에 온 것 자체부터 이러한 위대한 사명의 일환으로 이해했다. 인류 역사를 통틀어 문명이라는 단위와 명칭은 오로지 백인의 이러한 행로에서만 확인할 수 있는 것이었다. 그들은 야만과 원시적인 삶이 이어지던 미국 서부로 백인들이 진출한 것은 위대한 도전임과 동시에 새로운 문명의 전달자를 시험하는 신의 영광이라고 채색했다.[22]

　그러므로 이 신대륙의 서부에서 그들이 마주친 야만 인종 인디언과의 싸움도 결코 피할 수 없는 숙명이며 우월한 문명인이 마땅히 감수해야 할 장애물이었다. 인디언은 문명 전파의 장애물이었으며, 무력을 사용해서라도 즉각 처리해야 할 대상에 불과했다. 백인의 순수성을 지탱하는 앵글로색슨족은 신에게 부여받은 능력을 확고히 함으로써 자기들의 지위를 끌어올리는 것을 결코 부끄러워하지 않았다. 그것은 사실 백인의 탄생과 규정

출처: The Death of Chief Tall Bull, c. 1887, color lithograph, poster. Buffalo Bill Historical Center, Cody, Wyoming

버펄로 빌 코디의 서부활극 와일드 웨스트에 등장하는 추장 톨 불의 죽음 장면

버펄로 빌 코디의 서부활극 와일드 웨스트에 참여했던 스카우트이며 통역자인 존 넬슨 가족. 사진에서 보듯 그의 부인은 인디언 여성이다.

출처: John Nelson and Family, Scout, Interpreter and Guide, photograph by Elliot & Fry, London, Buffalo Bill Historical Center, Cody, Wyoming

1894년 버펄로 빌 코디의 서부활극 와일드 웨스트에서 커스터의 마지막 저항을 재현하고 있는 장면

출처: Wild West enactment of Custer's Last Stand, 1894. The Denver Public Library, Western History Collection

출처: Custer's Last Rally, c. 1893, color lithograph, poster by A. Hoen & Co. Buffalo Bill Historical Center, Cody, Wyoming. Gift of William J. B. Burger

버펄로 빌 코디의 서부활극 와일드 웨스트에서 커스터의 마지막 저항 장면

커스터의 죽음 장면

출처: Death of Custer, photograph by Siegel Cooper & Co., Chicago. Reproduced from the Collections of the Library of Congress

을 통해 미국의 인종적인 경계를 철저히 하는 노력과도 일맥상통하는 논리였다. 그들은 인디언을 대상으로 인종적인 선을 긋기 이전에 이미 백인에 대한 순수성과 엘리트주의를 확보하기 위해 백인의 경계를 철저하게 그렸다. 백인의 우월성을 만들려는 앵글로색슨족의 노력은 인디언 타파에서도 무리 없이 진행되었다. 그리하여 아시아대륙에서 출발한 순수 백인종인 앵글로색슨족이 오래 전 문명의 전달자로서 서쪽으로 진격해갈 때 야만인 켈트족을 유린하고 타파하여 인종의 순수성을 회복했듯이, 그들은 수족과 샤이엔족 인디언들도 문명과 인종적인 순수성을 위해 제거해야 했다. 코디는 그러한 서사를 드라마틱하게 그려놓았던 것이다. 1887년 와일드 웨스트 쇼가 나타나기 전에도 문학가, 역사가, 언론인, 군인들은 열심히 그런 주장을 하고 있었다. 그들은 하나같이 앵글로색슨주의(Anglo-Saxonism)의 우월론을 줄기차게 예찬했다. 셔먼(William T. Sherman) 장군은 서부에서 벌어지는 인디언과의 결전을 '문명을 위한 전투'(the Battle of Civilization)라고 스스로 명명했다. 셔먼 장군은 1868년 인디언과의 전투에 대해 "우리 인종과 우리 문명의 적대자"들과의 전투였노라고 자랑스럽게 말했다.[23]

서부의 역사는 만들어진 역사이다. 그곳의 실제 역사가 결코 파악될 수 없는 이유라면 여러 가지를 지적할 수 있겠지만, 일반적으로 역사가들은 '야만 대 문명' 또는 '인디언 대 백인'의 이분법을 꼽고 있다. 이 단순한 인종적 갈등 구조는 서부 이해에 결정적인 장애가 되었다, 그렇다면 실제 서부는 어떤 모습이었을까? 코디가 단순하게 그려놓은 서부 영웅들 즉 군인들은, 실제로는 절대 용납할 수 없을 정도로 문제가 많은 부대였다. 그런 복잡하고 쉽게 정의할 수 없는 서부의 여러 측면을 신화로서 채색했던 것이 바로 인종적인 해석이었다. 이러한 해석은 복잡한 서부를 일반 대중들이 쉽게 이해할 수 있게 하는 데 큰 도움이 되었다. 또한 그 과정에서 웅변적인 서사시가 사용됨으로써, 서부는 백인 대중들에게 환상적인 곳으로 다가갔다. 당시는 제국의 시대였으며, 산업의 시대였으며, 백인의 시대였으며, 사냥의 시대였으며, 인종의 시대였다.

2. 미국 역사가들의 관점

1890년 존 피너티(John Finerty)는 불과 15년에 있었던 평원인디언전쟁을 이야기한 저서 서문에서, 미국의 독특한 인종주의적 특징을 아주 잘 보여주었다. 그는 미국인들이 왜 인디언과의 전쟁에 폭발적인 흥분과 매력을 느꼈는지 의문을 풀어주고 있다. 그는 미국인들이 미국의 역사를 인디언과의 투쟁의 역사로 간주하고, 그 과정에서 미국의 역사적인 당위성과 국민성을 찾아냈다고 기술했다. 여기서 피너티가 언급하고 싶은 것은 미국 정치문화의 전개와 발전에서 볼 때 미국 역사에서 한 가지 중요하고 거대한 지층을 발견할 수 있다는 것이었다.[24]

미국인들은 늘 자신들의 팽창을 정당화할 수 있는 논리를 찾아왔다. 이 구조에서 진보를 위해 어쩔 수 없는 희생물이 필요했고 그 희생물이 바로 인디언이었다. 어떤 경우에는 동부 유럽 출신의 이민 세력이 희생물로 제단에 올려졌다. 중국인을 비롯한 동양인이 희생물이 되는 경우도 있었다.

그러한 경향의 사고방식은 일반적이었을 뿐만 아니라 당시 역사 서술에도 분명히 나타났다. 프랜시스 파크먼에서 프레더릭 잭슨 터너에 이르기까지 이러한 서술은 미국을 이해하는 역사 서술의 한 형태를 이루고 있었다. 이 역사가들(프랜시스 파크먼, 조지 뱅크로프트, 존 피스크, 시어도어 루스벨트, 프레더릭 잭슨 터너)은 모두 인디언을 타자로 보는 관점으로 미국 역사를 서술하였다. 그들은 "위대한 미국의 승리의 깃발을 부여잡고 황량한 서부를 향해 돌진"하는 것이 미국 역사의 진면목이라고 주장했다. 인디언은 진보의 장애물이었다. "우리의 광대한 준주 지역에서 살면서 진보로의 길에 방해가 되는 (이들) 야만적이고 잔인한 (인디언)부족들을 정복" 하는 것이 위대한 미국의 역사로 그려졌다. 인디언은 "백인들을 생포하여 잔인하게 고문하고 신체를 절단하고 머리 가죽을 벗기는 것을 즐긴다"면서 "지금까지 알려진 어떤 종족들보다 잔인"한 종족이며 우리의 나아갈 길을 방해하고 있다는 것이었다.[25]

이와 같은 인종주의는 19세기에서 20세기까지 미국 역사 서술의 중요한 배경이었다. 특히 1860년대에서부터 인종주의는 미국 역사 서술의 일반적인 주제였다. 이 추세는 계속되어 19세기 말에 오면 대학의 전문 역사가에서부터 대중적인 역사가들까지 인종주의에 입각하여 역사를 보았다. 미국 서부 이해에 있어서 인종주의는 하나의 트렌드였다. 그 결과 미국인들은 인디언을 열등하게 보았다. 백인 문명의 서진에 따라 당연히 사라져야 할 문명으로 정의되었다. 역사가 파크먼이 그러했고 허버트 H. 밴크로프트도 결코 벗어나지 못했던 것은 인종주의 바로 그것이었다. 1880년대에서 1910년대까지의 기간 동안 대중 역사가(Edward Eggleston)나 저가소설가(Edward S. Ellis)까지도 인종주의를 주요 테마로 설정했다.[26]

그러므로 인종적인 측면이 역사 서술의 토대 가운데 하나임을 이해하지 못한다면 미국사 서술의 중요한 키워드 하나를 잃어버리는 셈이다. 따라서 역사가 헨리 애덤스(Henry Adams)의 은유적인 표현은 매우 적절하다고 할 수 있다. "만일 (역사 서술에서) 인종적인 배경을 이해하지 못한다면, (미국)역사는 옛날이야기나 동화에 불과할 것이다."[27]

19세기 인종주의적 역사 서술의 시작을 알리는 인물은 프랜시스 파크먼(Francis Parkman)이었다. 그는 19세기 미국 낭만주의시대의 대표적 역사가로서 '미국 역사학의 아버지'로 불리는 조지 밴크로프트(George Bancroft)와 동급으로 인정받는다. 그의 역사관의 바탕은 바로 인종주의이다. 1847년 그의 최초의 저작인 『오리건통로』(The Oregon Trail)에서부터 시작하여, 생의 전체를 관통하는 그의 역사관과 문명관은 인종주의였다.

특히 그의 대표적인 저서 『폰티악 음모의 역사』(*The Confederacy of Pontiac and the Indian War*)에서 그의 인종주의적 시각은 절정에 이르렀다. 이 저작은 북미 지역에서 벌어진 프랑스와 영국의 식민지 쟁탈전을 소상하게 서술하고 있는데 결론으로 영국의 식민지로 된 것이 프랑스의 식민지로 된 것에 비해 미국의 축복이라고 보았다. 영국에 비해 프랑스는 문명화 수준이 낮고 그러므로 미신적이며, 후진성을 지닌 문명 단위이기 때문이라는 것이다. 그런데 파크먼은 이러한 북아메리카 문명 발전사를 서술하는 과정에서 인디언의 문제를 자신의 독특한 인종주의적인 관점으로 언급했다. 그는 백인과 최고의 문명이 서부를 향해 나아가고 있는 지점에 있는 인디언의 종말이 필연적이라고 보았다. 어떻게 보면 인디언의 종말은 문명의 발전을 위해서는 축복에 해당된다고까지 생각했다.[28]

그는 문명의 진보가 인류가 역사를 결정하는 잣대라고 보았다. 그러므로 진보의 역사적인 순간에서 볼 때 당시의 인디언은 사라져야 할 인종으로 정의되었다. 파크먼은 자신의 주장을 확인시키기 위해 역사적인 사건들을 제시했다. 그리고 그때그때마다 야만인 인디언들이 보여주었던 모습들을 제시했다. 예를 들어 인디언과 백인들의 교섭이 결국 실패한 이유로 파크먼이 제시하는 것은 인디언의 음흉한 기만과 속임수였다. 파크먼은 인디언이 서로간의 외교적인 유대와 신임을 지킬 수 있는 문명 윤리를 갖고 있지 못하다고 거침없이 말했다. 외교뿐만 아니라 전쟁에서도 최소한의 지켜야 할 윤리와 도덕이 있다. 그러나 인디언에게서는 결코 이러한 규칙을 찾을 수 없다. 그들의 전쟁에서 잔인하고 야만적인 행위들이 자연스럽게 일어나는 것을 볼 때 그들이 무시되어도 좋고 사라져야 할 인종이라고 감히 말할 수 있다고 파크먼은 보았다.[29]

파크만의 역사관 가운데 많은 부분은 미국 사회가 직면했던 여러 사회현상에 따른 공포와 염증에서 출발했다고 볼 수 있다. 당시 미국 사회는 세속적인 상업주의가 판을 치고 있었다. 또한 대중적인 정치 참여가 활발하게 이루어짐에 따라 야기되는 여러 무질서로 인해 공익 차원의 의사 결정이 어려웠다. 이른바 '과부하'가 발생하고 있었다. 그는 이러한 문제의 해답을 과거에서 찾았다. 즉 지나친 상업화와 폭도로서의 대중이 존재하지 않던 전통적인 농업사회에 대한 염원이 그의 역사관의 기본 바탕이 되었다. 그렇다면 당시의 '과부하' 상태와 대척점에 있었던 인디언 문화를 '고귀한 야만'(nobel savage)의 상징으로 보고 충분히 긍정적으로 볼 수도 있었을 것이다. 그럼에도 파크만은 결코 그런 방향으로 나아가지 못했다. 그의 시각으로 볼 때 낭만적인 과거와 문명은 백인이 가졌던 농업적인 유토피아에 한정된 것이었다.[30]

그는 미국 도시 문화와 상업주의에 염증을 느끼고 인디언과 함께 몇 주일 동안 생활한 적이 있었다. 라코타 부족 내 6개 분파 중의 하나인 오글라라 수족(Oglala Sioux)과의 공동생활이 그것이었다. 그는 그 경험 후에, "대체로 보아 문명화된 백인 사회"와 인디언 문화 사이에는 결코 만날 수 없는 거리가 존재하므로 문명인으로서 백인은 인디언 문명에 대해 결코 '동정심'을 가질 수 없다고 주장했다. 이러한 또 다른 문명, 즉 '붉은 인디언'을 긍정적인 시각으로 보려고 아무리 노력해도, 결코 "만날 수 없는 거리와 간격"이 존재한다는 것이었다. 그리고 그들의 모습도 결코 서로가 화합하고 이해할 수 없는 것이기에 이러한 "야생의 짐승"과 다름 아닌 이들에게서 "무서움과 위험을 결코 버릴 수 없게 된다"고 적었다.[31]

그에게 분명한 것은 인디언은 미국사의 장식에 불과하며 오직 백인과의 만남을 통해서만 의미를 가질 수 있다는 것이었다. 따라서 파크먼은 이러한 만남을 환희에 찬 기쁨으로 서술했다. 유명한 저작인 『폰티악 음모의 역사』에서 그는 "원시적인 아메리카 대륙" 바로 여기에는 "원시적인 자연환경, 그리고 야수와 같은 야만인"이 존재한다고 적었다. 여기에는 "무한한 상상력이 열려 있고" 그 자연이 주는 "야생의 장관"은 결코 타의 추종을 불허하는 것이었다. 그런 의미에서 역사가 파크먼은 이후의 인종주의적

시각으로 미국의 역사를 서술하는 선례를 제공했다고 할 수 있다.[32]

파크먼은 인디언에게 아주 특별한 것이 있다고 했는데, 그것은 다름 아닌 매우 독특하고 무시무시한 '얼굴 구조'였다. 인디언들은 생태적인 진화에서부터 '야망, 복수, 시기, 질투'의 특징을 지속적으로 발전시켜 왔으며, 또한 이제 "인디언 부족은 결코 통제할 수 없는 성격을 갖게 되었고 그들의 운명도 이러한 성격에서 결코 벗어날 수 없게 되었다"는 것이 그의 주장이었다.[33]

계속해서 파크먼은 인디언의 지능과 인성의 한계를 지적하면서 인디언의 운명을 예견했다. "몇몇 인종은 마치 밀랍처럼 처음부터 매우 부드럽고 온순한 특징을 부여받은 것으로 보인다. 반대로 금속처럼 최고의 적응력을 가지면서도 강력한 힘을 가진 인종으로 보이는 경우도 있다. 그러나 인디언은 마치 (아무 쓸모없는) 바위에서 만들어진 것 같다." 파크먼의 결론은 매우 분명한 인종적 편견에 이르렀다. 인디언들은 "문명의 기술"을 배우기보다는 본능적으로 정복만 갈구하는 존재이므로 그들의 숲과 함께 사라져야 마땅함을 역설한 것이다.[34]

파크먼의 주장은 인디언 문명을 지상에서 종식시켜야 한다는 것이었다. 그는 자신의 저서 마지막에서 이러한 측면을 다시 한 번 분명하게 보여주기 위해 폰티악 추장의 죽음을 언급했다. "추장을 묻은 장소를 나타내는 어떠한 표식도 남아 있지 않다." 더 중요한 사실은 이 추장이 사라짐과 동시에 그가 묻힌 장소에 백인의 위대한 문명의 힘을 상징하는 도시가 건설되었다는 것이다. 그러므로 그는 "추장이 그렇게도 증오했던 인종"이 이제 아무도 알아주지 않는 자신의 주검 위에 새로운 문명을 건설하고 있다는 것에 주목했다.[35]

미국 역사 서술에 인종적인 차이와 느낌을 넓게 적용하여 역사적인 시각을 확대했던 인물은 토머스 W. 히긴슨이다. 그는 1877년 미국의 위대한 탐험가에 대한 저작을 통해 인종주의적인 시각을 분명히 했다. 히긴슨은 탐험의 역사에 집착하는 이유에 대해 "로빈슨 크루소의 이야기보다 더 흥미롭다"고 설명했다. 이 말에서 그가 미국 역사를 낭만적인 이야기로 보려고 했음을 알 수 있다. 실제로 히긴슨의 저작 이후 낭만주의적인 역사 서술이 체계적으로 나타났다.[36]

그는 철저히 백인 중심의 시각에서 미국 팽창의 서사시를 펼쳤다. 그는 미국 역사를 가장 분명하게 이해할 수 있는 관건이 무엇인지 묻고 스스로 명쾌하게 답했다. 그는 "북아메리카의 이 땅에 최초로 발을 디딘 남성과 여성은 과연 누구인가?" 묻고 계속해서 "그들은 어떤 인종인가, 그들의 피부색은 어떠한가, 그들의 신체적인 특징은 어떠한가?"라고 연속적인 질문을 던졌다. 인종주의에 사로잡힌 이 역사가가 여기서 특별히 강조하려던 것은 다음과 같다. 백인들이 이 대륙에 처음 왔을 때 이 지역은 "여러 가지 면에서 유럽인들과는 완전히 다른 유랑 부족에 의해 점령되어 있었다. 그들은 얼굴이 구릿빛이었으며, 광대뼈가 튀어나왔고, 눈은 검고 작았고, 머리카락은 검은" 완전히 낯선 종족이었다. 그는 그들이 백인과는 비교할 수 없을 정도로 "신체적으로 약한 구조"를 가지고 있다고 특별히 강조했다. 그럼에도 이 인디언들의 "인내력이 매우 강력"하다는 사실을 덧붙이기는 했다.[37]

그는 저서의 20여 쪽을 이러한 인종적인 시각에서 서술하면서, 인디언에 대한 관찰을 백인 정복자의 시선에서만 처리했다. 그것은 일찍이 역사가 프랜시스 파크먼의 『폰티악 음모의 역사』에 나타났던 경로를 그대로 따라가는 것이었다.

"유럽인이 인디언들과 처음으로 조우하였을 때, 그들은 전쟁, 전염병 등으로 이미 지상에서 사라지는 인종이었다. … 처음에 이 인디언들은 백인들과 우호적인 관계를 보여주는 것 같았다. 그러나 서로간의 갈등이 금방 일어나게 되었다. 그리고 그 책임을 서로에게 미루었다. 야만인들은 빈번하게 백인들의 정착지를 불태우고 사람들을 잡아갔으며, 그 지역을 황폐화하였다. … 그리하여 오늘날까지 미국의 몇몇 서부 지역에서는 인디언의 습격에 대한 공포가 늘 느껴질 정도이다. 그러나 이 인종은 이제 사라지고 있다. … 오직 문명의 방식에 부분적이라도 적응하는 부족만이 생존을 보장받을 뿐이다."[38]

인디언에 대한 그의 시각만으로 그가 아주 고정적인 인종주의적 관점을 갖고 있다고 잘라 말할 수는 없을 것이다. 그럼에도 그가 제시하는 역사학의 퍼즐 게임 방식은 철저하게 인종적인 시각을 견지하고 있다. 그가 미국에 들어오는 유럽인들의 문제점과 갈등을 언급하는 경우도 있었지만, 그것이 그가 핵심적으로 다루었던 인디언에 대해 이야기했던 것과는 비교도 할 수 없는 수준이었다. 그는 1886년의 저작에서 인디언을 압박하며 "대서양에서 태평양에 걸쳐" 이루어 놓은 "위대한 서진 운동"(The Great Western March)에 대해 모든 미국인들이 "가장 영광스럽게 생각해야 할 자랑거리"(crowning pride)라는 생각을 밝혔다. 그는 서부의 팽창을 서서히 서쪽으로 "문명의 빛을 확산한"(depth of the strip of civilization) 매우 낭만적인 백인의 승리라고 평가하면서 그것을 위대한 "문명의 진보"라고 보았다. 특히 그는 당시 새롭게 정리하여 출판된 1880년대 미국 인구통계의 산정 근거를 긍정적으로 평가하면서 그러한 자료에서 무한한 자긍심과 희망을 건져냈다. 그래서 그는 저서 특정 부분에 "위대한 서진운동"이라는 제목을 붙였다.[39]

그는 통계 수치가 자신의 견해를 뒷받침하는 가장 결정적인 증거라고 주장했다. 미국의 점진적인 서부 진출이 나타난 통계를 보며, 그는 그것이 "마치 유성이 나아가는 방향을 우리에게 설명해주는 천문학자"와 같은 역할을 하고 있다며 "위대함과 인상적인" 감동을 느낀다고 했다. 서부로의 이동에서 나타나는 "계속되는 새로운 지역의 발생" 경로를 확인하는 것에 대해 그는 "마치 거대한 시계의 시침과 분침이 나아감에 따라 나타나는 그림자의 진행을 보는 것 같다"고 비유했다. 결코 멈출 것으로 보이지 않으며, 결코 멈추어도 안 될 운동의 진행 방향으로 본 것이다. 비록 그 운동의 속도가 느려져 1년에 기껏해야 "4마일에서 5마일"밖에 나아가지 못할 수도 있지만, 중단 없는 "지속적인 전진"보다 중요한 것은 없다는 것이 그의 생각이었다.[40]

그가 통계를 보고 확인한 것은 위대한 서부로의 전진이라는 측면뿐이 아니었다. 그는 약 10년 간격으로 미국 전역의 인구증가를 색깔별로 표시한 자료를 보면서 이에 대한 낭만적인 신념을 가지면서 동시에 해당 지역 원주민들에 대해서는 전혀 무관심했다. 그는 이러한 통계자료에서 백인들의 서진에 대한 무한한 낙관성에 매몰되어 인구통계지표를 표시하는 개개의 색깔을 이루기 위한 "무수한 이름 없는 남녀(백인 개척자)의 희생에 경의"를 표할 수 있었지만, 그 이면에서 이들의 진행에 의해 유린된 타자에 대한 고려는 결코 보이지 않았다.[41]

그는 이후 저작에서 인종적 시각을 더 체계화하고 확대하여 미국 역사에 적용했다. 그는 남북전쟁 기간 동안 남부를 여행한 후 그 경험을 1886년에 책으로 펴냈다. 그 책은 남부의 자연과 강에 대한 설명으로 시작되었다. "나는 이제 비로소 처음으로 이 땅을 방문하였던 유럽인이 했던 방식으로 미국 대륙을 설명할 수 있게 되었다."[42]

그는 콜럼버스와 그 후대의 정복자들이 아메리카 대륙을 정복할 때의 느낌을 표현하려 했다. 그는 콜럼버스의 기분을 느끼고 있었다. 이보다 앞서 1876년 그의 또 다른 저작에서도 그때의 기분이 서술되었는데 그것은 역사가 히긴슨 자신의 경험, 그리고 그가 생각하는 콜럼버스의 경험이 기묘하게 겹쳐진 것이었다. "새벽이 이제 막 시작되는 순간에 깃발을 흔들고 음악을 연주하면서 지금까지 어떤 유럽인도 당도하지 않은 해안에 첫발을 내디뎠다." 히긴슨이 남부의 강 탐험을 통해 콜럼버스의 정복을 그려본 것은 인종적인 견해를 은유적으로 사용하여 미국 역사 서술에 전면적으로 확대 적용했음을 나타내는 것이다.[43]

미국의 역사는 문명인인 유럽인의 정착과 그 이후 펼쳐진 서부로의 끊임없는 정복과 팽창의 역사였던 것이다. 인디언은 문명의 진보를 방해하는, 원시의 땅에 기생하는 야만의 얼굴들이었다. 백인에게 해석되는 타자들은 한편으로 신비롭지만 다른 한편으로 소통할 수 없는 존재들이며 정복되거나 동화되어야 하는 존재들이었다.

시어도어 루스벨트도 그러한 경향을 보여주는 역사가 중 하나였다. 그는 1889년에서 1896년까지 이루어진 서부 정복을 설명하기 위해 유럽의 역사와 정착 과정을 거슬러 올라가 위대한 인종의 탄생과 발전을 서술했다. 그의 저서 『서부팽창사』(Wining of the West)에는 "게르만 족의 이동", "프랑크족과 비시고트족의 침입"에서 시작된 위대한 정복의 대서사시가 서술되어 있다. 이후 "켈트족"의 피가 합쳐진다. 그는 그 과정에서 최고의 인종이 만들어졌다는 것, 즉 가장 조화로운 수준에서 각 인종의 특징을 수용하여 세계의 지배자, 특히 서부의 지배자가 될 인종이 탄생했다는 것이었다. 물론 여기에서 언급하는 종족은 미국의 백인이다. 그는 미국의 서부를 진보와 문명으로 이끈 앵글로색슨족의 자기발전 과정을 그려낸 것이다.[44]

루스벨트는 책의 처음부터 철저하게 백인 중심적인 시각을 보여주었다. 그는 위대한 백인, 즉 "영어를 사용하는 민족들에 의한 지구의 미개 지역 개척사"라는 정의로 저술을 시작했다. 그의 시각에서 세계의 진보를 가능케 한 측면은 백인의 위대한 개혁이었고, 그것은 "세계 역사에서 볼 때 찬란한 업적"을 성취했다. 이러한 견해에서 보면, 오직 백인의 역사만이 진정으로 세계 역사의 발전과 진보를 이끌어가는 계몽의 역사이며, 백인 이외의 종족은 장애물로서 제거되어야만 하는 것이었다. 최소한 그들을 백인 방식으로 교육이라도 시켜야 하며 그것은 원시인에게 제공되는 위대한 백인 문명의 시혜였다.[45]

루스벨트는 그러한 간단한 정의를 거친 후 자신의 주제에 맞게 구체적으로 역사적인 문제를 해결하는 방식을 취했다. 그 방식은 철저하게 인종적이었으며, 그 배경에서 비극적인 타자로서 희생을 감수해야 하는 것은 인디언이었다. 인종주의적인 시각, 그리고 자신들만의 정의를 실현하기 위한 역사관, 즉 문명의 진보에 대한 확고한 신념을 가진 역사관에서 볼 때 미국의 팽창은 자랑스러운 역사주의를 실현하고 보증하는 증거가 되는 것이었다. 그러므로 미국에게는 이러한 문명의 장애물로 삼을 각 시대의 타자들이 필요했고, 서부 역사에서는 인디언이 그 역할을 담당했다. 루스벨트는 "전쟁과 조약을 통해 야만족으로부터 영토를 지키기 위한 값비싼 보상을 충분히 하였다"면서, 사실 "문명화된 인종이 얻어야 할 가치의 보상을 인디언들이 분에 넘치게 받았음"을 지적했다.[46]

  루스벨트에게 있어서 미국 역사가 주는 위대한 메시지는 위대한 백인 문화의 승리를 위해서는 타 문화의 희생 감수가 마땅하다는 것이었다. 그것은 자기 잘못에 대한 관대함에서 나타나는 서글픈 비극이었다. 인디언의 땅을 어떤 식으로 차지했는가, 조약이나 정복이라는 강제력을 사용하지 않았는가 하는 문제는 루스벨트의 관심 밖에 있었다.

  루스벨트는 "적어도 건전한 정신을 가지고 있으며 보다 넓은 관점에서 생각할 능력이 있는 사람이라면 누구라도 자연 속에 흩어져서 살아가는 인디언들에게 땅에 대한 권리를 부여하는 것이 당치 않다는 것을 잘 알고 있을 것이다"라고 하였다. 루스벨트가 보기에 인디언은 "야생의 짐승"과 별다른 차이를 느낄 수 없는 존재에 불과했다. 이어서 그는 "모든 전쟁 중에서 가장 정의로운 전쟁"은 바로 "야만과의 전쟁"이라고 했다. 야만과의 전쟁을 수행하기 위해서는 그 과정에서 아무리 "가장 비인간적이고 무서운" 일들이 벌어진다고 해도 어쩔 수 없는 것이었다. 그는 위대한 문명의 건설자로서 이 척박한 땅에서 야만적인 무리들을 추방하는 "강인한 개척자"에게 인류가 경의를 표해야 한다고 주장했다. 그것이 바로 인류 전체의 문명화의 길이라고 루스벨트는 믿어 의심치 않았다. 미국 백인과 인디언, 보어인과 줄루족, 코사크와 타타르, 뉴질랜드 백인과 마오리족이 그에 해당하는 경우라고 생각했다. 그러한 투쟁들은 결국 "위대한 승자를 결정했고, 그 승자는 위대한 문명을 건설할 수 있는 초석을 쌓았다"고 그는 적었다.[47]

루스벨트의 역사 서술은 분명 백인의 우월의식과 문화우월론에서 출발한다. 루스벨트는 부통령 시절에 써낸 저서의 1900년 서문에서 그러한 측면을 노골적으로 보여주었다. "1898년 우리는 지난 한 세기 동안 (서부의) 개척자들이 계속해왔던 위대한 사명을 완수하였다." 그는 미국의 팽창주의적인 노력을 중단 없이 계속되어야 하는 신의 소명으로 보았다. 그는 다윈의 견해를 되새기면서 자신의 견해를 분명히 했다. "우리 위대한 백인이 보여주었던 용기"와 이 국가가 "위대한 발전"을 지향한 노력으로 결국 발전과 진보를 이루어낼 수 있었다. 동시에 그는 "위대한 미국 문명의 진보"를 위해 마땅히 "감수해야 할 야만인과 그 문화의 희생 및 제거"를 반대하는 "소심하고 근시안적인"인 사람들을 경멸했다.[48]

이제 서부 정복과 인디언과의 갈등을 주요 지표로 삼아 백인 문명의 부단한 전진과 연결시켜 미국인의 사고와 그 역사를 설명한 존 피너티(John Finerty)를 보자. 그는 1870년대에 직접 경험했던 백인과 인디언의 유명한 전쟁을 언급하면서, 미국인의 역사 서술에 깊이 자리 잡고 있는 팽창주의를 사용했다.[49]

당시 역사 서술에서 피너티의 관점이 특별히 예외적이었던 것은 그도 인종적인 피해를 받은 인물이었다는 데 있다. 그는 아일랜드 인으로서 당시 미국의 적자인 영국계 앵글로색슨족으로부터 상당한 박해와 차별을 겪었다. 그러므로 그는 철저하게 반영적인 경향을 보여주었으나, 그런데도 인디언 문제에 있어서만은 철저한 무시로 일관했다. 그는 직접 당했던 인종적인 고립감과 차별을 인식하면서도, 인디언 문제에서는 당시 지배적이었던 백인이라는 의식에서 벗어나지 못했다. 1870년대에는 미국 북부 평원 지방을 중심으로 인디언과 백인의 갈등이 첨예하게 나타나고 있었다.

피너티가 그때 반인디언적인 글쓰기를 보여주었다는 것은, 당시 인종주의적인 글쓰기가 얼마나 성행했으며 반인디언적 사고가 얼마나 일반적이었는지 잘 보여주고 있다.[50]

그는 인종적인 측면에서 인디언관을 이야기하기에 앞서 1870년대 미국 백인과 인디언의 갈등의 배경과 역사를 먼저 설명했다. 그는 먼저 시팅 불과 백인들이 서로 얼마나 우호적이었는지 언급했다. 상호간의 조약은 인디언에게 특히 우호적이었다. 백인들은 블랙힐스 지역의 광대한 토지 대부분을 인디언 소유로 하기로 했다. 그러나 그곳에서 금이 발견되면서 문제가 발생했다. 피너티는 "탐험과 모험심의 열기가 백인들의" 마음을 사로잡았다고 적었다. 그 후 백인과 인디언의 관계는 악화일로를 걸었다. 그리고 상징적인 사건들이 몇 가지 일어났다. 1874년은 인디언과 백인 사이의 갈등이 악화되었음을 보여주는 상징적인 해였다. 조지 커스터의 지휘 하에 블랙힐스 지역에서 대대적인 인디언 소탕전이 벌어졌다. 피너티는 이러한 충돌과 사건 전개는 백인들에게는 너무 당연했으며 "백인들의 무시무시한 정복" 운동은 어느 누구도 막을 수 없다고 했다.[51]

인종주의에 입각한 갈등은 백인과 인디언의 관계에서만 나타나는 것이 아니었다. 백인 중에서도 앵글로색슨계와 그 외 후발 이민 세력의 갈등 또한 무시 못 할 정도였다. 소위 보편적으로 백인이라고 불리는 경계 안에서도 다양한 인종주의적 우열이 정해져 있었다. 순수한 백인, 열등한 백인 등 여러 경계로 백인 사이에서도 차별이 있었던 것이다. 그것은 너무도 의도적이고 작위적이었다. 각종 정책 결정 과정에서도 우대와 차별을 감수해야 하는 경우가 나타났다. 백인 중에서 인종적인 박해를 가장 몸서리치게 경험한 것은 바로 피너티가 속한 아일랜드 인들이었다. 따라서 그는 아일랜드 민족주의를 위해 피나는 노력을 했다. 인종적인 박탈감을 충분히 경험한 그였기에 백인들끼리의 인종차별로 인해 겪었던 고통을 고발했다. 그런 그가 인디언에 대한 생각에서는 백인 중에서도 주류 세력이었던 앵글로색슨족과 다를 바 없었다. 그의 글에서는 자신을 괴롭혔던 인종주의에서 벗어나려는 변화의 모습이 전혀 보이지 않았다. 간단히 말해 그는 인디언 문제에서만은 백인의 경계에 있었다.[52]

미국의 서부 팽창 문제를 다루면서 그가 보여준 인종주의적 이중성은 아쉽다. 사실 그가 인디언을 규정하고 격하하기 위해 사용했던 단어들에는 그 누구보다도 노골적이고 적대적인 태도가 보인다. 그는 미국의 서부에서 사라져야 할 "해충으로 가장 나쁜 것은 코요테이며 그 다음이 인디언"이라고까지 했다. 그는 인디언들이 "콜럼버스가 산살바도르에서 처음 목격했던 생활 태도를 아직까지도 그대로 유지"하고 있으며, 어떤 진보와 변화도 이루어내지 못하고 있다고 주장했다. 그는 인디언이 "신비주의적, 야성적, 야만적, 즉흥적, 유아적, 미신적, 배반적, 도벽적, 살인적"인 태도를 아직도 고수하고 있다고 했다. 따라서 그에게 있어 장차 진정한 문명인으로서 백인이 주인이 되어야 하는 것은 자명했다. 그는 "야만적인 인디언 수족"(Wild Sioux)들에 맞서 새로운 개척지에서 새로운 문명을 세우는 위대한 백인들의 부단한 집념이 인종적인 우월성을 증명하고 있다고 주장했다.[53]

그렇다고 해서 피너티의 인디언관이 철두철미하게 인종주의적 색깔만 띠었던 것은 결코 아니었다. 그의 글에는 인디언에 대한 최소한의 배려가 엿보이는 대목도 있다. 그러나 인디언에 대한 평등이라는 측면이 선명하게 나타나지 않았던 것은, 본질적으로 인디언과 백인의 경계선을 분명하게 설정하는 그의 태도에 기인한다고 볼 수 있다. 그에게 인디언에 대한 고려가 있다고 해도, 그것은 백색과 황색을 평등하게 보는 인류애적인 사랑에 의한 것이 아니라 인종적 우월 의식이 깔린 아량에 지나지 않았던 것이다.

적극적인 태도는 아니었지만, 그는 "우리 백인들은 인디언들이 이 서부의 토지에 대해 어느 정도 고유한 권한을 가지고 있음을 인정해야 한다"

고 지적하기도 했다. "인디언이 그렇게 잔인한 인종적 특징을 갖게 된 요인은 그들의 터전과 아름다운 자연환경을 침략한 외부로부터의 영향이었음이 분명하다"고 주장하기도 했다. 이것은 피너티가 보여준 아주 예외적인 친인디언적 진실의 목소리였다. 피너티는 인디언이 겪어야 할 고통을 인정했고, 이 "신비롭고 흥미로우면서도 불굴의 투지"를 가진 인종이 "한 치의 땅도 결코 양보하지 않을 것 같은 백인"들로부터 보호를 받아야 한다고 했지만, 그 시혜적이고 긍휼한 언어 속에는 인디언이 열등한 인종이라는 경계 의식이 여전히 남아 있었다.[54]

역사가 피너티의 인종 의식은 매우 이중적이었다. 그는 주류 계층인 앵글로색슨족으로부터 인종적인 열등의식을 학습했다. 그러므로 그도 철저한 인종적 경계의 피해자였다. 그는 당시 인종적인 분류에서 백인이었지만 1급 백인이 아니었다. 그는 가변적인 인종 분류의 희생자였다. 당시의 인종 문제 처리에서 나타난 문제점은 인종이 불변의 법칙으로 고정된 개념이 결코 아니었다는 점이다. 인종 구분은 시간과 공간에 따라, 그리고 경제, 정치적 이해득실에 따라 바뀌었다. 그러므로 인종으로 세계의 경계선을 긋는 것은 매우 주관적인 일이었다. 그리고 피너티는 인디언과 자신 사이에 인종적인 경계선을 그음으로써 백인의 경계 안에 남아 있으려고 노력했다.

이처럼 인디언과 백인의 인종적인 경계선 긋기는 미국이 처한 특수한 상황에서 촉발된 것이었다. 19세기 중반부터 결정적으로 나타나는 인디언과 백인 간의 투쟁 강도는 매우 강력했다. 이러한 시대적인 배경에서 인디언 문제를 다루는 역사가들 또한 인디언의 위압감과 공포에서 결코 벗어나지 못했다. 그들은 인디언에 대한 공포를 인종적인 적대감으로 포장하여 백인중심주의를 옹호했다. 그러므로 당시 미국의 대표적인 역사가들은 결코 놓치지 않고 인디언과의 갈등을 언급하고 그들을 반문명으로 정의했다. 문제는 그것으로 한정되지 않았다. 그들은 미국 사회의 부정적인 요소들을 모두 인디언에게 투사하여 모든 책임을 그들에게 전가했다. 미국 사회는 마치 마녀사냥처럼 이런 덮어씌우기를 통해 사회적인 안정감과 심리적인 위안을 확보할 수 있었다. 결국 피너티에게서 나타나는 인디언도, 프랜시스 파크먼의 인디언도, 토머스 W. 히긴슨의 인디언도, 미국 주류 백인들이 문제를 해결하는 방식에서 필요했던 야만의 상징이었을 뿐이었다. 루스벨트의 백색우월주의의 대표적인 저서에서도 이러한 견해는 빠지지 않는 역사 서술의 중요한 단서였다.[55]

1924년 존슨-리드법(Johnson-Read Act)을 통해 나타난 인종주의적 특징은 이러한 점들을 쉽게 이해할 수 있게 해준다. 인종주의적인 분류는 미국 사회의 주요 문제에서 늘 강박관념으로 작용했다. 인종주의적인 사고는 일찍이 미국인들 의식의 본류를 형성했다. 이러한 사고는 미국 지도자들의 가치관과 정치적인 행동에서도 기본적 바탕이 되었다. 백인우월주의 형성에 일조한 존슨-리드법은 일찍이 미국 사회를 휩쓸었던 인종적인 차별과 타자화의 일반적인 경향을 정리해서 법률화한 것이었다. 켈트족은 '검은 47년'(Black Forty Seven)이라는 대기근으로 인해 미국으로 들어왔는데, 이후 켈트족과 앵글로색슨족 사이에는 지속적으로 갈등이 빚어졌다. 그 결과 그들의 인종적 차이를 인정하고 권리의 한계를 규정할 인종 분류법이 필요하게 된 것이었다.[56]

존슨법에 나타난 우생학적인 프로그램은 상당히 충격적이다. 국가가 주체적으로 이 문제에 접근하였다는 점이 특히 그러하다. 그러나 이 충격적인 내용에 경악하기 전에 먼저 생각해야 할 것은 그런 사태를 야기했던 분류와 경계선 작업이었다. (이러한 사태를 야기한) 인종적인 극단주의와 우생학으로 악명 높은 인물들 — 매디슨 그랜트(Madison Grant), 로스럽 스토더드(Lothrop Stoddard), 해리 로플린(Harry Laughlin), 앨버트 존슨(Albert Johnson) — 을 지적하여 그들에게 책임을 전가할 수도 있을 것이다. 하지만 그보다도 인종적 접근이 미국 사회의 정치, 경제, 사회를 움직이는 주류 세력의 가장 일반적인 성향이었다는 사실이 더 중요하다. 루스벨트, 쿨리지(Calvin Coolidge), 로스(Edward A. Ross), 프레더릭 잭슨 터너, 두보이스(W. E. B. Du Bois), 길먼(Charlotte Perkins Gilman) 등이 바로 이러한 경향을 잘 보여주고 있었다. 허버트 후버가 주도했던 위원회(Committee on Social Trends)도 존슨법을 "우리 사회의 지배적인 인종과 가장 가까운 육체적인 타입을 선택"하는 것이라며 긍정적으로 수용했다.[57]

3. 터너와 프런티어와 인종주의

적어도 1890년대 미국 역사학의 핵심은 대서양 연변 서술에 있었다. 서부는 미국인의 관심, 특히 역사가들의 관심의 중심에 있지 못했다. 대서양 건너 구대륙에서 시작하여 지리상의 발견을 통해 정착한 동부의 여러 식민지들이 어떠한 과정을 통해 독립주권국가가 되고 연방이라는 조직을 구성하여 장대한 발전을 이루어냈는지 연구하는 것이 일반적인 추세였다.

그러나 1890년대 이후 분위기는 완전히 달라졌다. 미국 역사가들은 서부를 미국 역사의 위대한 공간으로 다루면서 미국사의 태피스트리를 짰다. 그 후 미국 역사에서 서부를 빼고 이야기하기는 불가능해졌다. 1890년대에 프런티어는 공식적으로 끝났다. 그러나 서부 역사가들이 창조한 서부의 태피스트리는 이때부터가 시작이었다. 이후 서부영화의 발전으로 새로운 대중적인 이미지가 창출되어 발전하게 될 때까지 하나의 이미지를 이해하는 장치들을 만들어내게 되는 것이다.[58]

그 역사주의적인 운동의 중심에 바로 프레더릭 잭슨 터너가 있었다. 당시 동부 대서양 중심의 역사적인 흐름을 조정했던 이 인물은 1893년 "미국 역사에서 프런티어의 중요성"에 대해 미국역사학회에서 연설했다.

프런티어테제로 유명한 그의 논문은 다음과 같이 시작된다. 미국의 역사는 "위대한 서부(Great West)의 식민화의 역사"다. 위대한 서부를 가지고 있기에 미국의 진보가 가능했다는 것이다. 구체적으로 "자유로운 미개척지의 존재, 그곳으로의 개척자의 유입"이 바로 진보의 확대를 가능케 했던 토대라는 것이다.[59]

그는 자유롭게 진행되고 움직이는 서부라는 존재에서 미국의 경제적인 문제들 가운데 많은 부분이 해결될 수 있는 여러 조건들이 생겼다고 보았다. 이것은 대서양 연안의 유럽 중심 역사에서는 결코 찾아볼 수 없는 독특한 견해였다. 이러한 측면에서 미국 역사는 서부를 통해 독창적인 발전을 이룰 수 있게 되었다는 것이다.[60]

이 혁명적인 미국사 서술 방식의 전환이 물론 터너 개인의 혁명적인 작업이라고만 할 수는 없다. 다른 선구적인 사람들의 영향이 있었기에 가능한 일이었다. 그럼에도 불구하고 터너가 특별한 이유는, 그의 위대한 미국사 해법의 방정식뿐만 아니라, 이후 미국 역사에 끼친 그의 영향까지도 헤아려야 하기 때문이다.[61]

터너의 그 위대한 논문이 나오게 된 배경을 추적하면 그 텍스트의 탄생에 인종주의적 시각과 인종주의에 대한 염려가 존재하고 있음을 느낄 수 있다. 사실 그의 텍스트는 자의식 속에 깊이 사무쳐 있는 인종적 견해를 절묘하게 다시 표현하고 수정한 "변종"에 불과하다. 터너에게서도 위대한 미국인의 기원이 되는 "게르만족기원론"이라는 인종주의적인 신념체계가 나타난다. 터너의 테제에서 나타나는 인종주의적 시각은 그가 기묘하게 연결한 서부의 역사를 "사회진화론"의 수정을 통해 재편하여 미국사를 설명하려 했던 것에서 잘 드러난다. 그는 역설적으로 "서부의 황량함이 식민지를 정복했다"는 주장으로 자신의 논리를 이끌어갔다.[62]

터너는 과거의 서부를 이상향으로 보면서 동부 지역 즉 "갈등의 공간"과 비교했으며, 그 갈등을 서술하면서 인종적인 문제를 지적하고 인종적인 메타포를 적극적으로 사용했다. 동부 지역에서 나타난 이민 세력의 집중으로 인한 여러 문제들을 이상향 서부와 대비해서 설명하면서 그는 거의 늘 "인종" 문제를 언급했다. 당시 동부 지역을 중심으로 활발하게 확대되고 있던 도시화 문제를 언급할 때에도 그는 "인종"적인 접근 태도를 갖고 있었다. 이민과 도시화가 낳은 미국적인 문제점을 인종적인 시각으로 보면서 나타난 그의 적대감은 아주 분명했다. 이해하기도 수용하기도 어려운 "유럽의 남부와 동남부 지역으로부터의 (인종적으로) 열등한 이민 세력의 대규모 돌진," 또는 점차 비중이 커지고 있는 "지중해인(Mediterranean), 슬라브인, 유대인, 유럽 중동부의 백인(Alpine), 튜턴인(Teutonic)" 이라는 이름으로 그들을 규정짓는 것은 그가 사용하는 인종적인 선긋기의 일반적인 경우들이었다.[63]

20세기 초에 이르러 인종주의적 측면에 입각한 터너의 미국에 대한 염려는 한층 수위가 높아졌다. 처음에 그는 미국 사회에서 발생하는 여러 모순들을 "계급"이라는 개념으로 분석을 시도하였다. 그는 미국 사회에 다양한 경제, 사회적인 차이가 "놀라운 속도로" 발생하여 소위 "계급적" 양태라고 할 수 있는 측면들이 나타나고 있다고 지적했다. 그도 처음에는 계급적인 문제점을 인식하고 그것을 분석의 잣대로 고려하려 한 것이었다. 그러나 잠시 후 그는 계급적인 해석에서 인종적인 해석으로 초점을 바꾸었다. 미국에서 가공할 속도로 진행되는 현상을 분석함에 있어 그의 필수적인 분석 단위는 인종적인 가치였다. 그는 1907년을 기준으로 이민자들을 신체의 "인종적인 유형"에 따라 분류했다. 그가 맺은 결론은 그가 얼마나 잠재적으로 인종적인 강박관념에 사로잡혀 있었는지 매우 분명하게 보여준다. 1907년 도착한 이민 중에서 "1/4이 지중해로부터 온 인종이며, 다른 1/4이 슬라브계이며, 1/8이 유대인이며 유럽 중동부 백인과 튜턴인도 1/6이라는 숫자를 차지하고 있다"고 언급하면서 진정한 백인의 순수성을 확인하기가 어려워진다며 탄식했다.[64]

19세기 말에 보이는 인종주의적 시각의 강화에는 연방정부의 인구통계

산출이 끼친 영향이 컸다. 역사가들은 산술적인 데이터에 불과한 인구통계를 미국의 장래를 걱정할 때 사용했다. 이 자료들은 인종주의적 색채로 얼마든지 덧칠할 수 있는 좋은 도구이기도 했다. 그들은 자신의 주장에 맞게 무한정 그 인구 자료를 채색했고, 그 무미건조한 자료에 생명과 낭만을 심었다. 이러한 서부에 대한 우려와 연관하여 인종적인 위기와 두려움에서 미국을 걱정한 대표적인 인물은 앞서 거론한 토머스 히긴슨이었다. 우생학적 측면에서 인종의 예외성을 주장하는 인물들도 그러했고 터너도 결코 예외가 아니었다.[65]

터너는 자신의 인종주의적인 색채를 만들어내기 위해 인구통계자료를 체계적으로 분석했다. 그러나 역사가 토머스 히긴슨이 위대한 백인의 진보와 전진의 결정체로서 통계를 이용했던 '낭만'에 사로잡혀 있었다면, 터너는 불과 10년 차이의 통계를 보면서 진보와 전진의 서부가 아닌 '종말'과 '비관'의 서부를 보았다. 1896년 그는 미국인의 생활 방식을 결정하던 '끝없는 (서부의) 토지'는 이제 완전히 사라지고, 그 결과를 낳게 하였던 미국인의 강력한 '전진'과 그 무서운 '에너지'도 이제 완전히 변질되었다고 말했다. 그러한 특징으로써 '전진'과 '에너지'는 이제 미국의 비극을 창출하는 쪽으로 방향을 틀게 되었다. 미국의 사회적인 긴장과 고통을 해결해주던 서부가 사라졌다. 미국의 지도가 사람으로 꽉 차게 되면서 서로간의 긴장이 커진다는 것이었다.[66]

4. 인종주의역사학의 유산

인종을 분류하는 방식은 인위적으로 발명된 것이다. 당대 기득권층은 경제, 정치, 문화적인 지배권을 확보하기 위해 특정 시대, 특정 조건에 따라 변화무쌍하게 그 정의를 바꾸어왔다. 백인은 색깔로 규정되지 않았다.

아일랜드 인과 이탈리아 인은 19세기 미국에서는 백인이 아니었다. 19세기 중반 미국에서 중국인은 인도인으로 분류되었다. 19세기 말의 한 판결에서는 일본인이 몽고인으로 분류되었다. 20세기 초반에 오리건에서는 백인에 포함될 수 있는 사람이 플로리다에서는 그렇지 못했다.

그런데 미국에서 인종적인 문제를 가지고 국내외 정책을 결정하는 수사학으로 사용할 때 가장 자주 언급되고 가장 강한 호소력을 가진 것이 바로 서부와 인디언이었다. 인디언을 문명의 적대자로 결정하는 인종적 염려도 그러한 측면에서 풀어낼 수 있는 것이었다.

당시 미국이 경험하고 있는 인종적인 갈등과 고통은 이후 연방 정치와 외교에도 영향을 미쳤다. 그리고 그 기원은 서부와 인디언에 대한 갈등에 있었다. 즉 서부에서 인디언과 갈등을 겪은 백인들은 국내외 문제에서도 인종적인 접근으로 해답을 구할 필요가 있다는 것을 깨달은 것이다. 다른 한편, 이 시대 미국의 역사 서술, 그리고 아시아·아프리카에 대한 인식과 대응 태도에도 인디언에 대한 시각이 확대 적용되어 정복의 이미지를 합리화하는 데 사용되었다. 백인우월주의와 문명우월론의 측면에서 문명의 동화를 요구하는 것이었다.

이런 측면은 단지 정치가들의 서술에만 한정되는 것이 아니었다. 19세기 중반부터 20세기 초까지의 미국의 대표적인 역사가들은 거의 놀라울 정도로 서부와 인디언을 자신의 주장을 보장하는 도구로 사용했으며, 그들을 문명의 방해자, 파괴자로 정의하여 자신의 논지를 확보했다. 그러므로 역사가 존 피너티, 프랜시스 파크먼, 토머스 W. 히긴슨, 시어도어 루스벨트의 작품에서 인디언은 결코 "고귀한 야만"이라기보다는 제거되어야 할 열등자들에 불과한 족속이었다.

그러므로 미국과 경계를 이룸으로써 미국의 진보를 방해하는 이러한 상상의 지리학적 공간은 항상 미국 역사 서술의 중요한 지층으로 존재해 왔다. 만일 버펄로 빌 코디의 서부극이 특별한 인종적인 색체가 강한 극이라고 단정한다면 – 물론 이러한 주장은 상당히 수정되어야 하지만 – 인디언 전쟁에서 보여준 미국인의 독특한 사명의식과 진보관에 장애가 되는 방해 세력을 제거한다는 논리는 인디언과의 문제에서부터 지금 진행되고 있는 이라크전쟁에까지 적용되고 있는 것이다. 결국 미국 역사 서술의 비극은 이러한 숨겨진 인종주의의 시각을 배분하고 양육하였다는 데 있다. 그로 인해 전쟁의 당위성과 출혈을 진보와 연결시키는 소명의식이 잉태되었고, 또한 그것이 미국 문명을 비극으로 치닫게 했던 것이다.

| 주 |

제1부 제2장 버펄로 빌 코디의 성장과 서부활극의 발전

1 버펄로 빌 코디의 개인 이력에 대한 기록들은 그가 성공함에 따라 많은 부분이 첨가된 '가공된 허구'일 가능성이 높다. 그러므로 세심한 검증을 거친 연구서들을 참고할 필요가 있다. 다음에 소개하는 참고문헌은 전문 역사학자들이 추천하는 일급 연구서이다. Don Russell, *The Lives and Legends of Buffalo Bill* (Norman: University of Oklahoma Press, 1960); Joseph G. Rosa and Robin May, *Buffalo Bill and His Wild West: A Pictorial Biography* (Lawrence: University Press of Kansas, 1989); Richard Slotkin, *Gunfighter Nation: The Myth of the Frontier in Twentieth-Century America* (New York: Atheneum, 1992); Richard White, "Frederick Jackson Tuner and Buffalo Bill," ed., James R. Grossman, *The Frontier in American Culture: An Exhibition at the Newberry Library, August 26,-January 7, 1994* (Berkeley: University of California Press, 1994); Brooklyn Museum, ed., *Buffalo Bill and the Wild West* (New York: Brooklyn Museum, 1981).

2 Joy S. Kasson, *Buffalo Bill's Wild West: Celebrity, Memory, and Popular History* (New York: Hill and Wang, 2000), 12.

3 Michael E. Goodman, *Buffalo Bill* (Mankato, Minn.: Creative Education, 2006), 9.

4 '포니익스프레스'에 대해서는 다음 자료를 참고. Christopher Corbett, *Orphans Preferred: The Twisted Truth and Lasting Legend of the Pony Express* (New York: Broadway Books, 2003)는 이 분야 최고의 저작이다. 역사가 크리스토퍼 코벳(Christopher Corbett)은 포니익스프레스에 대한 지금까지의 연구 성과를 비판적으로 접근하여 새롭고 종합적인 분석을 이루어냈다. 그 밖에 여러 저작이 있지만 전체적으로 보아 체계적이고 비판적인 접근이라고 할 수는

없다. 크리스토퍼 코벳 이전의 이 분야에 대한 다양한 연구는 다음과 같다. Frank A. Root and William Elsey Connelley, *The Overland Stage to California* (1901; rprt. Columbus, O.: Long's College Book Co., 1950); William Lightfoot Visscher, *A Thrilling and Truthful History of the Pony Express, or Blazing the Westward Way* (1908; rprt. Chicago: Charles T. Powner, 1946); Glenn D. Bradley, *The Story of the Pony Express* (Chicago: A. C. McClung, 1913), reprinted in *The Story of the Pony Express,* ed., Waddell F. Smith, 2nd ed. (San Francisco: Hesperia House, 1960), 27-146; Le Roy R. Hafen, *The Overland Mail, 1849-1869: Promoter of Settlement, Precursor of Railroads* (Cleveland: Arthur H. Clark, 1926); Arthur Chapman, *The Pony Express: The Record of a Romantic Adventure in Business* (New York: G. P. Putnam's Sons, 1932); J. V. Frederick, *Ben Holladay: The Stagecoach King* (1940; rprt. Lincoln: University of Nebraska Press, 1989); Roy S. Bloss, *Pony Express-The Great Gamble* (Berkelely, Cal.: Howell-North, 1969); Robert West Howard, Roy E. Coy, Frank C. Robertson, and Agnes Wright Spring, *Hoofbeats of Destiny: The Story of Pony Express* (New York: Signet Books, 1960); Raymond W. Settle and Mary Lund Settle, *Saddles and Spurs: The Pony Express Saga* (Harrisburg, Penn.: Stackpole Books, 1955); M. C. Nathan and W. S. Boggs, *The Pony Express* (New York: The Collector's Club, 1962); Fred Reinfeld, *Pony Express* (1966; rprt. Lincoln: University of Nebraska Press, 1973); W. Turrentine Jackson, "A New Look at Wells Fargo, Stagecoaches, and the Pony Express," *California Historical Society Quarterly* (Dec. 1966), 291-324; Carl H. Scheele, *A Short History of the Mail Service* (Washington, D.C.: Smithsonian Institution Press, 1970), esp. 83-86.

5 William F. Cody, *The Life of the Hon. William F. Cody Known as Buffalo Bill the Famous Hunter, Scout and Guide* (1879; rprt. New York: Indian Head Books, 1991), 91-108.

6 Nyle H. Miller and Joseph W. Snell, *Why West was Wild: A Contemporary Look at the Antics of Some Highly Publicized Kansas Cowtown Personalities* (Norman: University of Oklahoma Press, 2003), 173-210, 237.

7 Goodman, *Buffalo Bill,* 13.

8 Ibid., 14.
9 Ibid.
10 Russell, *The Lives and Legends of Buffalo Bill*, 89, 96-97.
11 Robert A. Carter, *Buffalo Bill Cody: The Man behind the Legend* (New York: John Wiley & Sons Inc., 2000), 96; Goodman, *Buffalo Bill*, 17.
12 William F. Cody, *The Life of Hon. William F. Cody, Known as Buffalo Bill, the Famous Hunter, Scout, and Guide: An Autobiography* (Hartford, Conn.: Frank E. Bliss, 1879), 174. Kasson, *Buffalo Bill's Wild West*, 13에서 재인용. 이 시합이 정말 발생했는가에 대해서는 지금까지 역사적인 논쟁이 되고 있다. 역사가 러셀은 이 사건의 발생에 대해서 결코 의문시하지 않는다. Russell, *The Lives and Legends of Buffalo Bill*, 93-94. 그러나 역사가 요스트는 이 시합이 정말로 있었는가에 대해서 매우 회의적인 시각을 표한다. Nellie Snyder Yost, *Buffalo Bill: His Family, Friends, Fame, Failures, and Fortunes* (Chicago: Sage Books, 1979), 448; Goodman, *Buffalo Bill*, 18.
13 William F. Cody, *Buffalo Bill's Life Story: An Autobiography* (New York: Farrar& Rinehart, 1920), 68. 그러나 버펄로 빌이라는 이름은 다른 서부의 인물들에게서도 나타나고 누가 최초 이름을 사용하였는지에 대한 해석도 다양하다. 서부에서 버펄로 빌이라는 이름을 사용한 카우보이의 경우들을 추적한 다음 저서 참조. R. L. Wilson and Greg Martin, *Buffalo Bill's Wild West: An American Legend* (New York: Random House, 1998), 25-26.
14 제국주의 시대에 사냥에 열중했던 정치, 문화적 성격에 대해서는 John M. MacKenzie, *The Empire of Nature: Hunting, Conservation, and British Imperialism* (Manchester, England: Manchester University Press, 1988) 참조.
15 Goodman, *Buffalo Bill*, 19.
16 Kasson, *Buffalo Bill's Wild West*, 12.
17 Ibid.
18 버펄로 빌에 대한 평전으로 뛰어난 저작은 다음과 같다. Russell, *The Lives and Legends of Buffalo Bill*.
19 Carter, *Buffalo Bill Cody: The Man behind the Legend*, 140. 당시 저가소설의 선풍적인 인기에 대해서는 Daryl Jones, *The Dime Novel Western* (Bowling Green, O.: The Popular Press, Bowling Green State University, 1978) 참조.

20 코디를 신임하지 않는 사람들은 '버펄로 빌'이라는 영웅담은 순전히 저드슨의 독창적인 허구의 산물이라고 주장한다. 그러한 주장은 코핏(Arthur Kopit)의 1969년 연극 「인디언」(*Indians*) 이나 알트만(Robert Altman)의 1976년 영화 「버펄로 빌과 인디언」(*Buffalo Bill and the Indians*) 등에서 극적으로 잘 나타나 있다. Herbert Cody Blake, *Blake's Western Stories: The Truth About Buffalo Bill, Wm. F. Cody, Wild Bill, J. B. Hickok, Dr. Carve, California Joe, Yellow Hand-Tall Bull, The Pony Express, The Old 44 Colt, Derailing of the Union Pacific Train, Reprisal on the Cheyennes Under Turkey Leg, History and Busted Romances of the Old Frontier* (Brooklyn: Herbert Cody Blake, 1929), 1. 그러나 러셀은 저드슨의 창작설에 의문을 제기하면서 대신 코디가 버펄로 빌의 내용을 구성하는 데 결정적인 기여를 했다고 본다. Russell, *The Lives and Legends of Buffalo Bill*, 265-273; *The Wild West, or A History of the Wild West Shows* (Fort Worth: Amon Carter Museum of Western Art, 1970); Albert Johannsen, *The House of Beadle and Adams and Its Dime and Nickel Novels: The Story of a Vanished Literature*, 3 vols. (Norman: University of Oklahoma Press, 1950), 2: 59-61. 앨버트 요한센은 본 저서에서 발굴된 코디의 서간문을 증거자료로 제시하면서 코디가 버펄로 빌의 영웅담을 소설로 만드는 데 결정적인 영향을 주었음을 언급하고 있다. 그러나 이러한 주장에 여전히 동의할 수 없는 측면이 있다. 코디와 그의 서부활극에 대한 최근 저작 중에서 최고로 평가를 받고 있는 것은 역사가 루이스 S. 워런의 작품이다. 그는 코디가 저가소설의 본 저자라는 데 의문을 제기한다. 그는 당시 여러 상황을 종합해서 치밀한 고증을 한 후 다음과 같은 결론을 내렸다. "1879년 출판된 코디의 자서전의 전반적인 문체와 달리 버펄로 빌과 연관된 저가소설들에는 풍부한 미사여구와 장식으로 가득한 문체"들이 사용되었다. 이러한 측면에서 볼 때 코디가 저가소설의 진정한 저자라는 점에 결코 동의를 하지 않는다. Louis S. Warren, *Buffalo Bill's America: William Cody and the Wild West Show* (New York: Alfred A. Knope, 2005), 6-8, 554 참조.

21 Carter, *Buffalo Bill Cody: The Man behind the Legend*, 149.

22 Ibid.

23 Ibid., 170.

24 Cody, *Life of Buffalo Bill*, 311; *New York Herald*, Feb. 21, 1872, 5.

25 Kasson, *Buffalo Bill's Wild West*, 21.
26 러시아 알렉세이 대공의 미국 서부 사냥 여행에 대해서는 Paul Andrew Hutton, *Phil Sheridan and His Army* (Lincoln: University of Nebraska Press, 1985), 211-213; William W. Tucker, *His Imperial Highness the Grand Duke Alexis in the United States of America During the Winter of 1871-2* (1872; rprt. New York: Interland Publishing, 1972), 167; "Alexis Among the Buffaloes," *Frank Leslie's*, Feb. 3, 1872, 325. Kasson, *Buffalo Bill's Wild West*, 17-18에서 재인용.
27 Kasson, *Buffalo Bill's Wild West*, 21.
28 Ibid.
29 Hutton, *Phil Sheridan and His Army*, 248-254, 300.
30 Russell, *The Lives and Legends of Buffalo Bill*, 193; Carter, *Buffalo Bill Cody: The Man behind the Legend*, 176-177; *Review of Scouts of the Prairie* at Niblo's, [New York,] n. d., Billy Rose Theatre Collection, New York Public Library for the Performing Arts(이하 BRTC로 표기) ; "Indian Drama at the Arch," n. p., Harold McCracken Research Library, Buffalo Bill Historical Center, Cody, Wyoming(이하 BBHC로 표기), microfilm roll #1, Stage Play Notices and Reviews, 1875-80; BBHC, MS 6, William F. Cody Collection, series ID, oversize box 2, OS 3/3; "The Scouts Programme!" [Chicago, 1872] BBHC, MS 6, William F Collection, series I D., oversize box 2. Kasson, *Buffalo Bill's Wild West*, 22-23에서 재인용.
31 Carter, *Buffalo Bill Cody: The Man behind the Legend*, 176-179; Kasson, *Buffalo Bill's Wild West*, 24-27.
32 Untitle clipping, n.d., n. p., William F. Cody Scrapbook, Stage Plays and Theater Reviews, 1875-80. 상대적으로 코디의 극과 이러한 고급 연극과는 비교가 되었다. 그러므로 코디의 극은 저질이라는 비판을 받게 된다. n.d., n.p., WFC Scrapbook, Stage Play Notices and Reviews, 1875-80, BBHC. Carter, *Buffalo Bill Cody: The Man behind the Legend*, 182-186; Warren, *Buffalo Bill's America*, 181-182, 296, 481에서 재인용.
33 Kasson, *Buffalo Bill's Wild West*, 34-41.
34 Ibid.

35 Ibid., 187-202. 1879년 코디의 최초 자서전 *The Life of the Hon. William F. Cody, Known as Buffalo Bill*이 출판되기 전에 이러한 분위기에서 언론("The Crimson Trail; or, Custer's Last Warpath, a Romance Founded Upon the Present Border Warfare, as Witnessed by Hon. W. F. Cody")에서 대대적인 분위기를 띄웠고, 빌은 자신의 이야기를 각색하여 빌 쇼에서 *The Red Right Hand ; or, Buffalo Bill's First Scalp for Custer*를 활극으로 재현한다.

36 Cody, *Life of Buffalo Bill*; Carter, *Buffalo Bill Cody: The Man behind the Legend*, 223-240.

37 Neil Harris, *Humbug: The Art of P. T. Barnum* (New York: Little, Brown and Co., 1972), 77-89; Andie Tucher, *Froth and Scum: Truth, Beauty, Goodness, and the Ax Murder in America's First Mass Medium* (Chapel Hill: University of North Carolina Press, 1994), 57; James W. Cook, *The Arts of Deception: Playing with Fraud in the Age of Barnum* (Cambridge, Mass.: Harvard University Press, 2001), 73-81.

38 Harris, *Humbug*, 61-62; Joseph G. Rosa, *They called Him Wild Bill: The Life and Adventures of James Butler Hickok* (Norman: University of Oklahoma Press, 1964 and 1974), 162-169.

39 Russel, *The Lives and Legends of Buffalo Bill*, 186-187.

40 Lawrence W. Levine, *Highbrow/Lowbrow: The Emergence of Cultural Hierarchy in America* (Cambridge, Mass.: Harvard University Press, 1988).

41 Kasson, *Buffalo Bill's Wild West*, 42-43.

42 Goodman, *Buffalo Bill*, 28.

43 Nate Salsbury, "The Origin of the Wild West Show," in typescript of "Reminiscences," c. 1901, Nathan Salsbury Papers, Yale Collection of American Literature, Beinecke Rare Book Library(이하 NSP로 표기), box 2, folder 63. Kasson, *Buffalo Bill's Wild West*, 43에서 재인용. Helen Cody Wetmore, *Buffalo Bill-Last of Great Scouts: The Life Story of Colonel William F. Cody* (Lincoln: University of Nebraska Press, 1965), 231; William F. Cody, *Story of Wild West and Camp-Fire Chats* (Philadelphia: Historical Publishing Co., 1888), 693-694; Carter, *Buffalo Bill Cody: The Man behind the Legend*, 238-258.

44 Ibid., 238-258.
45 와일드 웨스트 쇼에 대한 가장 포괄적인 저서는 Russell, *The Wild West* 참조.
46 Goodman, *Buffalo Bill*, 31.
47 Ibid.
48 Ibid.
49 Ibid.
50 Ibid.
51 Kasson, *Buffalo Bill's Wild West*, 35-38.
52 Ibid., 174-181.
53 Goodman, *Buffalo Bill*, 28, 31.
54 Carter, *Buffalo Bill Cody: The Man behind the Legend*, 260, 285, 289, 372, 383, 446; Goodman, *Buffalo Bill*, 31.
55 Ibid.
56 Ibid.
57 Isabelle S. Sayers, *Annie Oakley and Buffalo Bill's Wild West* (New York: Dover Publications, 1981), 4-11, 21.
58 Goodman, *Buffalo Bill*, 31.
59 Ibid.
60 Kasson, *Buffalo Bill's Wild West*, 65, 70, 74.
61 Ibid., 71-82.
62 Ibid.
63 Ibid.
64 Ibid.
65 Ibid.
66 Russell, *The Lives and Legends of Buffalo Bill*, 371.
67 *Time* (Jun. 18, 1979).
68 Rosa and Robin, *Buffalo Bill and His Wild West*, 156.
69 Carter, *Buffalo Bill Cody: The Man behind the Legend*, 376.
70 Ibid., 255.
71 Rosa and Robin, *Buffalo Bill and His Wild West*, 156.
72 Carter, *Buffalo Bill Cody: The Man behind the Legend*, 367-368.

73 Ibid.
74 Ibid.
75 Goodman, *Buffalo Bill*, 34.
76 Ibid..
77 Ibid.
78 Ibid., 1-3.
79 Ibid., 39.
80 최근 미국 서부사가들은 지금까지 서부와 관련하여 사실로 알려져 왔던 것들에 대해 문제 제기를 하고 있다. 이들 신서부사(New Western History)를 주도하는 역사가들의 "전통적인 서부 신화 파괴 운동"에 대해서는 다음 자료를 참고. William Cronon, Jay Gitlin, Gorge Miles, eds., *Under an Open Sky: Rethinking America's Western Past* (New York: Norton, 1992); Patricia Nelson Limerick, *The Legacy of Conquest: The Unbroken Past of the American West* (New York: Norton, 1985); Patricia Nelson Limerick, Clyde A. Milner, and Charles E. Rankin, eds., *Trails: Toward a New Western History* (Lawrence: University Press of Kansas, 1991); Richard White, *"It's Your Misfortune and None of My Own: A New History of the American West"* (Norman: University of Okahoma, 1991); Don Worster, *Dust Bowl: The Southern Plains in the 1930s* (New York: Oxford, 1982). 최근 이러한 신서부사가들의 신화 파괴 운동은 일찍이 여러 서부사가들의 선구적인 작업이 있었기에 가능했다. 그것들 중에서 기억할 만한 저서로는 다음과 같은 것들이 있다. Howard Roberts Lamar, *Dakota Territory, 1861-1889: A Study of Frontier Politics* (New Haven: Yale University Press, 1956); Henry Nash Smith, *Virgin Land: The American West in Symbol and Myth* (Cambridge, Mass.: Harvard University Press, 1950).
81 Goodman, Buffalo Bill, 39.
82 Ibid.
83 Ibid., 41.
84 Ibid., 41-42.
85 Ibid.
86 Ibid., 43; Kasson, *Buffalo Bill's Wild West*, 8.

87　Goodman, *Bufalo Bill*, 43.
88　Ibid., 44.
89　Ibid.

제2부 제1장 프런티어의 추억: 프레더릭 잭슨 터너와 버펄로 빌 코디

1　Emily S. Rosenberg, S*preading the American Dream: American Economic and Cultural Expansion, 1890-1945* (New York: Hill and Wang, 1982), 6-7.
2　*Chicago Tribune*, Apr. 27, 1893. 코디와 터너와의 관계 비교에 대해서는 다음 참조. Richard Slotkin, *Gunfighter Nation*, 67; *Buffalo Bill's Wild West and Congress of Rough Riders of the World*. Programme (Chicago, 1893), 9; Joy S. Kasson, *Buffalo Bill's Wild West*, 7-8.
3　Frederick Jackson Turner, "The Significance of the Frontier in American History," *Annual Report of the American Historical Association for the Year 1893* (Washington, D. C.: Government Printing Office, 1894), 199-227. 프런티어테제의 형성과 시카고박람회에서의 발표에 대해서는 다음 참조. Ray Allen Billington, *Frederick Jackson Turner: Historian, Teacher, Scholar* (New York: Oxford University Press, 1973), 82-131.
4　Tuner, "Significance," 199.
5　Ibid., 199-127 참조. 이러한 터너테제는 미국 역사학계와 학자들로부터 마치 "종교적인 강령"처럼 떠받쳐졌다. 1932년 터너 사후 1930-40년대에 처음으로 터너테제의 유효성을 의문시하는 역사적인 논문들이 나타났다. 그러나 1950-60년대 이후에 터너테제는 다시 한 번 일단의 미국 역사가들로부터 긍정적인 평가를 받았다. 소위 "제3세대 프런티어 사가를"(Third Generation of the Frontier Hypothesis)이 바로 그들이다. 빌링턴(Ray Allen Billington)은 이 그룹에 속하는 대표적인 역사가이다. 그는 터너 이후 미국사에서 서부의 역할에 대한 포괄적인 성과물을 남겼다. 또한 "제3세대 프런티어 사가들"의 역사적인 성과를 정리하고 프런티어테제를 전반적으로 재평가했다(*America's Frontier Heritage*, 1966). 사실 서부에 대한 그의 관심은 이미 1949년 "서진운동"

(Westward Expansion)에 천착하면서부터 시작되었다. 이어 1956년에는 미국의 신서부(New West)인 극서 프런티어에 대한 연구(*The Far Western Frontier, 1830-1860*)에서 출중한 성과를 보였다. 그리고 특정 프런티어의 공간을 연구한 논문("The Frontier in Illinois History," *The Journal of the Illinois State Historical Society*, XLIII (Spring 1950), 28-45)에서 개척인의 정착 과정과 발전에 대하여 생생하게 그렸다. 특히 이 논문에서는 모국의 전통적인 가치를 가지고 이주해온 개척인들이 새로운 환경에서 부단히 적응하려는 놀라운 생명력을 생생하게 기록했다. 뿐만 아니라 그는 이 지역(일리노이) 개척지 구성원의 원출신지와 이후 인종적인 혼합, 프런티어의 황량함을 극복해가는 과정에서 이루어 놓은 과학적인 발명품과 기구들, 프런티어가 그 지역 민주주의에 끼친 영향, 개척인의 기회주의적 속성에 대해서 분석하고 있다. 그 밖에 참고할 자료는 다음과 같다. Stanley Elkins and Eric McKitrick, "A Meaning for Turner's Frontier," *Political Science Quarterly*, LXIX (Jul. 1954). 구서부(Old West)에 관해서는 Francis S. Philbrick, *The Rise of the West, 1754-1830* (New York: Harpercollins College Div., 1965) 참조.

6 Carter, *Buffalo Bill Cody: The Man behind the Legend*, 375.
7 Tuner, "Significance," 199; Richard White, "Frederick Jackson Tuner and Buffalo Bill," 7-9. 역사가 블랙스톤(Sarah J. Blackstone)은 코디의 서간집을 냈다. 여기에서 관개 농업과 금광, 서부 지방 휴양 시설에 대한 코디의 주장을 알 수 있다. *The Business of Being Buffalo Bill* (New York: Praeger, 1988), 44-45, 55-61. 서부의 종언에 대해서는 Albert Richardson, *Beyond the Mississippi: From the Great River to the Great Ocean* (Hartford, Conn.: American Publshing Company, 1867), I 참조. 19세기 중반에서 후반까지 프런티어의 중요성에 대한 논의에 대해서는 Justin Winsor, *Narrative and Critical History of America* (New York: Houghton Mifflin Company, 1888); Theodore Roosevelt, *The Winning of the West*, 4 vols. (New York: Putnam, 1889), I 참조. 1860년대에 재판과 재판을 거듭하면서 무려 8만 부가 팔려 프런티어에 대한 대중의 관심을 확인시켜 준 저작은 Henry Howe, *Historical Collection for the Great West* (Cincinnati, O.: Henry Howe, 1856), 7-8. 그 밖에 프런티어에 대한 최근 연구에 관해서는 Billington, *Frederick Jackson Turner*, 130; White, "Frederick Jackson Turner," in *Historians of the American Frontier: A Bio-*

Bibliographical Sourcebook, ed., John Wunder (Greenwood, Conn.: Greenwood Press, 1988), 664-65; Henry Nash Smith, *Virgin Land: The American West as Symbol and Myth* (1950; rprt. Cambridge, Mass.: Harvard University Press, 1970), 251 참조. 포니 빌(Pawnee Bill)을 비롯한 여타의 여러 종류의 버펄로 빌 쇼에 대해서는 Russell, *The Lives and Legends of Buffalo Bill*, 6 참조.

8 *Buffalo Bill's Wild West and Congress of Rough Riders of the World*. Programme, 10.

9 Matthew Frye Jacobson, *Whiteness of a Different Color: European Immigrants and the Alchemy of Race* (Cambridge, Mass.: Harvard University Press, 1999). 특히 "History, Race, and Perception, 1877: The Instability of Race", 137-170을 중점적으로 참조할 필요가 있다. 백인성의 역사적인 접근에 대해서는 Noel Ignatiev and John Garvey, eds., *Race Traitor* (New York: Routledge, 1996), 9-11; David R. Roediger, *The Wage of Whiteness: Race and the Making of the American Working Class* (London: Verso, 1991) 참조. 이후 백인성의 계속적 연구 과정에 대해서는 Shelley Fisher Fishkin, "Interrogating 'Whiteness,' Complicating 'Blackness' : Remapping American Culture," *American Quarterly* 47: 3 (Sep. 1995), 428-466; David W. Stowe, "Uncolored People: The Rise of Whiteness Studies," *Lingua Franca* 6 (Sep.-Oct. 1996), 68-77; Frank Towers, "Projecting Whiteness: Race and the Unconscious in the History of 19th-Century American Workers," *Journal of American Culture* 21: 2 (Summer 1998), 47-57. 배영수, 「백인우월주의 기원에 대한 재검토」, 『미국학』 26, 서울대학교 미국학연구소, 2003, 213-240; 「인종과 민족과 계급의 삼각 관계-백인성에 관한 최근 연구의 함의와 맥락-」, 『미국학』, 25, 서울대학교 미국학연구소, 2002, 1-42 참조.

10 Jacobson, *Whiteness of a Different Color*, 137-170.

11 Ibid.,138-140; Eric Foner, *Reconstruction: America's Unfinished Revolution, 1863-1877* (New York: Harper and Row, 1988); W. E. B. Bois, *Black Reconstruction in America, 1860-1880* (New York: Atheneum, 1992); Allen Trelease, *White Terror: The Ku Klux Klan Conspiracy and Southern Reconstruction* (Baton Rouge: Louisiana State University Press, 1971).

12 Ibid.
13 Jacobson, *Whiteness of a Different Color,* 138-140; Brian Dippee, *The Vanishing American: White Attitudes and U. S. Indian Policy* (Lawrence: University Press of Kansas, 1982); Dee Brown, *Bury My Heart at Wounded Knee: An Indian History of the American West* (New York: Bantam, 1970); James Welch, *Killing Custer: The Battle of the Little Bighorn and the Fate of the Plains Indian* (New York: Penguin, 1994); Alexander Saxton, *The Indispensable Enemy; Labor and the Anti-Chinese Movement in California* (Berkeley: University of California Press, 1971); Gary Nash and Richard Weiss, eds., *The Great Fear; Race in the Mind of America* (New York: Holt, Rinehart and Winston, 1970); Ronald Takaki, *Iron Cages: Race and Culture in Nineteenth-Century America* (Seattle: University of Washington Press, 1979); Sucheng Chan, *The Asian Americans: An interpretive History* (Boston: Twayne, 1988).
14 *Congressional Record,* 44th Congress, 2nd Session, vol V. part 2, 1347-1348, 1355, 1356. Jacobson, *Whiteness of a Different Color,* 156에서 재인용.
15 Jacobson, *Whiteness of a Different Color,* 155-156; Richard Slotkin, *Regeneration through Violence: The Mythology of the American Frontier, 1600-1860* (Middletown: Wesleyan University Press, 1973); *The Fatal Environmental: The Myth of the in the Age of Industrialization, 1800-1890* (Middletown: Wesleyan University Press, 1985), Chapter 6 참조.
16 *Congressional Record,* 45th Congress, Ist Session, vol. VI, 391-392, 393. Jacobson, *Whiteness of a Different Color,* 157-158에서 재인용.
17 Ibid.
18 Stuart Creighton Miller, *The Unwelcome Immigrant: The American Image of the Chinese, 1785-1882* (Berkely: University of California Press, 1969); Sucheng Chan, *The Asian Americans*; Ronald Takaki, *Iron Cages,* 215-249; Homas Almaguer, *Racial Fault Lines: The Historical Origins of White Supremacy in California* (Berkeley: University of California Press, 1994), 153-204; Patricia Nelson Limerick, *The legacy of Conquest: The Unbroken Past of the American West* (New York: Norton, 1987), 259-269; Alexander

Saxton, *The Indispensable Enemy*.
19 *Congressional Record*, 44th Congress, 2nd Session, vol. V, part 3, 2004-2005. Jacobson, *Whiteness of a Different Color*, 158-159에서 재인용.
20 Ibid., 140-141.
21 Slotkin, *The Fatal Environmental*, 480, 482, 497.
22 Jacobson, *Whiteness of a Different Color*, 137-170.
23 Slotkin, *The Fatal Environmental*, 480, 482, 497.
24 특히 재미있는 것은 몰리 머과이어 소동이 발생한 1877년 당시에 역사가 디위스가 "뿌리 깊은 인종적인 갈등에서" 문제를 풀어낸 것이다. 즉 그 소동은 앵글로색슨족과 켈트족 간의 갈등이며 그 밑바탕에는 헌정적인 문제와 해석으로까지 소급되어야 한다고 하며 마그나카르타에서부터 문제를 풀어냈다. 이러한 견해에 대해 1936년에 역사가 콜먼이 동의했다. 그는 펜실베이니아 탄광지대 아일랜드인의 소동의 기원은 "아일랜드인의 수적 증가가 다른 인종의 공포와 두려움을 야기했고, 이후 인종적인 갈등으로 확대되었다"고 적었다. F. P. Dewees, *The Molly Maguires: The Origin, Growth, and Character of the Organization* (New York: Burt Franklin, 1877), 3-13; Walter Coleman, *The Molly Maguire Riots: Industrial Conflict in the Pennsylvania Coal Region* (Richmond: Garrett and Massie, 1936), 20; Jacobson, *Whiteness of a Different Color*, 141, 166; Carey McWilliams, "How Deep the Roots," *Common Ground* (Autumn 1957), 3-5; David Roediger, "The So-Called Mob'; Race, Class, Skill, and Community in the St. Louis General Strike," in *Towards the Abolition of Whiteness* (London: Verso, 1994), 85-116; Thomas Almaguer, *Racial Fault Lines: The Historical Origins of White Supremacy in California* (Berkeley: University of California Press, 1994); John Fiske, "The Races of the Danube," *Atlantic Monthly* (Apr. 1877), 401.
25 Carter, *Buffalo Bill Cody: The Man behind the Legend*, 376.
26 Ibid., 376; Walter Havighurst, *Annie Oakley of the Wild West* (New York: Macmillan, 1954), 182.
27 Grossman, ed., *The Frontier in American Culture*, 9; Tuner, "Significance," 200.
28 Ibid.
29 Ibid., 9.

30 *Buffalo Bill's Wild West and Congress of Rough Riders of the World.* Programme, 4.
31 Slotkin, *Gunfighter Nation*, 14, 75.
32 Don Russell, *The Lives and Legends of Buffalo Bill* (Norman: University of Oklahoma Press, 1975), 305.
33 Ibid., 306.
34 Carter, *Buffalo Bill Cody: The Man behind the Legend*, 263-264.
35 Wild West Programme, 1884.
36 Grossman, ed., *The Frontier in American Culture*, 9.
37 James W Buel, *Heroes of the plains, or, Lives and wonderful adventures of Wild Bill, Buffalo Bill, Kit Carson, Capt. Payne, "White Beaver," Capt. Jack, Texas Jack, California ... Indian fighters, scouts, hunters and guides* (Cincinnati Pub. Co., Unknown Binding); John Burke's "Salutatory," from Wild West Programme; Grossman, ed., *The Frontier in American Culture*, 249; *Buffalo Bill's Wild West and Congress of Rough Riders of the World.* Programme, 22.
38 Grossman, ed., *The Frontier in American Culture*, 7-12.
39 Ibid.

제2장 대영제국과 버펄로 빌 쇼: 미국 서부활극의 세계화와 인디언 이미지 형성

1 제2장은 원래 「대영제국과 버팔로 빌 쇼 : 미국 서부활극의 세계화와 인디언 이미지의 형성」, 『미국사연구소, 제25집』, 한국미국사학회, 2007에 실린 논문이다.
2 Grossman, ed., *The Frontier in American Culture;* White, *It's Your Misfortune and None of My Own;* Daryl Jones, *The Dime Novel Western* (Bowling Green, O.: Bowling Green State University, 1978); Russell, *The Wild West;* Rosa and Robin, *Buffalo Bill and His Wild West* 참조.
3 Russell, *The Lives and Legends of Buffalo Bill;* Rosa and Robin, *Buffalo Bill and His Wild West;* Richard White, "Frederick Jackson Tuner and Buffalo

Bill," in Grossman, ed., *The Frontier in American Culture;* Brooklyn Museum, ed., *Buffalo Bill and the Wild West* (Brooklyn: The Brooklyn Museum, 1981).
4 Kasson, *Buffalo Bill's Wild West,* 70-71; Richard D. Altick, *The Shows of London* (Cambridge, Mass.: Harvard University Press, 1978), 320, 338.
5 Robert W. Rydell, *All the World's a Fair: Visions of Empire at American International Expositions, 1876-1916* (Chicago: University of Chicago Press, 1984); Timothy Mitchell, "The World as Exhibition," *Comparative Studies in Society and History* 31 (1989), 217-236.
6 Kasson, *Buffalo Bill's Wild West,* 71.
7 Rydell, *All the World's a Fair,* 23-27.
8 Carter, *Buffalo Bill Cody: The Man Behind the Legend,* 300-301, 308.
9 *New York Dispatch* (Jul. 18, 1886), Denver Public Library, Western History Collection, Nate Salsbury scrapbook, Jul. 1885-Aug. 1886. Kasson, *Buffalo Bill's Wild West,* 72에서 재인용.
10 Ibid., 72.
11 Ibid., 73.
12 William Brasmer, "The Wild West Exhibition and the Drama of Civilization," *Western Popular Theater,* ed., David Mayer and Kenneth Richards (London: Menthuen, 1977), 133-156.
13 *The (London) Times* (Nov. 1, 1887), BBHC, microfilm roll#3, red invitation scrapbook. Kasson, *Buffalo Bill's Wild West,* 75에서 재인용.
14 Ibid., 75.
15 Ibid.
16 Ibid., 75-76.
17 *The Sporting Life* (May 10, 1887), in Annie Oakley scrapbook, BBHC, microfilm roll #4. Kasson, *Buffalo Bill's Wild West,* 76에서 재인용.
18 Ibid.
19 Russell, *The Lives and Legends of Buffalo Bill,* 326.
20 Carter, *Buffalo Bill Cody: The Man behind the Legend,* 304.
21 Nate Salsbury, "American Exhibition," in typescript of "Reminiscences," c.

1901, NSP, box 2, folder 64. Kasson, *Buffalo Bill's Wild West*, 78-79에서 재인용.

22 MacKenzie, *The Empire of Nature*, 7, 50-51.
23 Kasson, *Buffalo Bill's Wild West*, 78.
24 Christopher Hibbert, *The Royal Victorians: King Edward VII, His Family, and Friends* (Philadelphia: J. B. Lippincott, 1976), 32.
25 Giles St. Aubyn, *Edward VII: Prince and King* (New York: Atheneum, 1979), 136.
26 Kasson, *Buffalo Bill's Wild West*, 66.
27 Ibid., 68.
28 Ibid.
29 Carolyn Thomas Foreman, *Indians Abroad, 1493-1938* (Oklahoma: University of Oklahoma Press, 1943), 83-84, 121-124.
30 Harold McCracken, *George Catlin and the Old Frontier* (New York: Bonanza Books, 1959), 21-22.
31 Kasson, *Buffalo Bill's Wild West*, 68-69; McCracken, *George Catlin and the Old Frontier* 참조.
32 바넘(P. T. Barnum)의 인디언 극과 쇼에 대해서는 P.T. Barnum, *Struggles and Triumphs, Or, Forty Years' Recollections*, ed., Carl Bode (1869; rprt. New York: Penguin Books, 1981), 152; James W. Cook, Jr., "Of Men, Missing Links, and Nondescripts: The Strange Career Of P. T. Barnum's 'What is It?' Exhibition," in *Freakery: Cultural Spectacles of the Extraordinary Body*, ed., Rosemarie Garland Thomson (New York: New York University Press, 1996), 139-157; Neil Harris, *Humbug: The Art of P. T. Barnum* (Boston: Little, Brown and Company, 1973); Philip B. Kunhardt, Jr., Philip B. Kunhardt III, and Peter W. Kunhardt, *P. T. Banum: American Greatest Showman* (New York: Alfred A. Knopf, 1995).
33 Cook, Jr., "Of Men, Missing Links, and Nondescripts," 139-157.
34 Harris, *Humbug*, Chapter 3; Barum, *Struggle and Triumphs*, 126; E. G. Cattermole, *Famous Frontiersmen, Pioneers, and Scouts* (Chicago: Donahue, 1883), quoted in Richard J. Walsh, in collaboration with Milton S. Salsbury,

The Making of Buffalo Bill: A Study in Heroics (Indianapolis: Bobbs-Merrill, 1928), 218.

35 Russell, *The Wild West*, 26; Henry Blackmen Sell and Victor Weybright, *Buffalo Bill and the Wild West* (Basin, Wy.: Big Horn Books, 1979), 159. L. G. Moses, *Wild West Shows and the Images of American Indians, 1893-1933* (Albuquerque, N.M.: University of New Mexico Press, 1996), 42-43에서 재인용.

36 Paul L. Reddin, "Wild West Shows: A Study in the Development of Western Romanticism," (Ph. D. diss., University of Missouri, 1970), 106; William Frederick Cody, *The Story of the Wild West and Campfire Chats* (Philadelphia: Historical Publications, 1888), 710. Moses, *Wild West Shows*, 43에서 재인용.

37 *The Sheffield Leader* (May 5, 1887), quoted in Rita G. Napier, "Across the Big Water: American Indians' Perceptions of Europe and Europeans, 1887-1906," in *Indians and Europe: An Interdisciplinary Collection of Essays*, ed., Christian F. Feest (Aachen, the Netherlands: Rader Velag, 1987), 383.

38 Sell and Weybright, *Buffalo Bill and the Wild West*, 165.

39 Cody, *The Story of the Wild West and Campfire Chat*, 728. Moses, *Wild West Shows*, 50에서 재인용.

40 Sell and Weybright, *Buffalo Bill and the Wild West*, 166.

41 Moses, *Wild West Shows*, 52.

42 Ibid.

43 Raymond J. DeMallie, *Sixth Grandfather: Black Elk's Teaching Given to John G. Niehardt* (Lincoln: University of Nebraska Press, 1984), 249-250. Moses, *Wild West Shows*, 53에서 재인용.

44 Napier, "Across the Big Water: American Indians' Perceptions of Europe and Europeans, 1887-1906," in *Indians and Europe: An Interdisciplinary Collection of Essays*, ed., Christian F. Feest (Lincoln: University of Nebraska Press, 1999), 389.

45 *Queen Victoria's Journal* (May 11, 1887), The Royal Archives, Windsor Castle. Rosa and Robin, *Buffalo Bill and His Wild West*, 120-121에서 재인용.

46 Moses, *Wild West Shows*, 55.
47 Kasson, *Buffalo Bill's Wild West*, 35.
48 Ibid.
49 *New Haven Journal and Courier* (Jul. 17, 1885), BBHC, Doc Carver microfilm roll #1, red with gold tie. Kasson, *Buffalo Bill's Wild Show*, 35에서 재인용.
50 Ibid.
51 Walsh, in collaboration with Milton S. Salsbury, *The Making of Buffalo Bill*. Moses, *Wild West Shows*, 44에서 재인용.
52 Reddin, "Wild West Shows," 123-124.

제3장 버펄로 빌 코디의 서부활극과 계급

1 Louis S. Waren, *Buffalo Bill's America: William Cody and The Wild West Show* (New York: Alfred A. Knopf, 2005), 179.
2 Karen Halttunen, *Confidence Men and Painted Women: A Study of Middle-Class Culture in America, 1830-1870* (New Haven: Yale University Press, 1982), 188; D. A. Mackellar, *Treatise On the Art of Politeness Good Breeding, and Manners. With Maxims and Moral Reflections* (Detroit: George E. Pomeroy and Co., 1855), 12; Lionel Trilling, *Sincerity and Authenticity* (Cambridge, Mass.: Harvard University Press, 1973), 9.
3 Halttunen, *Confidence Men and Painted Women*, 185-188.
4 Ibid.
5 Ibid.
6 Ibid.
7 Jay Monaghan, *Custer: The Life of General George Armstrong Custer* (Boston: Little, Brown and Company, 1959), 358.
8 Halttunen, *Confidence Men and Painted Women*, 186.
9 Waren, *Buffalo Bill's America*, 180.

10 Ibid.
11 David Nasaw, *Going Out: The Rise and Fall of Public Amusements* (New York: Basic Books, 1993), 13.
12 Ibid., 14, 18.
13 Waren, *Buffalo Bill's America*, 180-181.
14 Ibid., 181.
15 Sandra K. Sagala, *Buffalo Bill, Actor: A Chronicle of Cody's Theatrical Career* (Bowie: Heritage Books, 2002), 59-60, 132.
16 Warren, *Buffalo Bill's America*, 182.
17 "The Scouts at Niblo's," n.d., n.p., clipping in William F. Cody Scrapbook, Stage Plays and Notices and Reviews, 1875-80, BBHC. Waren, *Buffalo Bill's America*, 182에서 재인용.
18 Ibid.
19 "Niblo's Garden," n.p., n.d., clipping in William F. Cody Scrapbook, Stage Play Notices and Reviews, 1875-80, BBHC. Warren, *Buffalo Bill's America*, 182에서 재인용.
20 Ibid.
21 Michael Denning, *Mechanic Accents: Dime Novels and Working Class Culture in America* (New York: Verso, 1998), 47-61; Matthew Frye Jacobson, *Barbarian Virtues: The United States Encounters Foreign Peoples at home and Abroad, 1876-1917* (New York: Hill and Wang, 2000), 88-97.
22 Denning *Mechanic Accents*, 47-61.
23 "Big Indians," n. d., n. p., clipping in William F. Cody Scrapbook, Stage Play Notices and Reviews, 1875-80, BBHC. Waren, *Buffalo Bill's America*, 182에서 재인용.
24 Ibid.
25 Ibid., 182-183.
26 "The Opera House," n.d., n. p., clipping in William F. Cody Scrapbook, Stage Play Notices and Reviews, 1875-80, BBHC. Waren, *Buffalo Bill's America*, 182에서 재인용.
27 Ibid.

28 Ibid.
29 Ibid.
30 http//www.wayneturney.20m.com/astorplaceriot.htm.; Richard Moody, *The Astor Place Riot* (Bloomington: Indiana University Press, 1958), 12. Waren, *Buffalo Bill's Amerca*, 183에서 재인용.
31 Ibid.
32 애스터광장오페라하우스사건의 역사적 의의에 대해서는 David Grimsted, *Melodrama Unveiled: American Theater and Culture, 1800 1850* (California: University of California Press, 1988), 67-75; Lawrence Levine, *Highbrow/lowbrow*, 63-69. 저드슨의 형량에 대해서는 Moody, *Astor Place Riot*, 236; "The Great Scalpers on the Warpath-What a Gory Ink-Slinger Considers a 'Gentleman Intimation' -SCALPS BY THE BALE," *St Louis Post Dispatch*, n.d., n.p., clipping in William F. Cody Scrapbooks, BBHC. Waren, *Buffalo Bill's America*, 183에서 재인용.
33 Ibid.
34 "Amphitheatre Play Bill," n.d., n.p., clipping in William F. Cody Scrapbook, Stage Paly Notices and Reviews, 1875-80, BBHC. Waren, *Buffalo Bill's America*, 183에서 재인용.
35 Ibid., 183-184.
36 Blake, *Blake's Western Stories;* Joseph G. Rosa, *West of Wild Bill Hickok* (Norman: The University of Oklahoma Press, 1982); Nyle H. Miller and Joseph W. Snell, *Why the West was Wild, A Contemporary Look at the Antics of Some Highly Publicized Kansas Cowtown Personalities* (Norman: University of Oklahoma Press, 1963), 173-210; Rosa, *They Called Him Wild Bill*; W. B. (Bat), *Famous Gunfighters of the Western Frontier*, series of articles in *Human Life* January 1907 to March 1908, in book form, with line drawings by Frederick Remington and others (Silverthrne, Co: VISTABOOKS, 1996).
37 Miller and Snell, *Why the West was Wild*, 175. 미국 서부에서 결투와 합법적 총기 사용 전통의 기원에 대해서는 다양한 해석이 있다. 이러한 사례는 구남부(Old South) 지역, 특히 남부의 경계주인 테네시, 켄터키, 미주리에서 주로

발생했다. 그리고 이후 서부로 빠르게 확산되었다. 그러므로 특이한 남부적인 신사도 문화에서 그 기원을 찾을 수 있다. E. L. Ayers, *Vengeance and Justice: Crime and Punishment in the 19th-Century South* (New York: Oxford University Press, 1984); B. Wyatt-Brown, *Southern Honor: Ethics and Behaviors in the Old South* (New York: Oxford University Press, 1982). 다른 해석으로는 미국적인 독특한 법철학에서 기원을 추적할 수도 있다. 저명한 법률가인 올리버 웬델 홈스까지도 결투의 규칙을 정당한 "남자의 명예"(a man is not born to run away)라고 판결했다. Mark DeWolfe Howe, *Justice Oliver Wendell Holmes*, 2 vols (Cambridge, Mass.: Belknap Press, 1957-63); Paul Johnson, *A History of the American People* (New York: HarperPerennial, 1998), 524-527. 제3의 해석은 마르크스적 계급투쟁이론과 유사한 방식을 적용하여 총기 문화의 기원을 추적한다. 총을 사용한 결투와 폭력을 일삼았던 인물들은 주로 직업적인 총잡이였다. 이들은 대목장주나 대귀족들에게 고용된 사람들이었다. 그들은 주로 앵글로색슨계 출신으로 정치적으로는 공화당의 입장을 따랐다. 반면 이들과 대항하는 '소시민'(little folk)을 보호하기 위해 싸우는 사람들은 주로 히스패닉, 그리스, 이탈리아, 슬라브 출신이 많았다. 지역적으로 남부 출신이 많았고, 정치적으로는 민주당을 선호하는 인물들이었다. 이러한 유사 계급적 갈등에서 그 문화의 기원을 찾을 수 있다고 한다. R. M. Brown, "Historiography of Violence in the American West," M. P. Malone ed., *Historians and the American West* (Lincoln: University of Nebraska Press, 1983).

38 Johnson, *A History of the American People*, 526; White, *It's Your Misfortune and None of My Own*, 331-332.
39 Ibid.
40 Miller and Snell, *Why the West was Wild*, 175.
41 Ibid., 191-192.
42 Carter, *Buffalo Bill Cody: The Man behind the Legend*, 204.
43 Waren, *Buffalo Bill's America*, 184.
44 Sagala, *Bufalo Bill, Actor*, 130. Waren, *Buffalo Bill's America*, 184에서 재인용.
45 Elliot Gorn, "Gourge and Bite, Pull Hair and Scratch: The Social Significance of Fighting in the Southern Backcountry," *American Historical Review*, 90.

no. 1 (Feb. 1985), 18-43. 캔자스 지역에서 발생한 결투에 대해서는 Miller and Snell, *Why the West Was Wild* 참조. 네브래스카에서의 결투에 대해서는 Rolf Johnson, *Happy as a Big Sunflower: Adventures in the West, 1875-1880* (Lincoln: University of Nebraska Press, 2000), 102, 107 참조.

46 Warren, *Buffalo Bill's America*, 185.
47 Cody, *Life of Buffalo Bill*, 333; Louisa Frederici Cody and Courtesy Riley Cooper, *Memories of Buffalo Bill* (New York: D. Appleton and Co., 1919), 255-256.
48 William F. Cody's testimony in *Cody v. Cody*, Civil Case File 970, Folder 2, Wyoming State Archives Cheyenne, Wyoming. March 23, 1904. Warren, *Buffalo Bill's America*, 185에서 재인용.
49 James Johnson Collection, MSS 1175, CHS; Cody, *Life of Buffalo Bill*, 332-333; Sagala, *Buffalo Bill, Actor*, 102-103, 331.
50 Warren, *Buffalo Bill's America*, 186.
51 Ibid.
52 Ibid.
53 Ronald N. Satz, *American Indian Policy in the Jacksonian Era* (Lincoln: University of Nebraska Press, 1975), 6.
54 제퍼슨은 정치경제학적 이상 국가를 실현하기 위해 당시 미국 인종에 대한 구체적인 평가를 하여 인종적인 질서를 규정했다. 이러한 정의에 의해 그는 인디언이 백인과 경쟁할 수 있는 능력과 자질을 가지고 있지만 흑인은 때때로 이러한 자질이 부족하다고 보았다. 제퍼슨 시대 미국의 지배 인종인 백인은 직면하고 있는 인종적인 위협의 순위에 따라 인디언과 백인과의 차이를 정의할 필요가 있었다. 그것은 제퍼슨 시대에는 인디언의 위협보다는 흑인에 대한 인종적인 긴장감이 훨씬 컸다는 것을 반증한다. 그러므로 제퍼슨은 흑인이 "폭력과 성적 과욕"의 상징이며 "미국을 오염"시키는 존재이므로 전원 "아프리카로 이주"가 필요하다고 보았다. 그러나 인디언에 대한 그의 평가는 흑인에 비해서는 우호적이다. 그는 인디언은 "어떤 정부 형태도 가지고 있지 않고 자연 상태를 유지하고 있고" 그러므로 만일 서부 이주나 교화를 통하여 "로크적인 개인으로" 다시 갱생할 수 있을 것이라는 주장을 할 때도 있었다. 제퍼슨의 흑인관에 대해서는 다음 자료 참고. Winthrop D. Jordan, *White over*

Black: American Attitudes Toward the Negro, 1550-1812 (Chapel Hill, N.C.: Pelican Book, 1968), Chapter 12 "Thomas Jefferson: Self and Society," 429-481; Fawn M Brodie, *Thomas Jefferson: An Intimate History* (New York: Bantam Books, 1974); John Chester Miller, *The Wolfs by the Ears: Thomas Jefferson and Slavery* (New York: Free Press, 1977); Garry Wills, *Inventing America: Jefferson's Declaration of Independence* (Garden City, N.Y.: Doubleday & Company, 1978); Edmund Morgan, "The Heart of Jefferson" (a review of Wills' book), in *New York Review of Books*, vol. XXV, no. 13 (Aug. 17, 1978), 38-40. 제퍼슨의 인디언관과 인디언 정책에 대해서는 다음 자료를 참고. Bernard W, Sheehan, *Seeds of Extinction: Jefferson Philanthropy and American India* (Chapel Hill, N.C.: W.W. Norton & Company, 1973); Reginald Horseman, *Expansion and American Indian Policy, 1783-1812* (East Lansing, Mich.: Michigan State University Press, 1967); Roy Harvey Pearce, *Savagism and Civilization: A Study of the Indian and the American Mind* (Baltimore: The John's Hopkins Press, 1967); Satz, *American Indian Policy*, 6. 제퍼슨의 정치경제학에서 보이는 인종적인 질서와 관계에 대해, 그리고 그러한 견해를 갖게 된 사회경제적인 조건에 대해서는 Ronald Takaki, *Iron Cages: Race and Culture in 19th-Century America* (New York: Oxford University Press, 2000), 55-65 참조.

55 Satz, *American Indian Policy*; Takaki, *Iron Cages*, 28-35, 55-65, 81-107 참조. 특히 81-107쪽 제5장 "The Metaphysics of Civilization: 'The Red Race on Our Borders'"에서는 잭슨 시대의 인디언 정책의 기원과 확대를 설명하고 있다. 구체적으로 타카키는 잭슨 대통령과 그 참모들의 인디언 정책에서 그들이 논리적인 전술로서 사용한 것은 공화주의 정치경제학이라고 주장한다. 잭슨에게 있어서 인디언은 공화주의 공동체의 시민윤리적인 도덕관과 자율의식의 부재에서 결코 백인과 공존할 수 없는 존재로 간주되었다는 주장이다. 그러므로 소위 강제 이주정책을 통해서 미시시피 서안으로 이동하여 그들만의 안식처를 갖게 하는 것이 훨씬 더 우애로운 정책이며 이것이 인종적으로 우월자인 "아버지(백인)"로서 "자식(인디언)"에게 베풀 수 있는 "최상의 특전"이라고 보았다는 것이다.

그러나 이 문제를 반드시 인종주의적인 접근에서만 볼 필요는 없다. 잭슨 시대 미국 정치가들은 연방과 주의 역할 분리를 조화롭게 하기 위한 방안을 두고 심각한 논쟁을 벌이고 철학적인 고민을 거듭했다. 이러한 측면에서 잭슨 시대 여러 정책의 실행을 두고 정치적, 철학적 논쟁이 발생했다. 특히 관직순환제, 제2 연방은행 문제, 관세와 연관한 사우스캐롤라이나 주 연방 탈퇴 문제, 인디언 강제이주 정책 문제에 이르기까지 정치가들이 끊임없이 고민했던 화두는 주주권(州主權: State Right, States Sovereignty)의 보호를 통한 미국적 정치체제의 토대 확립이었다. 그러므로 잭슨이 대통령으로 취했던 인디언 정책은 이러한 논의에서 살펴볼 여지가 있다. 그래야만 잭슨의 인디언 정책을 인디언에 대한 노골적인 증오심에만 초점을 맞추는 소위 "악마이론"(Devil Theory)에서 벗어날 수 있을 것이다. Francis Paul Prucha, "Andrew Jackson's Indian Policy: A Reassessment," *Journal of American History*, LVI (Dec. 1969), 527-539; Mary Young, *Redskins Ruffleshirts and Rednecks* (Norman: University of Oklahoma Press, 1961); Satz, *American Indian Policy*, 9-31. 잭슨의 인디언 정책과 주주권 문제에 대해서는 다음 자료를 참고. Prucha, "Andrew Jackson's Indian Policy," 527-39; Richard Latner, *The Presidency of Andrew Jackson : White House Politics, 1829-1837* (Athens: University of Georgia Press, 1979), 86-98; Robert V. Remini, *Andrew Jackson and the Course of American Freedom, 1822-1832* (New York: Harper & Row, 1981), 202-210, 220-222, 227-229, 303; William S. Hoffman, "Andrew Jackson, State Rightist: The Case of the Georgia Indians," *Tennessee Historical Quarterly*, XI (Dec. 1952), 329-45; Satz, *American Indian Policy* 1-96; Arthur H. DeRosier, Jr., "Andrew Jackson and Negotiation for the Removal of the Choctaw Indians," *Historian*, XXIX (May 1967), 343-62; *The Removal of the Choctaw Indians* (Knoxville: University of Tennessee Press, 1970), 3-99; Thoedore H. Jack, "Alabama and the Federal Government: The Creek Indian Controversy," *Mississippi Valley Historical Review*, IIII (Dec. 1919), 301-317; Richard E. Ellis, *The Union at Risk* (New York: Oxford University Press, 1987), 25-32.

56 Robert M. Utley, *Cavalier in Buckskin: George Armstrong Custer and the Western Military Frontier* (Norman: University of Oklahoma Press, 2001), 1-27; Jay Monaghan, *Custer: The Life of General George Armstrong Custer*

(Boston: Little Brown and Company, 1959), 237-238.
57 White, *It's Your Misfortune and None of My Own*, 94-104.
58 Takaki, *Iron Cages*, 171-175.
59 Ibid.
60 Ibid.
61 White, *It's Your Misfortune and None of My Own*, 104.
62 Ibid.
63 Ibid; Hutton, *Phil Sheridan and His Army*의 14장 참조.
64 Ibid.
65 Elizabeth Bacon Custer, *Tenting on the Plains: General Custer in Kansas and Texas* (1887; rprt. Norman: University of Oklahoma Press, 1971), 47.
66 White, *It's Your Misfortune and None of My Own*, 106.
67 William F. Cody, *The Life of the Hon. William F. Cody, Known as Buffalo Bill, The Famous Hunter, Scout and Guide: An Autobiography* (Hartford, Conn.: American Publishing Co., 1879), 339.
68 Carter, *Buffalo Bill Cody: The Man Behind the Legend*, 195-196.
69 Ibid., 196.
70 Slotkin, *Gunfighter Nation*, 73; Sagala, *Buffalo Bill, Actor*, 142; Homer Croy, *Trigger Marshall: The Story of Chris Madsen* (New York: Duell, Sloan and Pearce, 1958), 12; "How Buffalo Bill Killed Chief Yellow Hand," *The American Weekly* (Jun. 8, 1958), 11-13; clipping in MS 62 Don Rusell Collection, Series 1; R. Military, Box 7/3. BBHC. Warren, *Buffalo Bill's America*, 186에서 재인용. 특별히 이 점을 강조하는 것은 코디가 인디언의 머리 가죽을 정말로 벗겼는지 여부가 이후 역사가들의 수많은 논쟁거리가 되기 때문이다. Herbert Cody Blake, *Blake's Western Stories*, 26-30; Russell, *The Lives and Legends of Buffalo Bill*, 230; Paul L Hedren, *First Scalp for Custer: The Skirmish at Warbonnet Creek, Nebraska, July 17, 1876* (Lincoln: University of Nebraska Press, 1980); Carter, *Buffalo Bill Cody: The Man behind the Legend*, 200-204.
71 Kasson, *Buffalo Bill's Wild West*, 35.
72 Ibid., 35-41.

73 Ibid.
74 Ibid.
75 Carter, *Buffalo Bill Cody: The Man Behind the Legend*, 205.
76 「마오리족 전사의 머리」, 『조선일보』, 2007, 10, 27.
77 "A Disgrace to Our Civilization," *New York Herald*, Aug. 11, 1876, 4.
78 Slotkin, *Gunfighter Nation*, 73; Sagala, *Buffalo Bill, Actor*, 142; Croy, *Trigger Marshall*, 12; "How Buffalo Bill Killed Chief Yellow Hand," 11-13; clipping in MS 62 Don Rusell Collection, Series 1; R. Military, Box 7/3, BBHC. Warren, *Buffalo Bill's America*, 186에서 재인용.
79 "The Knight of the Plains," n.d., n.p., Notices of Buffalo Bill, 1879-80, BBHC. Warren, *Buffalo Bill's America*, 186에서 재인용.
80 "Bufflao Bill," n.d., n.p., Notices of Bufalo Bill, 1879-80, BBHC. Warren, *Buffalo Bill's America*, 186에서 재인용.
81 Playbill, *May Cody; Or, Lost and Won*, Harvard Theatre Collection(이하 HTC로 표기). Kasson, *Buffalo Bill's Wild West*, 25-26에서 재인용. 그러나 이 작품의 예술성에 대해 의문을 제기하는 역사가도 있다. 1872년 저드슨의 「대평원의 스카우트」에 비해 "큰 차이를 보이지 않는다"는 주장이다. Carter, *Buffalo Bill Cody: The Man Behind the Legend*, 218; Waren, *Buffalo Bill's America*, 174-174에서는 이 극의 특징에 대해서 분석하고 있다.
82 Kasson, *Buffalo Bill's Wild West*, 26.
83 "The Knight of the Plains," n.d., n.p., Notices of Buffalo Bill, 1879-80, BBHC; "Buffalo Bill," Notices of Buffalo Bill, 1879-80, 25, BBHC. Warren, *Buffalo Bill's America*, 186에서 재인용.
84 Kasson, *Buffalo Bill's Wild West*, 26. Warren, *Buffalo Bill America*, 186에서 재인용.
85 *New Haven Journal and Courier*, Jul. 17, 1885, Harold McCracken Research Library, BBHC, Don Carver microfilm roll #1, red with gold tie; William F. Cody to Jack Crawford, Montreal, August 11, 1885, Denver Public Library, Western History Collection (이하 DPL로 표기), WH 72, M, Cody L. 121, Cody letters, ff3; Michael Denning, *Mechanic Accents*. Kasson, *Buffalo Bill's Wild West*, 26에서 재인용.

86 Kasson, *Buffalo Bill's Wild West*, 27.
87 Ibid., 27-34.
88 Rosa, *They called Him Wild Bill*, 238; John Culhane, *The American Circus: An Illustrated History* (New York: Henry Holt, 1990), 92.
89 Darlis A. Miller, *Captain Jack Crawford: Buckskin Poet, Scout, and Showman* (Albuquerque, N.M.: University of New Mexico Press, 1993), 87-111.
90 Waren, *Buffalo Bill's America*, 187.
91 Ibid.
92 Ibid.
93 Ibid., 186-190.

제4장 서부와 인디언에 대한 미국 역사가들의 시각

1 인종주의적 시각으로 미국 역사를 접근 분석한 연구 자료는 다음과 같다. William Stanton, *The Leopard's Spots: Scientific Attitudes toward Race in America, 1815-59* (Chicago: University of Chicago Press, 1960); Jordan, *White over Black: American Attitudes toward the Negro*, 583-585; Edmund S. Morgan, *American Slavery, American Freedom: The Ordeal of Colonial Virginia* (New York: W. W. Norton, 1975), 363-387; Reginald Horseman, *Race and Manifest Destiny: The origins of American Racial Anglo-Saxonism* (Cambridge, Mass.: Harvard University Press, 1981), 9-24, 77, 166-186, 174; Walter LaFeber, *The New Empire: An Interpretation of American Expansion, 1860-1898* (Ithaca: Cornell University Press, 1963), 62-101; Ernest Lee Tuverson, *Redeemer Nation: The Idea of America's Millennial Role* (Chicago: University of Conquest, 1968), 137-186; Patricia Nelson Limerick, *The Legacy of Conquest: The Unbroken Past of the American West* (New York: Norton, 1987), 259-292; Richard Drinnon, *Facing West: The metaphysics of Indian-Hating and Empire-Building* (New York: Schocker, 1980), 특히 제4장 참조. Thomas Dyer,

Theodore Roosevelt and the Idea of Race (Baton Rounge: Louisiana State University Press, 1980), 45-68; Thomas Gossett, *Race: The History of an Idea in America* (New York: Schocken, 1963), 310-338; Frederick Merk, *Manifest Destiny and Mission in American History* (New York: Vintage Books, 1966), 46; Richard Hofstadter, *Social Darwinism in American Thought* [1944] (Boston: Beacon, 1955), 154; Barbara Fields, "Slavery, Race and Ideology in the United States of America," *New Left Review* 181 (may/June 1990), 95-118; Theodore W. Allen, *The Invention of the White Race*, 2 vols, (London: Verso, 1994-97); Alden T. Vaughan, *Roots of American Racism: Essays on the Colonial Experience* (New York: Oxford University Press, 1995); Matthew Frye Jacobson, *Special Sorrows: The Diasporic Imagination of Irish, Polish, and Jewish Immigrants in the United States* (Cambridge, Mass.: Harvard University Press, 1995), 191-192, 182-200. 인종주의와 백인의 탄생에 대해서는 Barbara Fields, "Ideology and Race in American History," *Region, Race and Reconstruction: Essays in Honor of C. Vann Woodward*, ed., J. Morgan Kousser and James M. McPherson (New York: Oxford University Press, 1982), 143-177; Noel Ignatiev, *How the Irish Became White* (New York: Routledge, 1995); Noel Ignatiev and John Garvey, eds., *Race Traitor* (New York: Routledge, 1996); David R. Roediger, *The Wages of Whiteness: Race and the Making of the American Working Class* (New York: Verso, 1991); *Towards the Abolition of Whiteness: Essays on Race, Politics, and Working Class History* (New York: Verso, 1994); Takaki, *Iron Cages;* Ruth Frankenberg, *White Women, Race Matters : The Social Construction of Whiteness* (London: Routledge, 1993); Shelly Fisher Fishkin, "Interrogating 'Whiteness,' Complicating 'Blackness' : Remapping American Culture," 428-466; David W. Stowe, "Uncolored People: The Rise of Whiteness Studies," *Lingu Franca* 6 (Sep.-Oct. 1996), 68-77; George Lipsitz, "*The Possessive Investment in Whiteness*" *How White People from Identity Politics* (Philadelphia: Temple University Press, 1998); Frank Towers, "Projecting Whiteness: Race and the Unconscious in the History of 19th-Century American Workers," *Journal of American Culture*, 21:2 (Summer 1998), 47-57; Alexander Saxton, *The Rise*

and Fall of the White Republic: Class Politics and Mass Culture in Nineteenth Century America (New York: Cerso, 1990); Matthew Frye Jacobson, Whiteness of a Different Color: European Immigrants and the Alchemy of Race; Grace Elizabeth Hale, Making Whiteness: The Culture of Segregation in the South, 1890-1940 (New York: Vintage Books, 1999). 배영수, 「백인우월주의 기원에 대한 재검토」, 『미국학』 26, 서울대학교 미국학연구소, 2003, 213-240; 「인종과 민족과 계급의 삼각관계-백인성에 관한 최근 연구의 함의와 맥락-」, 『미국학』, 25, 서울대학교 미국학연구소, 2002, 1-42 참조.
2 Johnson, A History of the American People; J. A. Carroll and J. R. Kluger (eds), Reflections of Western Historians (Tuscon: University of Arizona Press, 1969).
3 Johnson, A History of the American People, 523.
4 Takaki, Iron Cages, 171-173, 189, 243, 244, 261, 263-265.
5 Ibid.
6 Jacobson, Whitenness of a Different Color, 220.
7 Ibid.
8 Ibid.
9 Ibid., 221.
10 National Academy of Sciences, Growth of United States Population (Washington D.C., 1965), 104, 533-536; T. L. Purvis, ed., Dictionary of American History (New York: Blackwell Pub, 1995), 190-191; Bernard Bailyn, The People of North America (New York: Vintage Books, 1985) 참조.
11 Tomas Wentworth Higginson, Young Folks' History of The United States (Boston: Lee and Shepard, 1876), 328-329; A Larger History of the United States of America (New York: Harper and Bros., 1886), 415-416.
12 Jacobson, Whiteness of a Different Color, 222.
13 Eugenical News IX:2 (Feb. 1924), 21. Jacobson, Whiteness of a Different Color, 222에서 재인용.
14 Ibid.
15 Ibid.
16 Ibid., 244-245.

17 Ibid., 222.
18 *Catholic Citizen* (Jul. 30, 1898), 4. Jacobson, *Whiteness of a Different Color*, 222에서 재인용.
19 Ibid.
20 Warren, *Buffalo Bill's America*, 97.
21 Ibid., 97.
22 Ibid.
23 Horseman, *Race and Manifest Destiny*, 34-36, 62-97; Richard Slotkin, *Fatal Environment: The Myth of the Frontier in the Age of Industrialization* (1985; rprt. New York: HarperCollins, 1994), 230-231; Smith, *Virgin Land*, 37-38. 19세기에 나타나는 인디언에 대한 백인의 인종주의적인 목소리를 참고할 필요가 있다. 1860년대 시를 통하여 나타난 아리안족과 천년왕국설에 대해서는 다음 참조. Walt Whiteman, "Facing West from California Shores," in Walt Whiteman, *Leaves of Grass and Selected Prose*, ed., John Kouwenhoven (New York: Modern Library, 1950), 92; Stuart Anderson, *Race and Rapprochement: Anglo-Saxonism and Anglo-American Relations, 1895-1904* (Rutherford, N.J.: Fairleigh Dickinson University Press, 1981), 1-70, esp. 39-45, 57-61. 셔먼 장군의 인디언 전투에 대한 시각은 G. W. Baird, *A Report to the Citizens Concerning Late Disturbances on the Western Frontier Involving Sitting Bull, Crazy Horse, Chief Joseph, and Geronimo* (1891; rprt. Ashland, Ore.: Lewis Osborne, 1972), 21 참조. 1868년의 인디언 전투에 대한 셔먼 장군의 언급에 대해서는 William T. Sherman to Philip Sheridan, Oct. 9, 1868. Robert M. Utely, *Frontier Regulars the United States Army and the Indian 1886-1890* (New York: MacMillan, 1973), 145 참조.
24 John Finerty, *Warpath and Bivouac or the Conquest of the Sioux* [1890] (Norman: University of Oklahoma Press, 1994), xix.
25 Ibid., xix-xx.
26 파크먼의 인종주의 시각에 대한 참고 문헌은 바로 뒤에 나타나는 파크먼의 역사 서술 참조. 이 책에서는 H. H. 밴크로프트에 대해서 집중적으로 다루지는 못했다. 그에 관한 참고 문헌은 다음과 같다. John Caughey, *Herbert Howe Bancroft: Historian of the West* (Berkeley: University of California Press,

1946); Brian W. Dippie, "The Vanishing American: Popular Attitudes and American Indian Policy in the Nineteenth Century" (Unpub. Ph. D. diss., University of Texas, 1970), 123-128; Ronald M. Bension, "Ignoble Savage: Edward Eggleston and the American Indian," *Illinois Quarterly*, XXXV (Feb. 1973), 41-51.

27 Henry Adams, *The Education of Henry Adams* [1905] (Boston: Houghton Mifflin, 1961), 411-412.

28 E. N. Feldskog, *The Oregon Trail* (Madison: University Of Wisconsin Press, 1969); Francis Parkman, *The Confederacy of Pontiac and the Indian War after the Conquest of Canada* [1851] (Lincoln: University of Nebraska Press, 1994), Vol. I, 1; Mason Wade, *Francis Parkman, Heroic Historians* (New York: Viking Press, 1942); Robert L. Gale, *Francis Parkman* (New York: Twayne Publishers, 1973); Francis Jennings, "A Vanishing Indian: Francis Parkman Views His Sources," *Pennsylvania Magazine of History and Biography*, LXXXVII (Jul. 1963), 306-323; Russell B. Nye, "Parkman, Red Fate, and White Civilization," in Clarence Gohdes, ed., *Essays on American Literature in Honor of Jay B. Hubbell* (Durham: Duke University Press, 1967), 152-163; Wilbur Jacobs, *Dispossessing the American Indian: Indians and Whites on the Colonial Frontier* (New York: Charles Scribner's Sons, 1972), Chapter 8; Robert Shulman, "Parkman's Indians and American Violence," *The Massachusetts Review*, XII (Spring 1971), 221-239; Robert F. Berkhofer, Jr., *The White Man's Indian: Images of the American Indian From Columbus to the Present* (New York: Vintage Books, 1978), 94-96 참조.

29 Feldskog, *The Oregon Trail*, 292-293, 627.
30 Robert F. Berkhofer, Jr., *The White Man's Indian*, 95.
31 Feldskog, *The Oregon Trail*, 292-293, 627.
32 Parkman, *The Confederacy of Pontiac*, Vol. I, 1.
33 Ibid., 41-44.
34 Ibid.
35 Ibid., vol. II, 313.
36 Thomas Wentworth Higginson, *A Book of American Explorers* (Boston: Lee

and Shepard, 1877), v. Jacobson, *Whiteness of a Different Color*, 216-217에서 재인용.
37 Higginson, *Young Folks' History*, 1, 13, 14-15. Jacobson, *Whiteness of a Different Color*, 217에서 재인용.
38 Ibid.
39 Ibid., 328-329; Higginson, *A Larger History of the United States of America* (New York: Harper and Bros., 1886), 415-416. Jacobsn, *Whiteness of a Different Color*, 217에서 재인용.
40 Ibid., 216.
41 Ibid.
42 Ibid.
43 Ibid.
44 Theodore Roosevelt, *The Wining of the West* [1889-1896] (Lincoln: University of Nebraska Press, 1995), vol. I, 1-14.
45 Ibid., vol. I, 1.
46 Ibid., vol. III, 43-45.
47 Ibid.
48 Ibid., vol. I. xxxi-xxxvii.
49 Jacobson, *Whiteness of a Different Color*, 218-219.
50 Ibid., 219.
51 Finerty, *Warpath and Bivouac*, 16-17.
52 Ibid., 75, 165, 180.
53 Ibid., 68, 69, 238.
54 Ibid., 235.
55 Ibid., xix-xx; Takaki, *Iron Cages* 참조.
56 Jacobson, *Whiteness of a Different Color*, 88.
57 Paul Poponoe and Roswell Hill Johnson, *Applied Eugenics* (New York: Macmillan, 1935), 291; Thomas Gossett, *Race: The History of an Idea in America* (New York: Schocken, 1963), 338; Thomas Dyer, *Theodore Roosevelt and the Idea of Race*; Gail Bederman, *Manliness and Civilization: A Cultural History of Gender and Race in the United States, 1880-1917*

(Chicago: University of Chicago Press, 1995); Louise Newman, *White Women's Rights: The Racial Origins of American Feminism* (New York: Oxford University Press, 1999).

58 Carroll and Kluger (eds), *Reflections of Western Historians;* Berkhofer, *The White Man's Indian,* 104-111 참조.
59 Tuner, "Significance," 1.
60 Johnson, *A History of the American People,* 523.
61 Ibid.
62 Turner, "Significance" [1893], *Frontier,* 1-4, 11; Turner, "Pioneer Ideals" [1910], *Frontier,* 278; "Social Forces in American History" [1910], *Frontier,* 316.
63 Turner, "Significance" [1893], *Frontier,* 1-4, 11; Turner, "Pioneer Ideals" [1910], *Frontier,* 278; "Social Forces in American History" [1910], *Frontier,* 316.
64 Turner, "Pioneer Ideals" [1910], *Frontier,* 280; "Social Forces in American History" [1910], *Frontier,* 316.
65 Jacobson, *Whiteness of a Different Color,* 221.
66 Tuner, "The Problem of the West" [1896], *Frontier,* 219.

| 참고 문헌 |

여기에 제시된 참고 문헌은 본 저서의 저술 과정에서 직접직으로 인용된 자료에만 한정하지 않았다. 저서 서술 작업에서 인용되지는 않았지만 미국 서부사를 공부하는 데 중요한 저작들을 총체적으로 소개할 필요가 있다는 생각에서 본문에서 각주로 직접 인용한 자료 이 외에 도움이 될 만한 포괄적인 참고 문헌을 제시하였다. 이는 장차 이 분야에 관심을 가진 사람들이 쉽게 찾아볼 수 있도록 하기 위함이다. 또한 여기에 제시된 저작들에 대한 사학사적인 평가들에 대해서는 본문의 개별 주에서 필요시 충분한 설명을 시도하였다. 그러므로 본문의 각주와 병행하여 본다면 이 분야에 대한 연구사를 이해하는 데 도움이 될 것이다.

■ 사료

Buffalo Bill Ranch State Historical Park, North Platte, Nebraska. Documents, Letters.

McCracken Library, Buffalo Bill Historical Center, Cody, Wyoming. Letters, documents.

National Archives, Reference Branch, Textual Reference Division, Washington, D. C. Military Records of E. Z. C. Judson and William F. Cody.

Tuckahoe Branch, Henrico Country Library, Richmond, Virginia. *New York Times* articles.

Western Historical Department, Denver Public Library, Denver, Colorado. Letters, documents, newspapers articles.

■ 팸플릿, 카탈로그, 잡지

"The Arizona Life and Times of a Darned Good Showman." *Arizona Highways Magazine* (Mar. 1999).

Buffalo Bill and Wild West: An Exhibition Catalog. Brooklyn Museum, Brooklyn, N.Y., 1981.
Buffalo Bill Historical Center. Cody, Wyoming, 1977.
Buffalo Bill Museum. Buffalo Bill Historical Center, Peter H. Hassrick, Director, N. D.
"Buffalo Bill's Wild West." *Wyoming Horizons* (Aug. 1983).
Buffalo Bill's Wild West and Congress of the Rough Riders of the World, show programme. Copyrighted by Cody and Salsbury, Chicago, IL, 1883.
Doherty, Jim. "Was He Half Hype or Sheer Hero? Buffalo Bill Takes a New Bow." *Smithsonian Magazine* (May 1981).
Fredler, Leslie A. "The Legend." *Buffalo Bill and the Wild West: An Exhibition Catalog.* Brooklyn Museum, Brooklyn, NY, 1981.
From Cody to the World. *The First Seventy-Five Years of the Buffalo Bill Memorial Association.* Cody, Wyoming, 1992.
Hassrick, Peter H. "The Artists." *Buffalo Bill and the Wild West: An Exhibition Catalog.* Brooklyn Museum, Brooklyn. NY. 1981.
Morrison, Tom. "Cody's Home on the Range." *NEBRASKland Magazine,* July 1986.
──────. "The Last of Great Scouts." *NEBRASKland Magazine.* May 1996.
Salsbury, Nate. "The Origin od the Wild West Show." *The Colorado Magazine,* 32, no. 3 (July 1955).
Webb, Harry. "Buffalo Bill, Saint or Devil?" *The Roundup* (Jan. 1974).

■ 서적

Adams, Alexander B. *Sitting Bull: An Epic of the Plains.* New York: G. P. Putnam's Sons, 1973.
Ambrose, Stephen E. *Crazy Horse and Custer: The Parallel Lives of Two American Warriors.* New York: Doubleday and Company, 1975.
American Heritage. *Great Minds of History: Interviews by Roger Mudd.* New York: John Wiley & Sons, 1999.
Arnold, Elliott. *Blood Brother.* New York: Duel Sloan and Peace, 1947.

Barnum, Phineas T. *Struggles and Triumphs, or, Sixty Years' Recollections of P. T. Barnum, Including His Golden Rules for Money-Making.* Buffalo: the Courtier Company, 1889.

Barron, Elwyn A. *Lawrence Barrett, a Professional Sketch.* Chicago: Knight & Leonard Co., 1889.

Blackstone, Sarah J. *The Business of Being Buffalo Bill: Selected Letters of William F. Cody, 1879-1917.* New York: Praeger Publishers, 1988.

Bloss, Roy S. *Pony Express: The Great Gambler.* Berkeley: Howell-North Press, 1959.

Borkin, B. A. ed., *A Treasury of American Folklore.* New York: Crown, 1944.

Bradley, Glenn D. *The Story of the Pony Express.* Chicago: A. C. McClung, 1913.

———. *The Story of the Pony Express*, edited by Waddell F. Smith. San Francisco: Hesperian House, 1960.

Bratt, John, *Trails of Yesterday, introduction by Nellie Snyder Yost.* Lincoln: University of Nebraska Press/ Bison Books, 1980.

Brodie, Fawn M. *Thomas Jefferson: An Intimate History.* New York: W W Norton & Co Inc., 1974.

Brown, Dee. *Best of Dee Brown's West: An Anthology*, edited by Stan Banash. Santa Fe: Clear Light Publishers, 1998.

Burke, John (Richard O'Connor). *Buffalo Bill, the Noblest Whiteskin.* New York: G.P Putnam's Sons, 1973.

Burton, Sir Richard Francis. *The City of the Saints.* New York: Harper & Brothers, 1862; repub. Boulder: University Press of Colorado, 1990.

Capps, Benjamin. *The Great Chiefs*, Old Est Series. Alexandria: Time-Life Books, 1975.

Carter, Robert A. *Buffalo Bill Cody: The Man Behind the Legend.* New York: John Wiley & Sons Inc., 2000.

Chapman, Arthur. *The Pony Express.* New York: A.L. Butt Company, 1932.

Corbett, Christopher. *Orphans Preferred: The Twisted Truth and Lasting Legend of the Pony Express.* New York: Broadway Books, 2003.

Cody, Aldus Morrill. *Phillip and Martha: their Sons and Daughters ... The Cody*

Family in North America. The International Cody Family Association, 1986.

Cody, Louisa Frederici in collaboration with Courtney Ryley Cooper. *Memories of Buffalo Bill By His Wife*. New York: D. Appleton and Company, 1919.

Cody, William F. *Adventures of Buffalo Bill*. New York: Harper & Brothers, 1904 (Harper's Young People Series).

───. *Buffalo Bill's Life Story: An Autography*. New York: Farrar & Rinehart, 1920.

───. *Life of the Hon. William F. Cody, Known as Buffalo Bill, The Famous Hunter, Scout and Guide: An Autography*. Hartford: American Publishing Co., 1879.

───. *Story of the Wild West and Camp-Fire Chats*. Philadelphia: Historical Publishing Co., 1888.

Coerr, Eleanor. *Buffalo Bill and Pony Express*. New York: HarperCollins Publishers, 1995.

Connell, Evan S. *Son of the Morning Star: Custer and Little BigHorn*. San Francisco: North Point Press, 1984.

Cook, Jeanie, etc. *Buffalo Bill's Town in the Rockies*. Virginia Beach: The Downing Co., 1996.

Cooper, Courtney Ryley. *Annie Oakley: Woman at Arms*. New York: Duffield and Co., 1927.

Cronon, William, and Jay Gitlin and George Miles, eds., *Under an Open Sky: Rethinking America's Western Past*. New York: Norton, 1992.

Custer, Elizabeth B. *"Boots and Saddles," or, Life in Dakota with General Custer*. Norman: University of Oklahoma Press, 1961.

───. *Tenting on the Plains*. New York: Charles L. Webster & Co., 1893.

Custer, George A. *My Life on the Plains, edited by Milo Milton Quaife*. Lincoln: University of Nebraska Press, 1966.

Dary, David A. *The Buffalo Book: The Full Sage of the American Animal*. Chicago: Swallow, 1974.

D'Aulaire, Ingri, and Edgar Parin D'Aulaire. *Buffalo Bill*. Garden City: Doubleday & Company, 1952.

Deloria, Vine, Jr. *Custer Died for Your Sins: An Indian Manifesto.* New York: Macmillan, 1969.

Ellis, Jerry. *Bareback: One Man's Journey Along the Pony Express Trail.* Thorndyke: Thorndyke Press, 1993.

Foote, Stella Adelyne. *Letters from "Buffalo Bill."* El Segundo: Upton & Sons, 1990.

Forbis, William H. *The Cowboys, Old West Series.* Alexandria: Time-Life Books, 1973.

Fowler, Gene. *A Solo in Tom-Toms.* New York: Viking Press, 1946.

———. *Timber Line: A Story of Bonfils and Tammen.* New York: Blue Ribbon Books, 1933.

Frederick, J. V. *Ben. Holladay: The Stagecoach King.* 1940; reprinted Lincoln: University of Nebraska Press, 1989.

Fredriksson, Kristine. *American Rodeo: From Buffalo Bill to Big Business.* College Sation: Texas A&M University Press, 1985.

Gilbert, Bill. *The Trailblazers, Old West Series.* Alexandria: Time-Life Books, 1973.

Gilcrease, Thomas, and the Institute of American History and Art. *Treasure of the Old West: Paintings and Sculpture from the Thomas Gilcrease Institute.* New York: Abrams, 1984.

Goetzmann, William H. *Exploration and Empire: The Explorer and Scientist in the Wining of the American West.* New York: Alfred A. Knopf, 1996.

Goodman, Julia Cody, and Elizabeth Jane Leonard. *Buffalo Bill: King of the Old West.* New York: Library Publishers, 1955.

Goodman, Michael E. *Buffalo Bill.* Mankato: Creative Education, 2006.

Grossman, James R., ed. *The Frontier in American Culture.* Berkeley: University of California Press, 1994.

Hafen, Le Roy R. *The Overland Mail, 1849-1869: Promoter of Settlement, Precursor of Railroads.* Cleveland: Arthur H. Clark, 1926.

Hassrick, Peter H., et al. *American Frontier Life: Early Western Painting and Prints.* New York: Abbeville Press, 1987.

Havighurst, Walter. *Annie Oakley of the Wild West*. New York: Macmillan, 1954.

Henderson, Paul, and Merill J. Matters. *The Pony Express, from St. Joseph to Fort Laramie*. St. Louis: The Practice Press, 1989.

The Henry Art Gallery. *Myth of the West, essays by Chris Bruce and others*. Seattle: Rizzoli International, 1990.

Horn, Huston. *The Pioneers, Old West Series*. Alexandria: Time-Life Books, 1974.

Horseman, Reginald. *Expansion and American Indian Policy, 1783-1812*. East Lansing: Michigan State University Press, 1967.

Howard, Robert West., Roy E. Robertson, Frank C. Coy, and Agnes Wright Spring. *Hoofbeats of Destiny: The Story of Pony Express*. New York: Signet Books, 1960.

Inman, Col. Henry, and Col. William F. Cody. *The Great Salt Lake Trail*. New York: Macmillan, 1898.

Johannsen, Albert. *The House of Beadle and Adams and Its Dime and Nickel Novels: The Story of a Vanished Literature*. Norman: University of Oklahoma Press, 1950.

Jones, Daryl. *The Dimes Novel Western*. Bowling Green: The Popular Press, Bowling Green State University, 1978.

Jones, Evan, and the editors of Time-Life Books. *The Plains States*. New York: Time-Life Books, 1968.

Jordan, Winthrop D. *White over Black: American Attitudes Toward the Negro, 1550-1812*. Chapel Hill: Pelican Book, 1968.

Joy S. Kasson. *Buffalo Bill's Wild West: Celebrity, Memory, and Popular History*. New York: Hill and Wang, 2000.

King, Captain Charles. *Campaigning with Crook: The Fifth Cavalry in the Sioux War of 1876*. Milwaukee: Sentinel Company, 1880.

Kopit, Arthur. *Indians*. New York: Hill & Wang, 1969.

Limerick, Patricia Nelson. *The Legacy of Conquest: The Unbroken Past of the American West*. New York: Norton, 1985.

Limerick, Patricia Nelson. Milner, Clyde A. and Rankin, Charles E. eds., *Trails: Toward a New Western History*. Lawrence: University Press of Kansas, 1991.

Masterson, W. B. (Bat). *Famous Gunfighters of the Western Frontier*, series of articles in *Human Life* magazine, January 1907 to March 1908, in book form, with line drawings by Frederick Remington and ohters. Silverthorne: VISABOOKS, 1996.

Matthews, Anne. *Where the Buffalo Roam*. New York: Grove Weidenfeld, 1992.

McCoy, Tim, and Ronald McCoy. *Tim McCoy Remembers the West: An Autobiography*. Garden City: Doubleday, 1977.

McLaughlin, James. *My Friend the Indian*. Baltimore: Proof Press, 1936.

McPerson, James M. *The Atlas of the Civil War*. New York: Macmillan, 1994.

Merrington, Marguerite, ed. *The Custer Story: The Life and Intimate Letters of George A. Custer and His Wife Elizabeth*. New York: Devin-Adair, 1950.

Miller, John Chester. *The Wolfs by the Ears: Thomas Jefferson and Slavery*. New York: Free Press, 1977.

Monaghan, Jay. *The Great Rascal: The Life and Adventures of Ned Buntline*. Boston: Little, Brown and Company, 1952.

Morris, Roy, Jr. Sheridan. *The Life and Wars of General Phil Sheridan*. New York: Crown Publishers, 1992.

Moses, L. G. *Wild West Shows and the Images of American Indians: 1883-1933*. Albuquerque: University of New Mexico Press, 1996.

Nathan, Mel C., and W. S. Boggs. *The Pony Express*. New York: The Collection Clubs, 1962.

Nevin, David. *The Expressmen*, Old West Serious. Alexandria: Time-Life Books, 1973.

———. *The Soldiers*, Old West Series. Alexandria: Time-Life Books, 1977.

O 'Neil, Paul. *The End and the Myth*, Old West Series. Alexandria, Time-Life Books, 1979.

———. *The Frontiersmen*, Old West Series. Alexandria: Time-Life Books, 1977.

Pearce, Roy Harvey. *Savagism and Civilization: A Study of the Indian and the American Mind*. Baltimore: Johns Hopkins Press, 1967.

Price, George F., compiler. *Across the Continent with Fifth Cavalry*. New York: D. Van Nostrand, 1883.

Readers' Encyclopedia of the American West. ed. Howard R. Lamar. New York: Thomas Y. Crowell, 1977.

Reinfeld, Fred. *Pony Express.* 1966; reprinted Lincoln: University of Nebraska Press, 1973.

Reiter, Joan Swallow. *The Women.* Old West Series. Alexandria: Time-Life Books, 1978.

Roberts, Howard. *Lamar, Dakota Territory, 1861-1889: A Study of Frontier Politics.* New Haven: Yale University Press, 1956.

Root, Frank A., and William E. Connelly. *The Overland Stage to California.* Topeka, KS: 1901; reprinted Columbus: Long's College Book Co., 1950.

Rosa, Joseph G. *They Called Him Wild Bill: The Life and Adventures of James Butler Hickok.* Norman: University of Oklahoma Press, 1964 and 1974.

Rosa, Joseph G., and Robin May. *Buffalo Bill and His Wild West: A Pictorial Biography.* Lawrence: University of Kansas Press, 1996.

Russell, Don. *The Lives and Legends of Buffalo Bill.* Norman: University of Oklahoma, 1975.

―――. *The Wild West, or A History of the Wild West Shows.* Fort Worth: Amon Carter Museum of Western Art, 1970.

Rusell, Don, ed. *Trails of the Iron Horse: An Informal History by the Western Writes of America.* Garden City: Doubleday & Company, 1975.

Sandoz, Mari. *The Buffalo Hinters.* New York: Hastings House, 1954.

Sayers, Isabelle S. *Annie Oakley and Buffalo Bill's Wild West.* New York: Dover Publications, 1981.

Scheele, Carl H. *A Short History of the Mail Service.* Washington, D.C.: Smithsonian Institution Press, 1970.

Sell, Henry Blackman, and Victor Weybright. *Buffalo Bill and the Wild West.* New York: Oxford University Press, 1955.

Settle, Mary Lund, and Raymond W. Settle. *Saddles and Spurs: The Pony Express Saga.* New York: Bonanza Books, 1955.

Shirley, Glenn. *Pawnee Bill: A Biography of Major Gordon W. Lillie.* Albuquerque: University of New Mexico Press, 1958.

Slotkin, Richardson. *Gunfighter Nation: The Myth of Frontier in Twentieth-Century America*. New York: Atheneum, 1992.

Smith, Henry Nash. *Virgin Land: The American West as Symbol and Myth*. Cambridge: Harvard University Pres, 1950.

Stanley, Dorothy, ed. *The Autobiography of Henry Morton Stanley*. Boston: Houghton Mifflin Co., 1909.

Takaki, Ronald. *Iron Cages: Race and Culture in 19th-Century America*. New York: Oxford University Press, 2000.

Tebbel, John. *The Compact History of the Indian Wars*. New York: Hawthorn Books, 1996.

Time-Life Books, eds. *The Buffalo Hunters*. Alexandria: Time-Life Books, 1993.

———. *The Wild West*, forward by Dee Brown. New York: Warner Books, 1993.

Trachtman, Paul. *The Gunfighters*. Old West Series. Alexandria: Time-Life Books, 1974.

Twain, Mark. *Roughing It*. forward by Leonard Kriegel. New York: New American Library, 1962.

Vestal, Stanley. *Sitting Bull: Champion of the Sioux*. Boston: Houghton Mifflin Company, 1932; Norman: University of Oklahoma Press, 1957.

Visscher, William Lightfoot. *A Thrilling and Truthful History of the Pony Express, or Blazing the Westward Way*. 1908; reprinted Chicago: Charles T. Powner, 1946.

Walsh, Michael. *The Real Wild West: The 101 Ranch and the Creation of the American West*. New York: St. Martin's Press, 1999.

Walsh, Richard J. and Milton S. Salsbury, *The Making of Buffalo Bill: A Study in Heroics*. 1928: rprt. Kissimmee: International Cody Family Association, 1978.

Ward, Geoffrey C. *The West: An Illustrated History*. Boston: Little, Brown and Company, 1996.

Warren, Louis S. *Buffalo Bill's America: William Cody and The Wild West Show*. New York: Alfred K. Knope, 2005.

West, Elliott. *The Salon on the Rocky Mountain Mining Frontier*. Lincoln:

University of Nebraska Press, 1979.
Wetmore, Helen Cody. *Buffalo Bill, Last of the Great Scouts. The Life Story of Colonel William F. Cody*. Lincoln: University of Nebraska Press, 1965.
Wheeler, Keith. *The Chroniclers*. Old West Series. Alexandria: Time-Life Books, 1976.
―――. *The Scouts*. Old West Series. Alexandria: Time-Life Books, 1978.
White, Richard. *It's Your Misfortune and None of My Own: A New History of the American West*. Norman: University of Oklahoma Press, 1991.
Whittaker, Frederick. *Complete Life of George A. Custer*. New York: Sheldon & Co., 1876.
Wilder, Marshall P. *The People I've Smiled With*. Akron: O. M. Dunham, 1899.
Wilson, R. L., and Greg Martin. *Buffalo Bill's Wild West: An American Legend*. New York: Random House, 1998.
Wills, Garry. *Inventing America: Jefferson's Declaration of Independence*. Garden City: Doubleday and Company, 1978.
Winch, Frank. *Thrilling Lives of Buffalo Billl and Pawnee Bill*. New York: S. L. Parsons & Co., 1911.
Worster, Don. *Dust Bowl: The Southern Plains in the 1930s*. New York: Oxford, 1982.
Yost, Nellie Snyder. *Buffalo Bill: His Family, Friends, Failures, and Fortunes*. Chicago: The Swallow Press, 1979.

■ 논문

Jackson, W. Turrentine. "A New Look at Wells Fargo, Stagecoaches, and the Pony Express," *California Historical Society Quarterly* (Dec. 1966), 291-324.
Morgan, Edmund. "The Heart of Jefferson" (a review of Wills' book), in *New York Review of Books*, vol. XXV, no. 13 (Aug. 17, 1978).
Tuner, Fredrick Jackson. "The Significance of the Frontier in American History." *Annual Report of the American Historical Association for the Year 1893*. Washington, D. C.: Government Printing Office, 1894.

■ 필름
Buffalo Bill: Showman of the West. 1996. 50 min. A&E Home Video.
Bufflo Bill's Wild West Show. 1987. 45min. The Old Army Press.
The Plainsman. 1987 (videocassette release of 1937 motion picture). 113 min. MCA Home Video.

■ 웹 사이트
http://www.buffalobill.org (Buffalo Bill Grave and Museum)
http://www.bbhc.org (Buffalo Bill Historical Center)
http://www.americanwest.com/pages/buffbill.htm
(William F. Cody (Buffalo Bill))

| 찾아보기 |

ㄱ

가상의 서부 122
가족적인 드라마 195
개 경주 51
개인주의 97
검은 47년 236
검은사슴 141, 142
게르만족기원론 238
견고한 개인주의 98
결투 170, 171
계급적 갈등 149
고귀한 야만 18, 123, 136, 137, 145,
  225, 241
공화주의적인 윤리관 211
교통시스템 33
구더기 도시 99
국립공원 조성 사업 35
군대 114, 118, 172
귀여운 명사수 64
귀화법 215
그리스 국왕 66
글래드스턴 139
기마술 50, 55
기병대 35, 40, 44, 58, 79, 112, 149,
  156, 179, 194, 205, 217

기성 문화 소비층 19, 150
기업가 정신 52, 189

ㄴ

난폭자 113
남북전쟁 28, 65, 87, 101, 127, 162
남성 쇼비니즘 35
내티 범포 37
네덜란드 17, 68
네브래스카 36, 49, 130, 131, 173, 197
네브래스카의 날 84
네이트 솔즈베리 51, 65, 128, 129,
  130, 138
넬슨 마일스 109
노동계급 157, 175, 202
노동운동 105
노스플랫 48, 50, 65
노예제 24, 113
농부 110
뉴올리언스 공연 59
뉴욕 42, 45, 65, 174
뉴욕센트럴철도회사 109
뉴욕의 나이아가라폭포 공연 50
『뉴욕헤럴드』 194
뉴저지 주 호보켄 50

찾아보기 287

뉴햄프셔 의용군 190
늑대꼬리 선물 191

ㄷ

다코타 준주의 데드우드 172
닥터 카버 52
대륙횡단철도 25, 41, 87, 104
대리만족 217
대영제국 16, 134
「대평원의 기사」 196
「대평원의 스카우트」 43, 186
『대평원의 영웅들』 113
데이브 터트 169, 171
데이비드 나소 155
데이비 크로켓 37
덴마크 국왕 66
독립기념일 축제 48
독일 17, 66, 68, 212, 213
돈 러셀 41, 68

ㄹ

라코타 부족 46, 82
러셀메이저스앤드워델회사 24~26
러시아 - 터키 간의 갈등 107
런던 65, 68
런던박람회 130
레븐워스 23, 25, 30
로데오 경기 13, 49, 82
로런스 레빈 50
로스 237
로키산맥 138
루이자 프레더리치 30, 32, 48, 65, 75, 167
루이지애나 매입 178
루이 필립 137
룹 강 36
르네상스시대 208, 210
『리더』 140
리처드 슬롯킨 105, 112
리처드 화이트 14
리타 네이피어 141, 142
리틀빅혼 강 46, 58, 144, 182, 183
리틀빅혼 전투 14, 46, 103, 109, 125, 179, 184
리틀빅혼에서의 최후의 저항 56
릴리언 스미스 129
「립 밴 윙클」 45

ㅁ

마오리족 192
마크 트웨인 51, 124, 127
마티네 167
만리장성 178
매슈 제이콥슨 100, 106
「맥베스」 165
맨체스터 145
머리 가죽 벗기기 48, 189, 191, 192, 194
메디슨 스퀘어 가든 128
메이 76
「메이코디」 196
메인 주 포틀랜드 공연장 158
메타포 134
멕시코 51, 103, 107
멜로드라마 51

명예훈장 36, 37
모랭 - 드 사이 192
모호크족 인디언 124, 135
몬태나 46
몰라치 44, 168
몰리 머과이어 106
무개화차 68
무성·유성 영화 13
무지당 164
문명 대 야만의 대결 20, 105, 106, 149, 177, 207
문명극 193
문명우월론 21, 208
문명을 위한 전투 221
문명의 전달자 17, 27, 122
「문명의 전진」 17, 127~130, 143, 144
문자 세계 16, 93
문화 계급 18
미국 역사에서 프런티어의 중요성 237
미국적 민주주의 13, 93, 97
미주리 25, 30, 169, 170, 173
민병대 130, 165

ㅂ

바넘 50, 137, 138
바다의 안내자, 최초의 개척자 74
바우어리 극장 42, 158
배트 매스터슨 33
백색우월주의 210
백인 인디언 177, 178
백인성 99, 106
백인우월주의 21, 81, 208

버밍햄 145
버트 196
버펄로 14, 33, 35, 50, 89, 129, 140, 172
버펄로 빌 로데오 84
버펄로 빌 쇼 17, 95, 123, 128, 134, 146, 158, 159
버펄로 빌 코디 13, 16, 41, 43, 76, 78, 94, 121, 128, 149, 164, 165, 168, 173, 197, 217, 241
「버펄로 빌 코디의 와일드 웨스트와 세계의 기수들」 66
「버펄로 빌」 42, 87
버펄로 빌의 날 84
버펄로빌댐 84
벅 테일러 52
벅스킨 32
벤저민 웨스트 124
벤저민 프랭클린 124
벨기에 66, 68, 137
「벨베데레의 아폴론」 124
『변경의 왕, 버펄로 빌』 40, 42
보스턴 45
보안관 113
보퍼트 공 133
붉은 인디언 225
붉은셔츠 138~141
브론코 라이더 69
브릭 폼트로위 97
블랙힐스 46, 56, 181, 233
비평가 19, 44, 158, 195
빅토르 위고 137
빅토리아 여왕 65, 66, 69, 127, 131, 137, 141, 142

빅혼벨리 84
빌리 콤스톡 34
빌헬름 2세 66
빌헬미나 여왕 68

ㅅ

사격술 59, 64
사우스다코타 45, 56, 181
사회 개혁가 160, 193
사회의 도덕성 159
사회진화론 128, 238
산업주의 시대 152
상상의 인디언 145, 147
상상의 지리학 13, 16, 20, 21, 100, 119, 122, 208, 209
상층계급 19, 150, 159
「상하양원중국이민조사특별위원회합동보고서」 104
새뮤얼 스트로훈 171
새비지 클럽 133
샤이엔족 40, 46, 144, 179, 182, 185, 221
샬롯 길먼 237
서미트스프링스 전투 40
서부 영웅 신화 40
「서부대륙횡단」 201
서부영화 13, 87
서부의 이미지화 14
『서부팽창사』 230
서부활극 14, 16, 17, 21, 76, 94, 149, 208
서커스 49, 55
선접촉권 191

성홍열 46
「세계 기마술 대회」 87
세계박람회 124
세계역사학회의 97
세네카족 135
세인트루이스 30, 133, 166
셀리그먼 사건 107
셰익스피어 51
속달우편 배달부 27, 36
솔트크리크밸리의 농장 23
쇼숀댐 75, 84
쇼숀토지관개회사 75
수정궁박람회 124, 125
수족 46, 56, 78, 101, 144, 179, 182, 185, 221
수첸 챈 104
스카우트 14, 28, 30, 32, 35, 36, 45, 46, 64, 79, 112, 114, 157, 184, 201, 205
스칸디나비아 212
스터들리 42
스튜어트 밀러 104
스틸 매카이 127, 144
스페인 66
스프링필드 결투 169, 172
시각 세계 16, 94
시어도어 루스벨트 35, 222, 230, 241
시카고 42~44, 74, 94
시팅 불 46, 58, 64, 81, 82, 101, 109, 143, 179, 181, 182, 184, 233
신사도 170, 171
신서부사가 14
신시내티 45
신흥 중산계급 19, 150, 153, 205

290

실내극 149

ㅇ

아그네스 레이크 200
아라파호 부족 182
아르타 32, 167
아메리카당 164
아이오와 부족 136
아이오와 주 23
아이작·메리 앤 코디 23
아일랜드 212, 213, 233
아일랜드계 비밀 광부 조직 107
아티머스 워드 124
아프리카 및 아시아 지배의 합리성 125
알렉산드라 공주 139
알렉세이 대공 43, 133, 144, 189
애국주의 102
애니 오클리 59, 64, 127, 129
애스터광장오페라하우스사건 165
앨버트 황태자 65
앵글로색슨족 108, 133, 212, 218, 221, 230, 232, 235, 236
야만 17, 18, 123, 137, 160, 216, 221, 231
야외 서부활극 19, 55, 150, 205
야외극 50, 127
언덕 위의 도시 214
에드워드 저드슨 37, 42, 43, 149, 162, 164~166, 168
에드윈 부스 45, 158
에디슨회사 87
여성 총잡이 59

역마차 32, 52, 128
연방의회 79, 102, 209, 214
열등자나 심한 열등자 214
영국 공연 65, 68
영국숭배주의 165
옐로스톤 75, 109
옐로핸드 46, 143, 144, 185, 188, 193
옐로헤어 177, 194
오글라라 수족 141, 225
오네다 135
『오리건통로』 223
오마하 49
오스트리아 17, 66
오지브와 인디언 부족 136
옴니버스 형식 128
와일드 빌 히콕 27, 28, 50, 168, 170, 175, 200
와일드 웨스트 13, 14, 15, 16, 19, 48, 50, 55, 69, 87, 94, 98, 108, 112, 113, 121, 127, 150, 153, 221
와칸탄카 78
왕당파의 게릴라 112
우생학 214, 216
운디드니의 살육 95
워보닛크리크 전투 47, 188
워싱턴 어빙 45
워싱턴 묘지 125
웨스턴유니언전보회사 76
웨일스 공 131, 139
위대한 서진운동 213, 228
위대한 역사적 운동의 종언 98
위치타 154
윌 로저스 45, 87
윌리엄 글래드스턴 139

윌리엄 두보이스 237
윌리엄 매킨리 210
윌리엄 프레더릭 코디 23
유럽 공연 17
유로디즈니 77, 84, 146
응접실 무대극 153
이동취사차 68
이르마호텔 84
이민 99, 100, 208
이민법 216
이집트홀 136, 137
이탈리아 17, 66
인구통계 211~213, 228, 229, 240
인디언 14, 25, 84, 109, 129, 139, 146, 149, 205, 213, 234
인디언국 82
인디언 사냥꾼 177
인디언보호구역 56, 58, 139, 180
인디언적 백인 177
인디언지출특별예산안 102
인종 20, 106, 204, 229
인종주의 20, 165, 205, 206, 212, 223, 227, 233, 238
임시보안관 172

ㅈ

「자랑스러운 독립기념일 축제」 49
자서전 48, 198
자유의 여신상 125, 128
작센 국왕 66
재건시대 101
잭 맥콜 172
잭슨 시대 179

저가소설 28, 36, 37, 144, 149, 160, 164, 198, 202
전신 시설 41
제국주의 35, 134
제로니모 109
제임스 메디슨 179
제임스 버틀러 히콕 28
제임스 W. 뷰얼 113
조니 베이커 52, 129
조르주 상드 137
조지 밴크로프트 222, 223
조지 암스트롱 커스터 47, 56, 64, 101, 109, 154, 177, 180, 184, 189, 194
조지 워싱턴 178
조지 캐틀린 136, 137
조지 크룩 182
조지프 제퍼슨 45
존 올트겔드 108
존 맥켄지 132
존 피너티 222, 232, 241
존 피스크 222
존 Y. 넬슨 52
존슨 - 리드법 236, 237
「줄리어스 시저」 45
중국인 101, 104, 105
중산계급 18, 150, 152, 155, 168, 174, 202
증기기관 104
「지그펠드 폴리스」 45
「지평선」 201
직조기 125

ㅊ

찰스 쉬레보젤 87
찰스 페흐터 158
체로키 인디언 87
체스터 아서 112
체임벌린 142
「초원의 버펄로 빌」 195
총 15, 17, 81, 114, 119, 134, 146, 174

ㅋ

카렌 홀트넨 152, 154
카우보이 112, 114, 129, 146
카우보이 독백극 45
칼 만 172
캐비닛판 사진 168
캐프 로핑 82
캔자스 24, 173
캔자스퍼시픽철도회사 33
캘리포니아 25, 101
캠프파이어 45
캡틴 잭 200
커스터 연대 108
커스터 제단에 바친 최초의 인디언 머리 가죽 188
「커스터 최후의 저항」 14
컬럼비아박람회 66, 69, 74, 97, 98
켄싱턴의 얼코트 138
켄타우로스 113
켈트족 236
코네스토가왜건 24
코디 시 84
코카서스 인종 215, 216
콘 그로너 52
콜럼버스 74, 135, 229
콜리스 엔진 125
쿨리지 237
크레이지 호스 46, 101, 143, 179, 181, 182, 184, 185
크룩 장군 186
크리스 매드슨 194
큰물 138
「클레멘타인」 87
키트 카슨 37, 46, 167, 186

ㅌ

『타임』 68
탄타칼리요탕카 56
탈무대화 추세 51
탐험가 133
터너테제 14
테디 블루 애벗 78
텍사스 잭 43, 162, 168, 200
토머스 에디슨 76
토머스 제퍼슨 178
토머스 히긴슨 211, 226, 236, 240, 241
톨 불 40
트릭 라이딩 82
트위드 사건 107
팀 로핑 82

ㅍ

파리 루브르 137
파업 108
파하스카(긴 머리) 81

페니모어 쿠퍼 37
펜실베이니아 107
평원인디언전쟁 185, 222
평원지대의 인디언 44, 216
포니익스프레스 25~27, 32, 52, 55, 87, 156
포니족 52
포카혼타스 135
포트맥퍼슨 154
포트에이브러햄링컨 154
폭력 17, 69, 123, 196, 205
『폰티악 음모의 역사』 224, 225, 227
풀먼철도회사 109
풍자극 56
프랑스 17, 66, 84
프랑스-인디언 전쟁 192
프랜시스 파크먼 222, 223, 236, 241
프랭크 노스 37
프랭크 버틀러 59
프런티어 37, 97, 209
프런티어테제 16, 93, 237
프레더릭 공 139
프레더릭 레밍턴 87
프레더릭 잭슨 터너 13, 16, 93, 97, 212, 214, 222, 237
프레드 G. 매더 42
프레리도그 26
프롬프터 153

필라델피아박람회 125
필립 셰리든 36

ㅎ

하층계급 156
학문박람회 97
할리우드 영화 16, 94
햇크리크 189
허버트 H. 밴크로프트 223
『허클베리 핀의 모험』 51
헐 지역 145
험프리 데스몬드 216
헤이오웨이 189
헨리 스탠리 104
헨리 애덤스 223
혁명적인 변화 197
협소한 무대극 55
화이트시티 74, 95
활동사진촬영기 76
황금어장 210
황색 공포 101, 105
훔볼트 남작 137
흥행업자 87, 136

1790년 귀화법(이민제한법) 215
1881년 의회 연례 시정연설 112

문화학술총서

고귀한 야만

2008년 9월 10일 초판 1쇄 발행
2009년 8월 15일 초판 2쇄 발행

지은이 양홍석
펴낸이 오영교
펴낸곳 동국대학교출판부

주소 100-715 서울시 중구 필동 3가 26
전화 02) 2260-3483~4
팩스 02) 2268-7851
Home page http://www.dgpress.co.kr
E-mail book@dongguk.edu
출판등록 제2-163(1973. 6. 28)
편집디자인 사람생각
인쇄처 ㈜보명C&I

ISBN 978-89-7801-225-6 93300

값 15,000원

이 책은 '동국대학교 통합인문특성화사업단'의 지원을 받아 저술하였습니다.
이 책의 무단 전재나 복제 행위는 저작권법 제98조에 따라 처벌받게 됩니다.